enVision® Matemáticas

Volumen 1 Temas 1 a 4

Autores

Robert Q. Berry, III
Professor of Mathematics Education, Department of Curriculum, Instruction and Special Education, University of Virginia, Charlottesville, Virginia

Zachary Champagne
Assistant in Research Florida Center for Research in Science, Technology, Engineering, and Mathematics (FCR-STEM) Jacksonville, Florida

Eric Milou
Professor of Mathematics Rowan University, Glassboro, New Jersey

Jane F. Schielack
Professor Emerita Department of Mathematics Texas A&M University, College Station, Texas

Jonathan A. Wray
Mathematics Supervisor, Howard County Public Schools, Ellicott City, Maryland

Randall I. Charles
Professor Emeritus Department of Mathematics San Jose State University San Jose, California

Francis (Skip) Fennell
Professor Emeritus of Education and Graduate and Professional Studies, McDaniel College Westminster, Maryland

D1067065

SAVVAS
LEARNING COMPANY

Revisores de matemáticas

Gary Lippman, Ph.D.
Professor Emeritus
Mathematics and Computer Science
California State University, East Bay
Hayward, California

Karen Edwards, Ph.D.
Mathematics Lecturer
Arlington, MA

Revisoras adicionales

Kristine Peterfeso
Teacher Middle School Math,
Palm Beach County School District

Tamala Ferguson
Math Curriculum Coach,
School District of Osceola County

Melissa Nelson
Math Coach and Assessment
Coordinator, St. Lucie Public Schools

ISBN-13: 978-0-7685-7448-7
ISBN-10: 0-7685-7448-X

3 21

CONTENIDO

TEMAS

1 **Números reales**

2 **Analizar y resolver ecuaciones lineales**

3 **Usar funciones para representar relaciones**

4 **Investigar datos bivariantes**

5 **Analizar y resolver sistemas de ecuaciones lineales**

6 **Congruencia y semejanza**

7 **Entender y aplicar el teorema de Pitágoras**

8 **Resolver problemas que incluyen área total y volumen**

RECURSOS DIGITALES

INTERACTIVE STUDENT EDITION
Accede con o sin conexión.

VISUAL LEARNING ANIMATION
Interactúa con el aprendizaje visual animado.

ACTIVITY
Úsala con las actividades *¡Resuélvelo y coméntalo!*, *¡Explóralo!* y *¡Explícalo!*, y para explorar los Ejemplos.

VIDEOS
Mira videos como apoyo para las lecciones de *Representación matemática en 3 actos* y los *Proyectos STEM*.

PRACTICE
Practica lo que has aprendido.

TUTORIALS
Usa los videos de *Virtual Nerd* cuando los necesites.

MATH TOOLS
Explora las matemáticas con herramientas digitales.

GAMES
Usa los Juegos de Matemáticas como apoyo para aprender.

KEY CONCEPT
Repasa el contenido importante de la lección.

GLOSARIO
Lee y escucha las definiciones en inglés y español.

ASSESSMENT
Muestra lo que has aprendido.

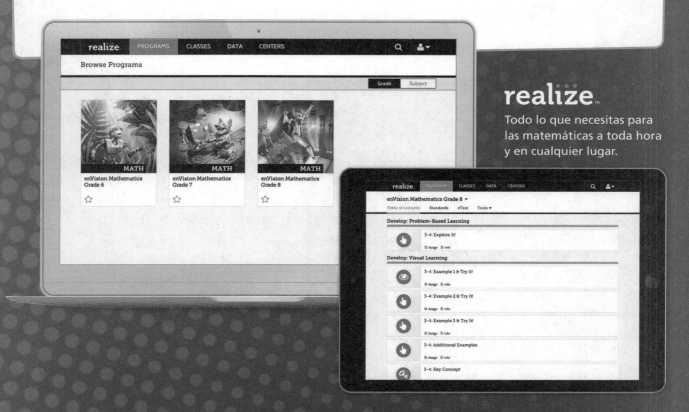

realize™
Todo lo que necesitas para las matemáticas a toda hora y en cualquier lugar.

TEMA 1

Números reales

TEMA 2

Analizar y resolver ecuaciones lineales

TEMA 3

Usar funciones para representar relaciones

TEMA 4

Investigar datos bivariantes

TEMA 6
Congruencia y semejanza

TEMA 7

Entender y aplicar el teorema de Pitágoras

Resolver problemas que incluyen área total y volumen

Manual de Prácticas matemáticas y resolución de problemas

 El **Manual de Prácticas matemáticas y resolución de problemas** está disponible en línea.

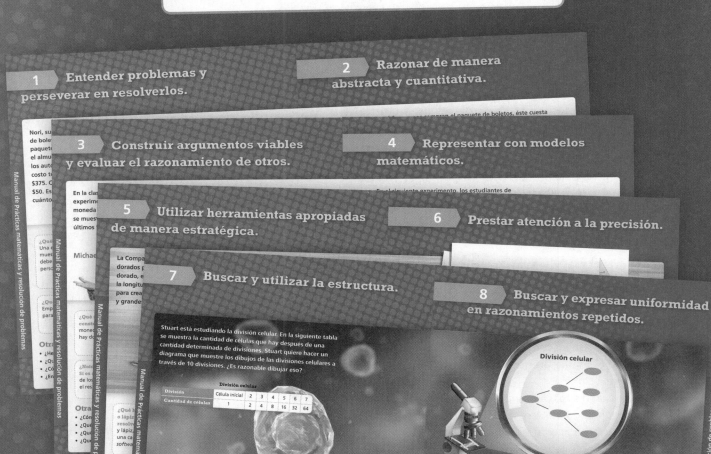

1 Entender problemas y perseverar en resolverlos.

2 Razonar de manera abstracta y cuantitativa.

3 Construir argumentos viables y evaluar el razonamiento de otros.

4 Representar con modelos matemáticos.

5 Utilizar herramientas apropiadas de manera estratégica.

6 Prestar atención a la precisión.

7 Buscar y utilizar la estructura.

8 Buscar y expresar uniformidad en razonamientos repetidos.

Stuart está estudiando la división celular. En la siguiente tabla se muestra la cantidad de células que hay después de una cantidad determinada de divisiones. Stuart quiere hacer un diagrama que muestre los dibujos de las divisiones celulares a través de 10 divisiones. ¿Es razonable dibujar eso?

División	Célula inicial	2	3	4	5	6	7
Cantidad de células	1	2	4	8	16	32	64

División celular

¿Puedo ver un patrón o una estructura en la estrategia del problema o de la solución? Veo que 1 célula se convierte en 2 células y que 2 células se convierten en 4 células, y así sucesivamente.

¿Cómo puedo usar el patrón o la estructura que veo para resolver el problema? Puedo escribir una expresión que muestre la cantidad de células que hay después de cada división.

¿Veo cálculos o pasos que se repiten? Sí; la cantidad de células que hay después de cada división celular es la cantidad de células anterior multiplicada por 2.

¿Hay métodos generales que pueda usar para resolver el problema? Quiero mostrar 10 divisiones; por tanto, debo dibujar 2^{10}, o 1,024 células. Si trato de dibujar esa cantidad de células en un diagrama, tendré problemas al tratar de hacer que entren todas.

Otras preguntas para tener en cuenta:
• ¿Hay atributos en común que puedan ayudarme?
• ¿Qué patrones numéricos puedo ver y describir?
• ¿Cómo puedo ver expresiones o ecuaciones de diferentes maneras?

Otras preguntas para tener en cuenta:
• ¿Qué generalizaciones puedo hacer de un problema a otro?
• ¿Puedo obtener una expresión o ecuación a partir de ejemplos generalizados u observaciones que se repiten?
• ¿Son razonables los resultados que obtengo?

Prácticas matemáticas

1 Entender problemas y perseverar en resolverlos.

Los estudiantes con competencia en matemáticas:
- pueden explicar el significado de un problema.
- buscan puntos desde los cuales comenzar a resolver un problema.
- analizan datos conocidos, limitaciones, relaciones y objetivos.
- hacen conjeturas acerca de la solución.
- planean los pasos hacia una solución.
- piensan en problemas similares e intentan resolver el problema de formas más sencillas.
- evalúan su progreso hacia una solución y cambian el procedimiento si es necesario.
- pueden explicar las similitudes y diferencias entre distintas representaciones.
- comprueban sus soluciones a los problemas.

2 Razonar de manera abstracta y cuantitativa.

Los estudiantes con competencia en matemáticas:
- entienden las cantidades y sus relaciones en las situaciones que se presentan en un problema:
    - *Descontextualizan*: crean una representación coherente de la situación de un problema usando números, variables y símbolos; y
    - *Contextualizan*: prestan atención al significado de números, variables y símbolos en la situación del problema.
- conocen y usan diferentes propiedades de las operaciones para resolver problemas.

3 Construir argumentos viables y evaluar el razonamiento de otros.

Los estudiantes con competencia en matemáticas:
- usan definiciones y soluciones de problemas para construir argumentos.
- hacen conjeturas acerca de las soluciones de los problemas.
- elaboran una progresión lógica de enunciados para apoyar sus conjeturas y justificar sus conclusiones.
- analizan situaciones y reconocen y usan contraejemplos.
- razonan de manera inductiva sobre datos, usando argumentos convincentes que tienen en cuenta el contexto del cual provienen los datos.
- escuchan o leen los argumentos de otros y deciden si son razonables.
- responden a los argumentos de otros.
- comparan la eficacia de dos argumentos posibles.
- distinguen la lógica o el razonamiento correcto del incorrecto y, si hay un error en el argumento, explican cuál es.
- hacen preguntas útiles para aclarar o mejorar el argumento de otros.

4   Representar con modelos matemáticos.

Los estudiantes con competencia en matemáticas:

- pueden diseñar modelos (dibujos, diagramas, tablas, gráficas, expresiones, ecuaciones) para representar un problema en contexto.
- hacen suposiciones y aproximaciones para simplificar una situación complicada.
- identifican cantidades importantes en una situación práctica y hacen un esquema de sus relaciones usando diversas herramientas.
- analizan relaciones usando el pensamiento matemático para sacar conclusiones.
- interpretan resultados matemáticos en el contexto de la situación y proponen mejoras para el modelo según las necesidades.

5   Utilizar herramientas apropiadas de manera estratégica.

Los estudiantes con competencia en matemáticas:

- consideran herramientas apropiadas al resolver un problema matemático.
- toman decisiones razonables sobre cuándo podría ser útil cada una de estas herramientas.
- identifican recursos matemáticos relevantes y los usan para plantear o resolver problemas.
- usan herramientas y tecnología para explorar y profundizar su comprensión de conceptos.

6   Prestar atención a la precisión.

Los estudiantes con competencia en matemáticas:

- comunican a otros con precisión.
- usan definiciones claras en conversaciones con otros y en sus propios razonamientos.
- indican el significado de los símbolos que usan.
- especifican unidades de medida y rotulan ejes para aclarar la correspondencia con las cantidades de un problema.
- calculan con precisión y eficacia.
- expresan resultados numéricos con un grado de precisión apropiado para el contexto del problema.

7   Buscar y utilizar la estructura.

Los estudiantes con competencia en matemáticas:

- analizan con detenimiento problemas en contexto para identificar un patrón o estructura.
- pueden descartar un plan para solucionar un problema y cambiar de perspectiva.
- pueden ver representaciones complejas, como algunas expresiones algebraicas, como un único objeto o como compuestas por varios objetos.

8   Buscar y expresar uniformidad en los razonamientos repetidos.

Los estudiantes con competencia en matemáticas:

- observan si los cálculos se repiten y buscan tanto métodos generales como abreviados.
- mantienen una visión general del proceso cuando trabajan para resolver un problema, a la vez que prestan atención a los detalles.
- evalúan continuamente si son razonables sus resultados intermedios.

TEMA 1

NÚMEROS REALES

? Pregunta esencial del tema

¿Qué son los números reales?
¿Cómo se usan los números reales para resolver problemas?

Vistazo al tema

1-1 Números racionales en forma decimal

1-2 Entender números irracionales

1-3 Comparar y ordenar números reales

1-4 Evaluar raíces cuadradas y raíces cúbicas

1-5 Resolver ecuaciones con raíces cuadradas y raíces cúbicas

1-6 Usar propiedades de los exponentes enteros

1-7 Más propiedades de los exponentes enteros

1-8 Usar potencias de 10 para estimar cantidades

1-9 Entender la notación científica

Representación matemática en 3 actos: Órganos trabajadores

1-10 Operaciones con números en notación científica

Vocabulario del tema

- cuadrado perfecto
- cubo perfecto
- notación científica
- número irracional
- propiedad de la potencia de productos
- propiedad de la potencia de una potencia
- propiedad del cociente de potencias
- propiedad del exponente cero
- propiedad del exponente negativo
- propiedad del producto de potencias
- raíz cuadrada
- raíz cúbica

En línea

Recursos digitales de la lección

INTERACTIVE STUDENT EDITION
Accede con o sin conexión.

VISUAL LEARNING ANIMATION
Interactúa con el aprendizaje visual animado.

ACTIVITY Úsala con las actividades *¡Resuélvelo y coméntalo!, ¡Explóralo! y ¡Explícalo!,* y para explorar los Ejemplos.

VIDEOS Mira videos como apoyo para las lecciones de *Representación matemática en 3 actos* y los *Proyectos* STEM.

Órganos
trabajadores

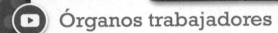

▶ Órganos trabajadores

¿Sabías que en tu cuerpo tienes siete puntos en los que puedes medir el pulso? Si te mediste el pulso hace poco, probablemente presionaste tu cuello o tu muñeca. Intenta medirte el pulso ahora, en estado de reposo.

Medir tu pulso mientras haces ejercicio te ayuda a saber si te estás ejercitando al máximo. Tu ritmo cardíaco varía mucho si estás en reposo, durmiendo o haciendo ejercicio. Piensa en esto durante la lección de Representación matemática en 3 actos.

 PRACTICE Practica lo que has aprendido.

 TUTORIALS Usa los videos de *Virtual Nerd* cuando los necesites.

 MATH TOOLS Explora las matemáticas con herramientas digitales.

 GAMES Usa los Juegos de Matemáticas como apoyo para aprender.

KEY CONCEPT Repasa el contenido importante de la lección.

A-Z GLOSARIO Lee y escucha las definiciones en inglés y español.

ASSESSMENT Muestra lo que has aprendido.

Proyecto de enVision® STEM

 VIDEO

¿Sabías que...?

Los recursos naturales son los materiales que hay en la naturaleza, como el agua, los combustibles fósiles, la madera y los minerales. Los recursos naturales no solo cubren las necesidades básicas del ser humano, sino que también abastecen la industria y la economía.

Los minerales se usan para fabricar todo tipo de objetos comunes, como teléfonos celulares, computadoras, focos y medicamentos.

El agua, el petróleo y los bosques son algunos de los recursos naturales que corren el **riesgo de agotarse algún día.**

Cada persona de los Estados Unidos necesita **más de 48,000 libras de minerales al año.**

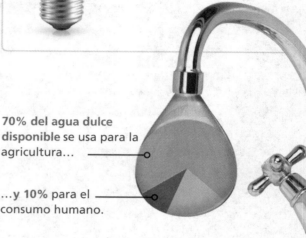

70% del agua dulce disponible se usa para la agricultura...

...y 10% para el consumo humano.

Cada año, se pierden **aproximadamente 18 millones de acres de bosques por la** deforestación.

Se espera que los combustibles fósiles **constituyan casi 80% del uso de energía mundial** hasta el año 2040.

La energía solar, la energía eólica y otras fuentes de energía renovables **están ayudando a disminuir la dependencia del petróleo y los combustibles fósiles.**

Tu tarea: Se va, se va... ¿Se fue?

El agotamiento de los recursos naturales es un problema importante al que se enfrenta el mundo. Imagina que un recurso natural se está agotando a una tasa de 1.333% por año. Si había 300 millones de toneladas de ese recurso en el año 2005 y no hubo nuevos hallazgos, ¿cuánto quedará del recurso en el año 2045? Tus compañeros y tú explorarán el agotamiento de ese recurso a lo largo del tiempo.

¡Repasa lo que sabes!

Vocabulario

Escoge el mejor término del recuadro. Escríbelo en el espacio en blanco.

decimal finito
decimal periódico
entero
fracción

1. Un/Una _____ es un número decimal que termina en cero periódico.

2. Un/Una _____ es un número decimal con un dígito o varios dígitos que se repiten infinitamente.

3. Un/Una _____ es un número para contar, el opuesto de un número para contar o cero.

4. Un/Una _____ es un número que se puede usar para describir una parte de un todo, una parte de un grupo, una posición en una recta numérica o una división de números enteros no negativos.

Decimales finitos y periódicos

Determina si cada número decimal es finito o periódico.

5. 5.692

6. −0.222222…

7. 7.0001

8. $7.2\overline{8}$

9. $1.\overline{178}$

10. −4.03479

Multiplicar enteros

Halla cada producto.

11. $2 \cdot 2$

12. $-5 \cdot (-5)$

13. $7 \cdot 7$

14. $-6 \cdot (-6) \cdot (-6)$

15. $10 \cdot 10 \cdot 10$

16. $-9 \cdot (-9) \cdot (-9)$

Simplificar expresiones

Simplifica cada expresión.

17. $(4 \cdot 10) + (5 \cdot 100)$

18. $(2 \cdot 100) + (7 \cdot 10)$

19. $(6 \cdot 100) - (1 \cdot 10)$

20. $(9 \cdot 1,000) + (4 \cdot 10)$

21. $(3 \cdot 1,000) - (2 \cdot 100)$

22. $(2 \cdot 10) + (7 \cdot 100)$

Desarrollo del lenguaje

Completa el mapa de palabras con palabras nuevas, definiciones y ejemplos o ilustraciones de apoyo.

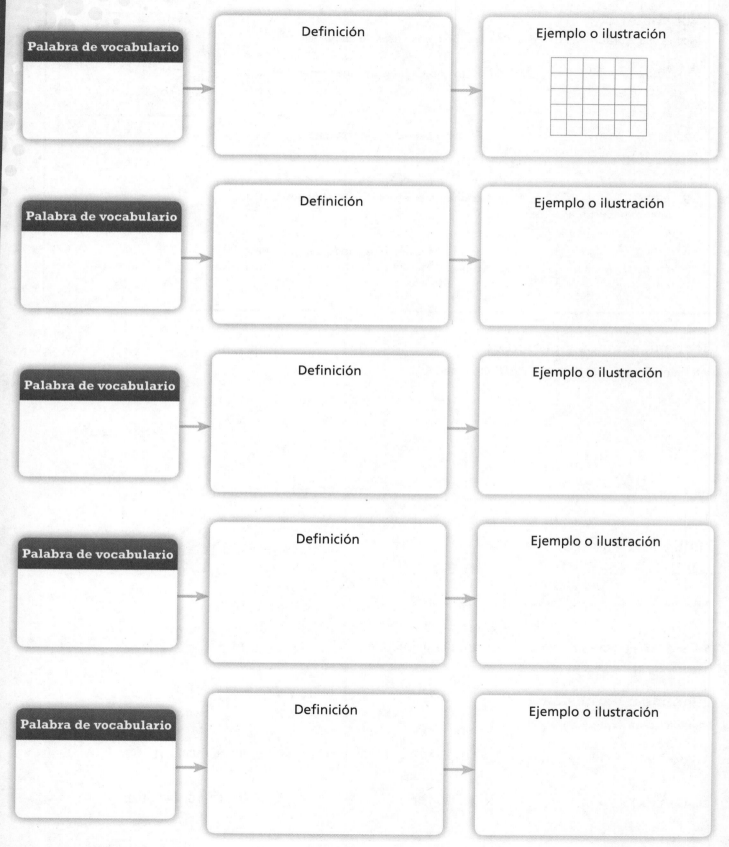

Palabra de vocabulario

Definición

Ejemplo o ilustración

Palabra de vocabulario

Definición

Ejemplo o ilustración

Palabra de vocabulario

Definición

Ejemplo o ilustración

Palabra de vocabulario

Definición

Ejemplo o ilustración

Palabra de vocabulario

Definición

Ejemplo o ilustración

PROYECTO 1A

¿Quién es tu poeta favorito?
¿Por qué?

PROYECTO: ESCRIBE UN POEMA

PROYECTO 1B

Si te mudaras a una casa
pequeña, ¿qué llevarías
contigo?

PROYECTO: DISEÑA UNA CASA
PEQUEÑA

PROYECTO 1C

Si pudieras viajar a cualquier lugar del espacio, ¿adónde irías?

PROYECTO: PLANIFICA UN VIAJE TURÍSTICO POR LA VÍA LÁCTEA

PROYECTO 1D

¿Por qué crees que las personas cuentan historias alrededor de una fogata?

PROYECTO: CUENTA UN CUENTO FOLKLÓRICO

¡Resuélvelo y coméntalo!

ACTIVITY

Jaylon tiene una llave inglesa que tiene grabado 0.1875 pulgadas y pernos que tienen grabadas fracciones de una pulgada. ¿Qué tamaño de perno encajará mejor en la llave? Explícalo.

Razonar
¿Cómo escribes estos números en la misma forma?

Puedo...
escribir decimales periódicos en forma de fracción.

Enfoque en las prácticas matemáticas

Razonar ¿Por qué es útil escribir un número racional en forma de fracción o en forma decimal?

? Pregunta esencial ¿Cómo escribes decimales periódicos en forma de fracción?

EJEMPLO 1 Escribir decimales periódicos como fracciones

Escanear para contenido digital

El equipo de beisbol Sluggers cerró la temporada con el porcentaje más alto de victorias de su división. ¿Cómo se escribe en forma de fracción el porcentaje de victorias de los Sluggers?

Las estadísticas se suelen redondear. Aquí, el número decimal 0.555… o $0.\overline{5}$ se redondea al lugar de los millares.

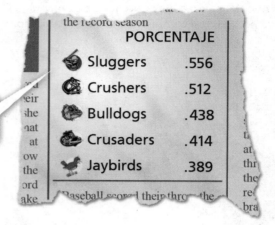

PORCENTAJE	
Sluggers	.556
Crushers	.512
Bulldogs	.438
Crusaders	.414
Jaybirds	.389

Localiza 0.555… en la recta numérica.

El número decimal 0.555… está entre 0.5 y 0.6; por tanto, está entre $\frac{1}{2}$, o $\frac{5}{10}$, y $\frac{6}{10}$.

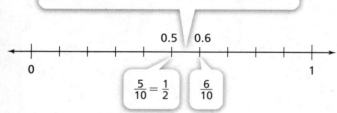

$\frac{5}{10} = \frac{1}{2}$ $\frac{6}{10}$

Razonar ¿Cómo sabes que el decimal periódico 0.555… se puede escribir en forma de fracción?

Escribe el decimal periódico en forma de fracción.

Asigna una variable que represente el decimal periódico.

Sea $x = 0.\overline{5}$.

$10 \cdot x = 10 \cdot 0.\overline{5}$

Como $0.\overline{5}$ tiene 1 dígito que se repite, multiplica cada lado de la ecuación por 10^{xx}, o 10.

$10x = 5.\overline{5}$

$10x - x = 5.\overline{5} - 0.\overline{5}$

$9x = 5$

Resta $0.\overline{5}$ de cada lado de la ecuación. Luego, halla el valor de x. Como $x = 0.\overline{5}$, puedes restar x de un lado y $0.\overline{5}$ del otro lado.

$\frac{9x}{9} = \frac{5}{9}$

$x = \frac{5}{9}$

Los Sluggers ganaron $\frac{5}{9}$ de los partidos que jugaron.

 ¡Inténtalo!

En otra división de beisbol, un equipo obtuvo un porcentaje de victorias de 0.444…. ¿Qué fracción ganó de los partidos que jugó?

El equipo ganó [ ] de los partidos que jugó.

¡Convénceme! ¿Cómo sabes por qué potencia de 10 multiplicar en el segundo paso de la derecha?

Sea $x = 0.\overline{4}$.

[ ] $\cdot x =$ [ ] $\cdot 0.\overline{4}$

[ ] $x =$ [ ]

[ ] $- x =$ [ ] $- 0.\overline{4}$

[ ] $x =$ [ ]

$x =$ [ ]

Sabine ingresó una expresión de división en su calculadora. Se muestra el cociente en la pantalla de la calculadora. ¿Qué expresión puede haber ingresado Sabine?

0.266666666667

CIENTÍFICA ON/C
2nd SIN COS TAN OFF

Sea $x = 0.2\overline{6}$.

$10x = 2.\overline{6}$

> Multiplica por 10^1, o 10, porque el número decimal tiene un dígito que se repite.

$10x - x = 2.\overline{6} - 0.2\overline{6}$

> Resta $0.2\overline{6}$ de cada lado de la ecuación. Luego, halla el valor de x. Como $x = 0.2\overline{6}$, puedes restar x de un lado y $0.2\overline{6}$ del otro lado.

$9x = 2.4$

$\dfrac{9x}{9} = \dfrac{2.4}{9}$

$x = \dfrac{24}{90}$

> Escribe una fracción equivalente para que el numerador y el denominador sean enteros.

Sabine puede haber ingresado $24 \div 90$, o una expresión equivalente, como $8 \div 30$.

 ¡Inténtalo!

Escribe el decimal periódico 0.63333… en forma de fracción.

Escribe $2.\overline{09}$ en forma de número mixto.

Sea $x = 2.\overline{09}$.

$100 \cdot x = 100 \cdot 2.\overline{09}$

> El decimal periódico tiene 2 dígitos que se repiten; por tanto, multiplica cada lado de la ecuación por 10^2, o 100.

$100x - x = 209.\overline{09} - 2.\overline{09}$

$99x = 207$

$x = \dfrac{207}{99}$ o $2\dfrac{1}{11}$

> Resta x de un lado de la ecuación y su equivalente $2.\overline{09}$ del otro lado de la ecuación.

Usar la estructura ¿Cómo sabes que restar x de un lado de la ecuación y restar $2.\overline{09}$ del otro lado da como resultado una ecuación equivalente?

¡Inténtalo!

Escribe el decimal periódico 4.1363636… en forma de fracción.

Como los decimales periódicos son números racionales, puedes escribirlos en forma de fracción.

PASO 1 Asigna una variable que represente el decimal periódico.

PASO 2 Escribe la ecuación: *variable = número decimal*.

PASO 3 Multiplica cada lado de la ecuación por 10^d, donde d es la cantidad de dígitos que se repiten del decimal periódico.

PASO 4 Resta expresiones equivalentes de la variable y del decimal periódico de cada lado de la ecuación.

PASO 5 Halla el valor de la variable. Escribe una fracción equivalente para que el numerador y el denominador sean enteros, si es necesario.

¿Lo entiendes?

1. **Pregunta esencial** ¿Cómo escribes decimales periódicos en forma de fracción?

2. **Usar la estructura** ¿Por qué multiplicas por una potencia de 10 al escribir un decimal periódico en forma de número racional?

3. **Hacerlo con precisión** ¿Cómo decides por qué potencia de 10 multiplicar una ecuación al escribir en forma de fracción un número decimal con dígitos que se repiten?

¿Cómo hacerlo?

4. Según una encuesta, $63.\overline{63}\%$ de las personas que van al cine prefieren películas de acción. Este porcentaje está expresado en forma de decimal periódico. Escríbelo en forma de fracción.

5. Un estudiante estima el peso de los astronautas en la Luna multiplicando el peso de esos astronautas por el número decimal 0.16666.... ¿Qué fracción se puede usar para la misma estimación?

6. Escribe 2.3181818… en forma de número mixto.

Práctica y resolución de problemas

Escanear para
contenido digital

Práctica al nivel En 7 y 8, escribe el número decimal en forma de fracción o de número mixto.

7. Escribe el número 0.21212121... en forma de fracción.

Sea $x =$ [____].

$100x =$ [____]

$100x - x =$ [____] − [____]

$99x =$ [____]

$x =$ [____]

Por tanto, 0.2121... es igual a [____].

8. Escribe $3.\overline{7}$ en forma de número mixto.

Sea $x =$ [____].

$10x =$ [____]

$9x =$ [____]

$x =$ [____]

Por tanto, $3.\overline{7}$ es igual a [____].

9. Escribe en forma de fracción el número que se muestra en la balanza.

10. Tomás preguntó a 15 estudiantes si las vacaciones de verano deberían ser más largas. Él usó su calculadora para dividir la cantidad de estudiantes que dijeron que sí por la cantidad total de estudiantes. El resultado de la calculadora fue 0.9333....

a. Escribe ese número en forma de fracción.

b. ¿Cuántos estudiantes dijeron que las vacaciones de verano deberían ser más largas?

11. Escribe $0.\overline{87}$ en forma de fracción.

12. Escribe $0.\overline{8}$ en forma de fracción.

13. Escribe $1.\overline{48}$ en forma de número mixto.

14. Escribe $0.\overline{6}$ en forma de fracción.

15. Un fabricante determina que el costo de fabricar un componente de computadora es $2.161616. Escribe el costo en forma de fracción y de número mixto.

$2.161616

16. Razonar Al escribir un decimal periódico en forma de fracción, ¿importa cuántos dígitos que se repiten usas? Explícalo.

17. Razonamiento de orden superior Al escribir un decimal periódico en forma de fracción, ¿por qué el denominador de la fracción siempre tiene solo el dígito 9 o los dígitos 9 y 0?

Práctica para la evaluación

18. ¿Cuál de los siguientes números decimales es equivalente a $\frac{188}{11}$?

Ⓐ $17.\overline{09}$

Ⓑ $17.0\overline{09}$

Ⓒ $17.\overline{1709}$

Ⓓ $17.\overline{17090}$

19. Escoge el decimal periódico equivalente a la fracción que se encuentra a la izquierda.

	$0.\overline{17}$	$0.\overline{351}$	$0.1\overline{7}$	$0.3\overline{51}$	$0.35\overline{1}$
$\frac{58}{165}$	☐	☐	☐	☐	☐
$\frac{79}{225}$	☐	☐	☐	☐	☐
$\frac{13}{37}$	☐	☐	☐	☐	☐
$\frac{8}{45}$	☐	☐	☐	☐	☐
$\frac{17}{99}$	☐	☐	☐	☐	☐

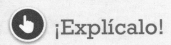 **¡Explícalo!**

 ACTIVITY

Sofía escribió un número decimal en forma de fracción. Su compañera Nora dice que el método y la respuesta de Sofía no son correctos. Sofía no está de acuerdo y dice que este es el método que ella aprendió.

$$0.12112111211112.... =$$
$$x = 0.12$$
$$100 \cdot x = 100 \cdot 0.12$$
$$100x = 12.12$$
$$99x = 12$$
$$x = \frac{12}{99}$$

Puedo...
identificar un número irracional.

A. Construir argumentos ¿Quién tiene razón: Nora o Sofía? Explica tu razonamiento.

B. Usar la estructura ¿Qué otro número decimal que no es finito no se puede escribir en forma de fracción?

Enfoque en las prácticas matemáticas

Construir argumentos ¿Es 0.12112111211112... un número racional? Explícalo.

? Pregunta esencial ¿En qué se diferencia un número irracional de un número racional?

 VISUAL LEARNING   ASSESS

EJEMPLO 1 Identificar números irracionales

Escanear para
contenido digital

En el diagrama de Venn se muestran las relaciones entre números racionales.

¿Cómo clasificarías el número 0.24758326...?

Razonar ¿Cómo usas la definición de cada conjunto de números para clasificar números?

Números racionales
$-\frac{4}{5}$
0.75
31.8

Enteros
−5
$-\frac{16}{4}$
−1,000

Números enteros no negativos
0

Números naturales
19
$\sqrt{4}$

0.24758326...

La expansión decimal no es finita ni periódica; por tanto, no se puede expresar como la razón de dos enteros.

El número 0.24758326... no es un número racional.

Los números no racionales se llaman *irracionales*. Un **número irracional** es un número que no se puede escribir como $\frac{a}{b}$, donde *a* y *b* son enteros y *b* ≠ 0.

Números racionales
$-\frac{4}{5}$
0.75
31.8

Enteros
−5
$-\frac{16}{4}$
−1,000

Números enteros no negativos
0

Números naturales
19
$\sqrt{4}$

Números irracionales
$\sqrt{2}$
1.121121112...
π
$-\sqrt{3}$

El número 0.24758326... es irracional porque la expansión decimal no es periódica ni finita.

¡Inténtalo!

Clasifica cada número como racional o irracional.

π   3.565565556...

0.04053661...   −17

0.$\overline{76}$ 3.275

Racional	Irracional

¡Convénceme! Construir argumentos Jen clasifica el número 4.567 como irracional porque no es periódico. ¿Tiene razón? Explícalo.

EJEMPLO 2 Identificar raíces cuadradas como números irracionales

Clasifica $\sqrt{3}$.

$\sqrt{3}$ quiere decir "la raíz cuadrada no negativa de 3".

La **raíz cuadrada** de un número es un número que multiplicado por sí mismo da el número original. El símbolo de raíz cuadrada $\sqrt{}$ se usa para expresar la raíz cuadrada no negativa.

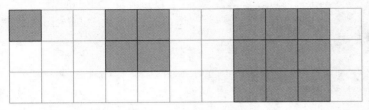

$1 \cdot 1 = 1$ $2 \cdot 2 = 4$ $3 \cdot 3 = 9$

$\sqrt{1} = 1$ $\sqrt{4} = 2$ $\sqrt{9} = 3$

> Un **cuadrado perfecto** es un número que es el cuadrado de un entero. Los primeros tres cuadrados perfectos enteros son el 1, el 4 y el 9.

El número 3 no es un cuadrado perfecto; por tanto, $\sqrt{3}$ no se puede expresar como un entero. Por tanto, $\sqrt{3}$ es irracional.

> **Generalizar** Para cualquier número entero no negativo b que no es un cuadrado perfecto, $\sqrt{b}$ es irracional.

EJEMPLO 3 Clasificar números como racionales o irracionales

Clasifica cada número como racional o irracional. Explica cómo clasificaste cada número.

$-81{,}572$ $\sqrt{11}$ $5.636336333\ldots$ $\sqrt{16}$

> $-81{,}572$ es un entero y se puede escribir como la fracción $\frac{-81{,}572}{1}$; por tanto, es racional.

Racional	Irracional
$-81{,}572$	$\sqrt{11}$
$\sqrt{16}$	$5.636336333\ldots$

> 11 no es un cuadrado perfecto; por tanto, $\sqrt{11}$ es irracional.

> El número 16 es un cuadrado perfecto; por tanto, $\sqrt{16} = 4$ es racional.

> Esta expansión decimal no es periódica ni finita; por tanto, es irracional.

¡Inténtalo!

Clasifica cada número como racional o irracional. Explícalo.

$\frac{2}{3}$ $\sqrt{25}$ $-0.7\overline{5}$ $\sqrt{2}$ $7{,}548{,}123$

Los números no racionales se llaman **números irracionales**.

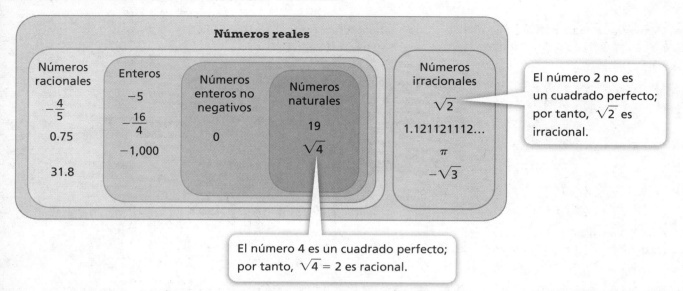

Números reales

Números racionales
$-\dfrac{4}{5}$
0.75
31.8

Enteros
-5
$-\dfrac{16}{4}$
$-1,000$

Números enteros no negativos
0

Números naturales
19
$\sqrt{4}$

Números irracionales
$\sqrt{2}$
1.121121112…
π
$-\sqrt{3}$

El número 2 no es un cuadrado perfecto; por tanto, $\sqrt{2}$ es irracional.

El número 4 es un cuadrado perfecto; por tanto, $\sqrt{4} = 2$ es racional.

¿Lo entiendes?

1. **Pregunta esencial** ¿En qué se diferencia un número irracional de un número racional?

2. **Razonar** ¿Cómo sabes si la raíz cuadrada de un número entero no negativo es racional o irracional?

3. **Construir argumentos** ¿Puede un número ser racional e irracional a la vez? Explícalo.

¿Cómo hacerlo?

4. ¿Es 65.4349224… un número racional o irracional? Explícalo.

5. ¿Es $\sqrt{2,500}$ un número racional o irracional? Explícalo.

6. Clasifica cada número como racional o irracional.

$4.2\overline{7}$ 0.375 $0.232342345…$ $\sqrt{62}$ $\dfrac{13}{1}$

Racional	Irracional

Práctica y resolución de problemas

Escanear para
contenido digital

7. ¿Es 5.787787778... un número racional o irracional? Explícalo.

8. ¿Es $\sqrt{42}$ racional o irracional? Explícalo.

9. Una maestra pone en la mesa seis tarjetas, rotuladas de la A a la G. ¿Qué tarjetas tienen números irracionales?

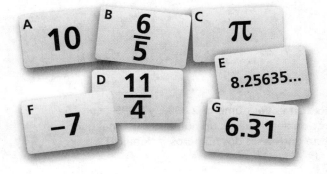

A. 10
B. $\dfrac{6}{5}$
C. π
D. $\dfrac{11}{4}$
E. $8.25635...$
F. -7
G. $6.\overline{31}$

10. Encierra en un círculo el número irracional de la siguiente lista.

$7.\overline{27}$ $\dfrac{5}{9}$ $\sqrt{15}$ $\sqrt{196}$

11. Lisa escribe la siguiente lista de números.

$5.737737773..., 26, \sqrt{45}, -\dfrac{3}{2}, 0, 9$

a. ¿Qué números son racionales?

b. ¿Qué números son irracionales?

12. Construir argumentos Deena dice que 9.565565556... es un número racional porque tiene un patrón que se repite. ¿Estás de acuerdo? Explícalo.

13. ¿Es $\sqrt{1,815}$ racional? Explícalo.

14. ¿Es un número racional la forma decimal de $\frac{13}{3}$? Explícalo.

15. Escribe la longitud del lado del tapete cuadrado en forma de raíz cuadrada. ¿Es un número racional o irracional esa longitud de lado? Explícalo.

Área = 100 pies²

16. Razonar Los números 2.888... y 2.999... son racionales. ¿Cuál es un número irracional que está entre esos dos números racionales?

17. Razonamiento de orden superior Tienes las expresiones $\sqrt{76 + n}$ y $\sqrt{2n + 26}$. ¿Cuál debe ser el menor valor de n para que los números de los dos resultados sean racionales?

☑ Práctica para la evaluación

18. ¿Cuáles de los siguientes números son racionales?

I.   1.1111111...

II. 1.567

III. 1.101101110...

Ⓐ II y III

Ⓑ Solo III

Ⓒ Solo II

Ⓓ I y II

Ⓔ Solo I

Ⓕ Ninguno

19. Determina si los siguientes números son racionales o irracionales.

	Racional	Irracional
$\frac{8}{5}$	☐	☐
π	☐	☐
0	☐	☐
$\sqrt{1}$	☐	☐
4.46466...	☐	☐
−6	☐	☐
$\sqrt{2}$	☐	☐

¡Resuélvelo y coméntalo! ACTIVITY

Courtney y Malik quieren comprar un tapete que quepa en un espacio de 50 pies cuadrados. ¿Qué tapete deberían comprar? Explícalo.

¡Oferta de tapetes por $99!

7 pies
×
7 pies

8 pies
de diámetro

6 pies
×
$8\frac{1}{2}$ pies

El Emporio del Tapete cubre sus pisos.

Puedo...
comparar y ordenar números racionales e irracionales.

Enfoque en las prácticas matemáticas

Entender y perseverar ¿Cómo decidiste qué tapete deberían comprar Courtney y Malik?

? Pregunta esencial ¿Cómo comparas y ordenas números racionales e irracionales?

VISUAL LEARNING

ASSESS

EJEMPLO 1 **Aproximar un número irracional**

Escanear para contenido digital

Darcy quiere agregar la cinta que se muestra a la derecha a lo largo de la diagonal de la bandera rectangular que está diseñando. ¿Tiene Darcy suficiente cinta? Explícalo.

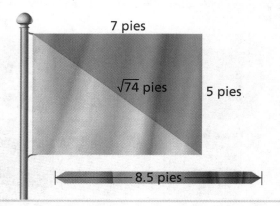

7 pies

$\sqrt{74}$ pies

5 pies

8.5 pies

Aproxima $\sqrt{74}$ usando cuadrados perfectos.

Como 74 está entre los dos cuadrados perfectos consecutivos 64 y 81, $\sqrt{74}$ está entre $\sqrt{64}$ y $\sqrt{81}$.

Como 74 está más cerca de 81 que de 64, $\sqrt{74}$ está más cerca de $\sqrt{81}$, o 9.

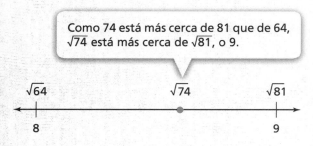

$\sqrt{64}$ $\sqrt{74}$ $\sqrt{81}$

8   9

Halla una aproximación mejor elevando al cuadrado números decimales entre 8 y 9. Luego, compara.

Razonar ¿Qué números decimales puedes usar para hallar una aproximación mejor?

$8.5 \times 8.5 = 72.25$
Esta aproximación es demasiado baja.

$8.6 \times 8.6 = 73.96$
Esta es una buena aproximación.

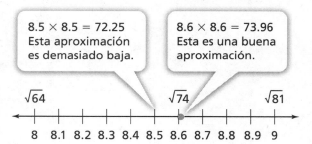

$\sqrt{64}$ $\sqrt{74}$ $\sqrt{81}$

8 8.1 8.2 8.3 8.4 8.5 8.6 8.7 8.8 8.9 9

La longitud de la diagonal, $\sqrt{74}$, es aproximadamente 8.6 pies. Darcy no tiene suficiente cinta.

☑ ¡Inténtalo!

¿Entre qué dos números enteros no negativos está $\sqrt{12}$?

☐ < 12 < ☐

☐ < $\sqrt{12}$ < ☐

☐ < $\sqrt{12}$ < ☐

¡Convénceme! ¿Cuál de los dos números es una mejor estimación de $\sqrt{12}$? Explícalo.

EJEMPLO 2 — Comparar números irracionales

Compara $\sqrt{32}$ y 5.51326… . Marca la posición aproximada de cada número en una recta numérica.

PASO 1 Aproxima $\sqrt{32}$ usando cuadrados perfectos.

$$25 < 32 < 36$$
$$\sqrt{25} < \sqrt{32} < \sqrt{36}$$
$$5 < \sqrt{32} < 6$$

> **Buscar relaciones**
> Para comparar números irracionales y localizarlos en una recta numérica, puedes usar sus aproximaciones racionales.

Luego, halla una aproximación mejor usando números decimales.

$$5.5 \times 5.5 = 30.25 \qquad 5.6 \times 5.6 = 31.36 \qquad 5.7 \times 5.7 = 32.49$$
$$5.6 < \sqrt{32} < 5.7$$

PASO 2 Aproxima 5.51326… en forma de número racional redondeando a la décima más cercana.

$$5.51326… \approx 5.5$$

PASO 3 Marca cada aproximación en una recta numérica para comparar.

Por tanto, $5.51326… < \sqrt{32}$.

EJEMPLO 3 — Comparar y ordenar números racionales e irracionales

Compara y ordena los siguientes números.

$$\pi^2,\ 9\tfrac{1}{2},\ 9.8,\ 9.\overline{5},\ \sqrt{94}$$

PASO 1 Usa la aproximación racional para estimar los valores de números irracionales.

$$\pi^2 \approx 3.14 \times 3.14 \approx 9.8596$$
$$9\tfrac{1}{2} = 9.5$$
$$9.8$$
$$9.\overline{5} = 9.5555…$$
$$\sqrt{94} \approx 9.7$$

PASO 2 Marca cada aproximación en la recta numérica.

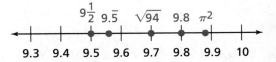

Por tanto, $9\tfrac{1}{2} < 9.\overline{5} < \sqrt{94} < 9.8 < \pi^2$.

✅ ¡Inténtalo!

Compara y ordena los siguientes números:

$$\sqrt{11},\ 2\tfrac{1}{4},\ -2.5,\ 3.\overline{6},\ -3.97621…$$

Para comparar números racionales e irracionales, debes hallar aproximaciones racionales de los números irracionales. Puedes aproximar los números irracionales usando cuadrados perfectos o redondeando.

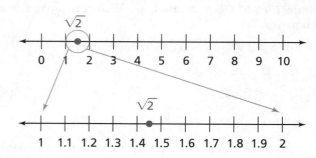

¿Lo entiendes?

1. **Pregunta esencial** ¿Cómo comparas y ordenas números racionales e irracionales?

2. **Razonar** A la derecha se muestra el lado inclinado de una vela. ¿Está la longitud del lado que se muestra más cerca de 5 o de 6 metros? Explícalo.

3. **Construir argumentos** ¿Cuál es una aproximación mejor de $\sqrt{20}$, 4.5 o 4.47? Explícalo.

¿Cómo hacerlo?

4. Aproxima $\sqrt{39}$ al número entero no negativo más cercano.

5. Aproxima $\sqrt{18}$ a la décima más cercana y marca el número en la recta numérica.

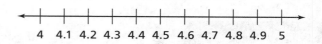

6. Compara 5.7145... y $\sqrt{29}$. Muestra tu trabajo.

7. Compara y ordena los siguientes números:

$5.2, -5.\overline{6}, 3\frac{9}{10}, \sqrt{21}$

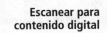

Práctica y resolución de problemas

8. Práctica al nivel Halla la aproximación racional de $\sqrt{15}$.

a. Aproxima usando cuadrados perfectos.

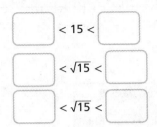

$\boxed{} < 15 < \boxed{}$

$\boxed{} < \sqrt{15} < \boxed{}$

$\boxed{} < \sqrt{15} < \boxed{}$

b. Localiza y marca $\sqrt{15}$ en la recta numérica. Halla una aproximación mejor usando números decimales.

$3.8 \times 3.8 = \boxed{}$

$3.9 \times 3.9 = \boxed{}$

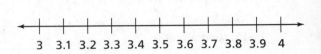

9. Compara $-1.96312\ldots$ y $-\sqrt{5}$. Muestra tu trabajo.

10. ¿Qué número está primero en orden de menor a mayor: $\frac{1}{6}$, -3, $\sqrt{7}$, $-\frac{6}{5}$ o 4.5? Explícalo.

11. El director de un museo quiere colgar un cuadro en una pared. ¿Qué altura debe tener la pared, redondeada al pie más cercano?

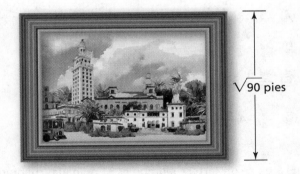

$\sqrt{90}$ pies

12. Dina tiene varias vasijas de arcilla pequeñas. Quiere ordenarlas por altura, de la más baja a la más alta. ¿En qué orden irán las vasijas?

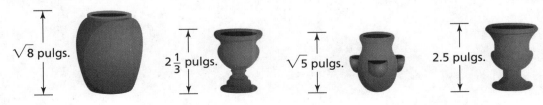

$\sqrt{8}$ pulgs. $2\frac{1}{3}$ pulgs. $\sqrt{5}$ pulgs. 2.5 pulgs.

13. Rosie está comparando $\sqrt{7}$ y 3.44444... . Ella dice que $\sqrt{7} > 3.44444...$ porque $\sqrt{7} = 3.5$.

a. ¿Cuál es la comparación correcta?

b. Evaluar el razonamiento ¿Qué error cometió Rosie probablemente?

14. Representar con modelos matemáticos Aproxima $-\sqrt{23}$ a la décima más cercana. Dibuja el punto en la recta numérica.

15. Razonamiento de orden superior La longitud de un rectángulo es dos veces su ancho. El área del rectángulo es 90 unidades cuadradas. Observa que puedes dividir el rectángulo en dos cuadrados.

Área = 90 unidades cuadradas

a. ¿Qué número irracional representa la longitud de cada lado de los cuadrados?

b. Estima la longitud y el ancho del rectángulo.

✓ Práctica para la evaluación

16. ¿Cuál de las siguientes listas tiene los números en orden de menor a mayor?

Ⓐ $-4, -\frac{9}{4}, \frac{1}{2}, 3.7, \sqrt{5}$

Ⓑ $-4, -\frac{9}{4}, \frac{1}{2}, \sqrt{5}, 3.7$

Ⓒ $-\frac{9}{4}, \frac{1}{2}, 3.7, \sqrt{5}, -4$

Ⓓ $-\frac{9}{4}, -4, \frac{1}{2}, 3.7, \sqrt{5}$

17. El área de un cartel cuadrado es 31 pulgadas cuadradas. Halla la longitud de un lado del cartel. Explícalo.

PARTE A

A la pulgada entera más cercana

PARTE B

A la décima de pulgada más cercana

¡Resuélvelo y coméntalo!

ACTIVITY

Matt y su papá están construyendo una casita de árbol. Compraron suficiente material para cubrir un piso de un área de 36 pies cuadrados. ¿Cuáles son las dimensiones posibles del piso?

Puedo...
hallar las raíces cuadradas y raíces cúbicas de números racionales.

Buscar relaciones
¿Puedes obtener la misma área con diferentes dimensiones de piso?

Enfoque en las prácticas matemáticas

Razonar ¿Por qué hay un solo par de dimensiones para un piso cuadrado cuando existen más pares para un piso rectangular? ¿Son razonables todas las dimensiones? Explícalo.

EJEMPLO 1 Evaluar raíces cúbicas para resolver problemas

Escanear para contenido digital

Leah está construyendo una pajarera para golondrinas purpúreas, que prefieren las pajareras con forma de cubo. ¿Qué dimensiones debe tener cada pieza cuadrada de madera para una pajarera de 216 pulgadas cúbicas?

Razonar ¿Qué sabes sobre la longitud, el ancho y la altura de la pajarera?

Dibuja y rotula un cubo para representar la pajarera.

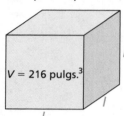

$V = 216$ pulgs.^{3}

$216 = l \cdot l \cdot l$

$216 = l^3$

Un número que es el cubo de un entero es un **cubo perfecto**.

El número 216 también es un cubo perfecto.

Para hallar el valor de l, halla la raíz cúbica de 216. La **raíz cúbica** de un número es un número que elevado al cubo es igual a ese número.

El símbolo $\sqrt[3]{}$ quiere decir "la raíz cúbica de un número".

$$\sqrt[3]{216} = \sqrt[3]{6 \cdot 6 \cdot 6}$$
$$= \sqrt[3]{6^3}$$
$$= 6$$

Hallar la raíz cúbica y elevar al cubo son operaciones inversas.

Las dimensiones de cada pieza cuadrada de madera son 6 pulgadas por 6 pulgadas.

✓ **¡Inténtalo!**

Una escultura con forma de cubo tiene un volumen de 64 pies cúbicos. ¿Qué longitud tiene cada arista del cubo?

La longitud de cada arista es ☐ pies.

$$\sqrt[3]{64} = \sqrt[3]{\boxed{} \cdot \boxed{} \cdot \boxed{}}$$

$$\sqrt[3]{64} = \sqrt[3]{\boxed{}^3}$$

$$\sqrt[3]{64} = \boxed{}$$

¡Convénceme! ¿Cómo hallas la raíz cúbica de 64?

Evaluar cuadrados perfectos y cubos perfectos

 ACTIVITY ASSESS

Evalúa.

A. $\sqrt[3]{64}$

$\sqrt[3]{64} = \sqrt[3]{4 \cdot 4 \cdot 4}$

$\quad = \sqrt[3]{4^3}$

$\quad = 4$

B. $\sqrt{100}$

$\sqrt{100} = \sqrt{10 \cdot 10}$

$\quad = \sqrt{10^2}$

$\quad = 10$

C. $\sqrt{49}$

$\sqrt{49} = \sqrt{27 \cdot 7}$

$\quad = \sqrt{7^2}$

$\quad = 7$

D. $\sqrt[3]{8}$

$\sqrt[3]{8} = \sqrt[3]{2 \cdot 2 \cdot 2}$

$\quad = \sqrt[3]{2^3}$

$\quad = 2$

 ¡Inténtalo!

Evalúa.

a. $\sqrt[3]{27}$

b. $\sqrt{25}$

c. $\sqrt{81}$

d. $\sqrt[3]{1}$

 Evaluar raíces cuadradas para resolver problemas

Sean quiere cortar un pedazo de papel para carteles de color para cubrir completamente el tablero de avisos. ¿Qué dimensiones debe tener el papel para carteles?

Halla la raíz cuadrada del área para hallar la longitud de los lados del tablero de avisos.

$$\sqrt{144} = \sqrt{12 \cdot 12}$$

$$\quad = \sqrt{12^2}$$

$$\quad = 12$$

Cada lado del tablero de avisos mide 12 pulgadas. Sean debe cortar un pedazo de papel para carteles de 12 pulgadas × 12 pulgadas.

$A = 144$ pulgs.²

Usar la estructura

Hallar la raíz cuadrada y elevar al cuadrado son operaciones inversas.

 ¡Inténtalo!

Emily quiere comprar un mantel para cubrir una mesa plegable cuadrada. Sabe que el tablero de la mesa tiene un área de 9 pies cuadrados. ¿Cuáles deben ser las dimensiones mínimas del mantel?

Emily debe comprar un mantel que mida al menos

$\boxed{}$ pies por $\boxed{}$ pies.

$\sqrt{9} = \sqrt{\boxed{} \cdot \boxed{}}$

$\quad = \sqrt{\boxed{}^2}$

$\quad = \boxed{}$

La raíz cúbica de un número es un número que elevado al cubo es igual a ese número.

$$\sqrt[3]{125} = \sqrt[3]{5 \cdot 5 \cdot 5}$$
$$= \sqrt[3]{5^3}$$
$$= 5$$

Elevar al cubo y hallar la raíz cúbica son operaciones inversas.

La raíz cuadrada de un número es un número que elevado al cuadrado es igual a ese número.

$$\sqrt{4} = \sqrt{2 \cdot 2}$$
$$= \sqrt{2^2}$$
$$= 2$$

Elevar al cuadrado y hallar la raíz cuadrada son operaciones inversas.

¿Lo entiendes?

1. **Pregunta esencial** ¿Cómo evalúas raíces cúbicas y raíces cuadradas?

2. **Generalizar** Un número determinado es un cuadrado perfecto y un cubo perfecto a la vez. ¿La raíz cuadrada y la raíz cúbica de ese número serán siempre diferentes números?

3. **Evaluar el razonamiento** Una caja con forma de cubo tiene un volumen de 27 pulgadas cúbicas. Bethany dice que cada lado del cubo mide 9 pulgadas porque 9 × 3 = 27. ¿Tiene razón? Explica tu razonamiento.

¿Cómo hacerlo?

4. Un cubo tiene un volumen de 8 pulgadas cúbicas. ¿Qué longitud tiene cada arista del cubo?

5. A continuación se muestra un modelo del cuadro interior de un estadio de béisbol. ¿Qué longitud tiene cada lado del cuadro interior?

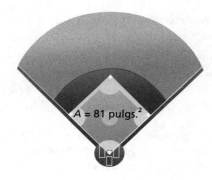

$A = 81$ pulgs.^{2}

6. Julio eleva un número al cubo y luego halla la raíz cuadrada del resultado. Finalmente él obtiene 20. ¿Con qué número comenzó Julio?

Práctica y resolución de problemas

Escanear para
contenido digital

Práctica al nivel En 7 y 8, evalúa la raíz cúbica o la raíz cuadrada.

7. Relaciona el volumen del cubo con la longitud de cada arista.

$V = 8 \text{ cm}^3$

Longitud de arista   Longitud de arista   Longitud de arista

☐ cm   ×   ☐ cm   ×   ☐ cm

$$\sqrt[3]{8} = \boxed{}$$

8. Relaciona el área del cuadrado con la longitud de cada lado.

$A = 16 \text{ cm}^2$

Longitud de lado   Longitud de lado

☐ cm   ×   ☐ cm

$$\sqrt{16} = \boxed{}$$

9. ¿Clasificarías el número 169 como un cuadrado perfecto, un cubo perfecto o ninguno de los dos? Explícalo.

10. El volumen de un cubo es 512 pulgadas cúbicas. ¿Qué longitud tiene cada lado del cubo?

11. Un chip cuadrado tiene un área de 25 centímetros cuadrados. ¿Qué longitud tiene cada lado del chip?

12. ¿Clasificarías el número 200 como un cuadrado perfecto, un cubo perfecto, los dos o ninguno de los dos? Explícalo.

13. Una compañía fabrica bloques para construir. ¿Qué longitud tiene cada lado de este bloque?

$V = 1 \text{ pie}^3$

14. La Sra. Drew quiere construir un arenero cuadrado con un área de 121 pies cuadrados. ¿Cuál es la longitud total de madera que necesita para los lados del arenero?

15. Construir argumentos Diego dice que si elevas al cubo el número 4 y luego hallas la raíz cúbica del resultado, obtienes 8. ¿Tiene razón? Explícalo.

16. Razonamiento de orden superior Talia está guardando sus cosas en una caja de mudanzas. Ella tiene un cartel con forma cuadrada con un área de 9 pies cuadrados. La caja con forma de cubo tiene un volumen de 30 pies cúbicos. ¿Cabrá el cartel acostado en la caja? Explícalo.

El volumen de la caja con forma de cubo es 30 pies cúbicos.

✓ Práctica para la evaluación

17. ¿Cuál de las siguientes expresiones tiene el mayor valor?

Ⓐ $\sqrt{49} \cdot 2$

Ⓑ $\sqrt{49} - \sqrt{16}$

Ⓒ $\sqrt{25} + \sqrt{16}$

Ⓓ $\sqrt{25} \cdot 3$

18. Un juguete tiene agujeros de varias formas donde un niño puede empujar objetos con esas mismas formas. El área del agujero cuadrado es 8 centímetros cuadrados. El volumen de un bloque con forma de cubo es 64 centímetros cúbicos.

PARTE A

¿Qué longitud de arista puedes hallar? Explícalo.

PARTE B

¿Pasará el bloque por el agujero cuadrado? Explícalo.

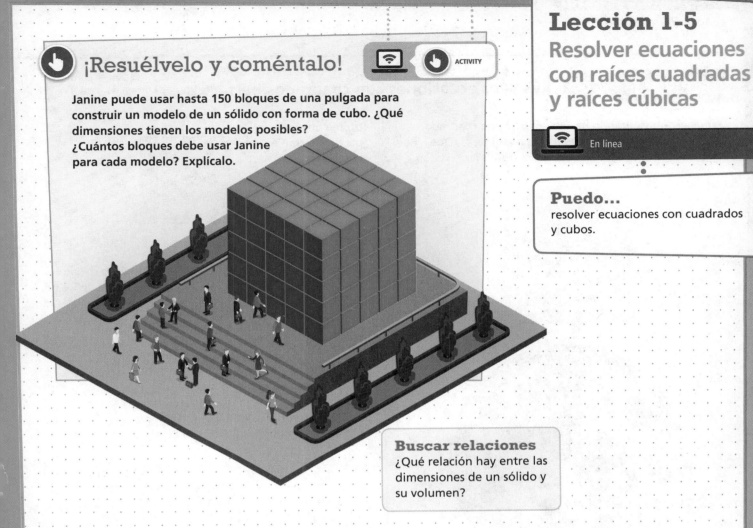
¡Resuélvelo y coméntalo!

ACTIVITY

Janine puede usar hasta 150 bloques de una pulgada para construir un modelo de un sólido con forma de cubo. ¿Qué dimensiones tienen los modelos posibles? ¿Cuántos bloques debe usar Janine para cada modelo? Explícalo.

Puedo...
resolver ecuaciones con cuadrados y cubos.

Buscar relaciones
¿Qué relación hay entre las dimensiones de un sólido y su volumen?

Enfoque en las prácticas matemáticas

Razonar Janine quiere construir un modelo usando cubos de $\frac{1}{2}$-pulgada. ¿Cuántos cubos de $\frac{1}{2}$-pulgada debe usar para construir un modelo de un sólido con forma de cubo y con lados de 4 pulgadas de longitud? Muestra tu trabajo.

VISUAL LEARNING ASSESS

EJEMPLO 1 Resolver ecuaciones con cuadrados perfectos

Escanear para contenido digital

Darius está restaurando un tablero de mesa cuadrado. Él quiere terminar los bordes con una moldura. ¿Qué longitud total de moldura necesitará Darius?

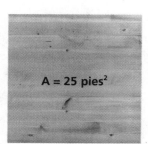

A = 25 pies²

Dibuja un diagrama para representar el tablero.

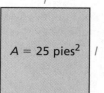

$A = 25$ pies²

Usa la fórmula $A = l^2$ para hallar cada longitud de lado. Para resolver la ecuación, halla la raíz cuadrada de los dos lados.

$$A = l^2$$
$$25 = l^2$$
$$\sqrt{25} = \sqrt{l^2}$$
$$\pm 5 = l$$

Como $5^2 = 5 \times 5 = 25$ y $(-5)^2 = -5 \times -5 = 25$, $l = 5$ y $l = -5$, o $l = \pm 5$.

Como la longitud es positiva, cada longitud de lado del tablero es 5 pies. Darius necesita 20 pies de moldura.

Generalizar En general, una ecuación $x^2 = p$, donde p es un número racional positivo, tiene dos soluciones: $x = \pm \sqrt{p}$.

☑ ¡Inténtalo!

¿Cuál es la longitud de lado, l, del siguiente cuadrado?

$A = 100$ m²

$$A = l^2$$
$$\boxed{} = l^2$$
$$\boxed{} = \sqrt{l^2}$$
$$\pm \boxed{} = l$$

Cada lado del cuadrado mide $\boxed{}$ metros.

¡Convénceme! ¿Por qué hay dos soluciones posibles para la ecuación $l^2 = 100$? Explica por qué solo una de las soluciones es válida en esta situación.

EJEMPLO 2 — Resolver ecuaciones con cubos perfectos

Kyle tiene un terrario grande, con forma de cubo, para su iguana. Él quiere cubrir la abertura del terrario con un mosquitero cuadrado. ¿Qué dimensiones, *l*, debe tener el mosquitero?

$$V = l^3$$

$$343 = l^3$$

$$\sqrt[3]{343} = \sqrt[3]{l^3}$$

$$7 = l$$

> El valor de *l* no es $\pm \sqrt[3]{343}$, porque $(-7)^3 = -7 \times -7 \times -7 = -343$.

Cada arista del terrario mide 7 pies; por tanto, las dimensiones del mosquitero son 7 pies por 7 pies.

$$V = 343 \text{ pies}^3$$

¡Inténtalo!

Resuelve la ecuación $x^3 = 64$.

EJEMPLO 3 — Resolver ecuaciones con cuadrados y cubos imperfectos

Halla el valor de *x*.

A. $x^2 = 50$

$$\sqrt{x^2} = \sqrt{50}$$

$$x = \pm\sqrt{50}$$

> Como 50 no es un cuadrado perfecto, escribe la solución usando el símbolo de raíz cuadrada.

Hay dos soluciones posibles: $x = +\sqrt{50}$ y $x = -\sqrt{50}$.

B. $x^3 = 37$

$$\sqrt[3]{x^3} = \sqrt[3]{37}$$

$$x = \sqrt[3]{37}$$

> $x = \sqrt[3]{37}$ es una solución exacta de la ecuación.

Hay una solución posible: $x = \sqrt[3]{37}$.

¡Inténtalo!

a. Resuelve la ecuación $a^3 = 11$.

b. Resuelve la ecuación $c^2 = 27$.

Puedes usar las raíces cuadradas para resolver ecuaciones con cuadrados.

$$x^2 = a$$
$$\sqrt{x^2} = \sqrt{a}$$
$$x = +\sqrt{a}, -\sqrt{a}$$

Puedes usar las raíces cúbicas para resolver ecuaciones con cubos.

$$x^3 = b$$
$$\sqrt[3]{x^3} = \sqrt[3]{b}$$
$$x = \sqrt[3]{b}$$

¿Lo entiendes?

1. **? Pregunta esencial** ¿Cómo resuelves ecuaciones con cuadrados y cubos?

2. **Hacerlo con precisión** Suri resolvió la ecuación $x^2 = 49$ y halló que $x = 7$. ¿Qué error cometió?

3. **Construir argumentos** Hay un error en el trabajo que se muestra a continuación. Explica el error y da una solución correcta.

$$x^3 = 125$$
$$\sqrt[3]{x^3} = \sqrt[3]{125}$$
$$x = 5 \text{ y } x = -5$$

4. ¿Por qué las soluciones de $x^2 = 17$ son irracionales?

¿Cómo hacerlo?

5. Si un cubo tiene un volumen de 27 centímetros cúbicos, ¿qué longitud tiene cada arista? Usa la fórmula de volumen, $V = l^3$, y muestra tu trabajo.

6. Darius está construyendo una plataforma de lanzamiento cuadrada para un proyecto con un cohete. Si el área de la plataforma de lanzamiento es 121 centímetros cuadrados, ¿cuál es su longitud de lado? Usa la fórmula de área, $A = l^2$, y muestra tu trabajo.

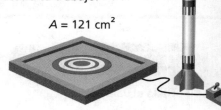

$$A = 121 \text{ cm}^2$$

7. Resuelve la ecuación $x^3 = -215$.

Práctica y resolución de problemas

Escanear para
contenido digital

Práctica al nivel En **8** y **9**, resuelve las ecuaciones.

8. $z^2 = 1$

$$\sqrt{\boxed{}} = \sqrt{\boxed{}}$$

$$z = \pm\boxed{}$$

Las soluciones son $\boxed{}$ y $\boxed{}$.

9. $a^3 = 216$

$$\sqrt[3]{\boxed{}} = \sqrt[3]{\boxed{}}$$

$$a = \boxed{}$$

10. Resuelve la ecuación $v^2 = 47$

11. El área de una foto cuadrada es 9 pulgadas cuadradas. ¿Qué longitud tiene cada lado de la foto?

12. Resuelve la ecuación $y^2 = 81$.

13. Resuelve la ecuación $w^3 = 1,000$.

14. A continuación se muestra el área de un jardín cuadrado. ¿Qué longitud tiene cada lado del jardín?

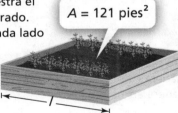

$A = 121 \text{ pies}^2$

15. Resuelve la ecuación $b^2 = 77$.

16. Halla el valor de c en la ecuación $c^3 = 1,728$.

17. Resuelve la ecuación $v^3 = 12$.

18. Razonamiento de orden superior Explica por qué $\sqrt[3]{-\dfrac{8}{27}}$ es $-\dfrac{2}{3}$.

19. Evaluar el razonamiento Manolo dice que la solución de la ecuación $g^2 = 36$ es $g = 6$ porque $6 \times 6 = 36$. ¿Está completo el razonamiento de Manolo? Explícalo.

20. Evalúa $\sqrt[3]{-512}$.

   a. Escribe tu respuesta en forma de entero.

   b. Explica cómo compruebas que tu resultado sea correcto.

21. Yael tiene un garaje con forma cuadrada y con 228 pies cuadrados de piso. Ella planea hacer una ampliación con la que habrá 50% más de piso. ¿Qué longitud tendrá un lado del garaje nuevo, redondeando a la décima más cercana?

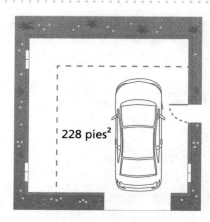

228 pies^2

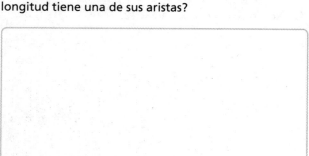
Práctica para la evaluación

22. Los Traver quieren agregar un nuevo cuarto a su casa. El cuarto será un cubo con un volumen de 6,859 pies cúbicos. Tendrá piso de madera, que cuesta $10 el pie cuadrado. ¿Cuánto costará el piso de madera en total?

23. Al empacar para mudarse a otra parte del país, la familia Chan usa una caja que tiene forma de cubo.

PARTE A

Si la caja tiene el volumen $V = 64$ pies cúbicos, ¿qué longitud tiene una de sus aristas?

PARTE B

Los Chen quieren empacar una pintura grande y enmarcada. Si la pintura enmarcada tiene forma de cuadrado con un área de 12 pies cuadrados, ¿cabrá apoyada sobre un costado de la caja? Explícalo.

Nombre:_____

1. Vocabulario ¿Cómo muestras que un número es racional?
Lección 1-2

2. ¿Cuál de las siguientes opciones muestra $0.2\overline{3}$ en forma de fracción? *Lección 1-1*

Ⓐ $\frac{2}{33}$

Ⓑ $\frac{7}{33}$

Ⓒ $\frac{23}{99}$

Ⓓ $\frac{7}{30}$

3. Aproxima $\sqrt{8}$ a la centena más cercana. Muestra tu trabajo. *Lección 1-3*

4. Resuelve la ecuación $m^2 = 14$. *Lección 1-5*

5. Una pecera tiene forma de cubo. Su volumen es 125 pies³. ¿Qué área tiene una de las caras de la pecera? *Lecciones 1-4 y 1-5*

6. Escribe $1.\overline{12}$ en forma de número mixto. Muestra tu trabajo. *Lección 1-1*

**¿Cómo te fue en la prueba de control de mitad del tema?
Rellena las estrellas.**

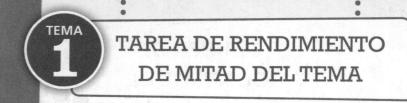

TEMA 1 · TAREA DE RENDIMIENTO DE MITAD DEL TEMA

Seis miembros del club de matemáticas están formando dos equipos para un concurso. Cada estudiante debe sacar un número de una caja para saber en qué equipo estará.

Estudiante	Número
Lydia	$\sqrt{38}$
Marcy	$6.3\overline{4}$
Caleb	$\sqrt{36}$
Ryan	$6.343443444\ldots$
Anya	$6.\overline{34}$
Chan	$\sqrt{34}$

PARTE A

En la tabla se muestran los resultados del sorteo. Los estudiantes que sacaron números racionales estarán en el equipo llamado Tigres. Los estudiantes que sacaron números irracionales estarán en el equipo llamado Leones.

Haz una lista de los miembros de cada equipo:

PARTE B

El estudiante de cada equipo que sacó el número mayor será el capitán de ese equipo. ¿Quién será el capitán de los Tigres? Muestra tu trabajo.

PARTE C

¿Quién será el capitán de los Leones? Muestra tu trabajo.

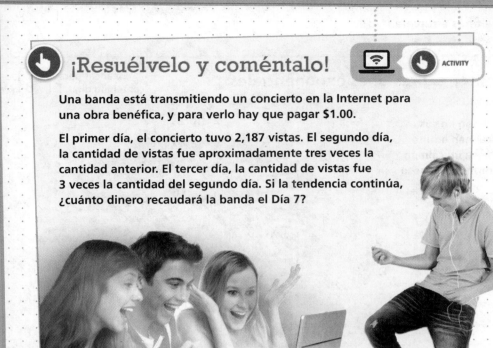

¡Resuélvelo y coméntalo!

  ACTIVITY

Una banda está transmitiendo un concierto en la Internet para una obra benéfica, y para verlo hay que pagar $1.00.

El primer día, el concierto tuvo 2,187 vistas. El segundo día, la cantidad de vistas fue aproximadamente tres veces la cantidad anterior. El tercer día, la cantidad de vistas fue 3 veces la cantidad del segundo día. Si la tendencia continúa, ¿cuánto dinero recaudará la banda el Día 7?

Puedo...
usar las propiedades de los exponentes para escribir expresiones equivalentes.

Enfoque en las prácticas matemáticas

Usar la estructura Usa la descomposición en factores primos para escribir una expresión equivalente a la cantidad de dinero recaudada por la banda el último día de la semana.

? **Pregunta esencial** ¿Cómo te ayudan las propiedades de los exponentes enteros a escribir expresiones equivalentes?

VISUAL LEARNING   ASSESS

 EJEMPLO 1 ◉ **Multiplicar expresiones exponenciales: Misma base**

Escanear para contenido digital

A la derecha se muestra el peso de un caimán en sus primeros días de vida. En promedio, un caimán adulto pesa aproximadamente 2^6 veces lo que pesa un caimán en sus primeros días de vida. ¿Cómo determinas el peso de un caimán adulto?

> **Buscar relaciones** ¿Cómo se relacionan los dos pesos?

2^3 libras

UNA MANERA Escribe las dos expresiones en forma desarrollada.

2^3 2^6

$\underbrace{2 \times 2 \times 2}$ × $\underbrace{2 \times 2 \times 2 \times 2 \times 2 \times 2}$

2 aparece 3 veces   2 aparece 6 veces

> Une las dos expresiones.

$\underbrace{2 \times 2 \times 2 \times 2 \times 2 \times 2 \times 2 \times 2 \times 2} = 2^9$

2 aparece 9 veces

OTRA MANERA Usa la propiedad del producto de potencias.

$2^3 \times 2^6 = 2^{3+6} = 2^9$

> La **propiedad del producto de potencias** establece que al multiplicar dos potencias con la misma base, se suman los exponentes.

☑ **¡Inténtalo!**

El zoológico local recibió un elefante africano recién nacido que pesó 3^4 kg. Se espera que, en la adultez, este elefante pese aproximadamente 3^4 veces su peso de nacimiento. ¿Qué expresión representa el peso adulto esperado de este elefante?

¡Convénceme! Explica por qué la propiedad del producto de potencias tiene sentido matemáticamente.

EJEMPLO 2 Multiplicar expresiones exponenciales: Base diferente

Halla el volumen en pulgadas cúbicas de un cubo con longitud de lado de 2 pies.

$V = 2^3$ pies cúbicos   1 pie cúbico $= 12^3$ pulgadas cúbicas

$2^3 \times 12^3 = \underline{2 \times 2 \times 2} \times \underline{12 \times 12 \times 12}$

Usa las propiedades asociativa y conmutativa.

$= (2 \times 12) \times (2 \times 12) \times (2 \times 12)$

$= (2 \times 12)^3$

Usa la **propiedad de la potencia de productos:** al multiplicar dos expresiones exponenciales que tienen el mismo exponente y bases diferentes, multiplica las bases y deja el mismo exponente.

$= 24^3$ pulgadas cúbicas

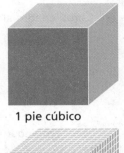

1 pie cúbico

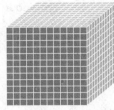

2^3 pulgadas cúbicas

EJEMPLO 3 Hallar la potencia de una potencia

Escribe una expresión equivalente a $(5^2)^4$.

$(5^2)^4 = \underline{(5^2)(5^2)(5^2)(5^2)}$

5^2 aparece 4 veces

Usa la propiedad del producto de potencias para sumar los exponentes.

$= 5^{(2+2+2+2)}$

$= 5^8$

La **propiedad de la potencia de una potencia** establece que para hallar la potencia de una potencia, se multiplican los exponentes.

EJEMPLO 4 Dividir expresiones exponenciales: Misma base

Escribe una expresión equivalente a $6^5 \div 6^3$.

$6^5 \div 6^3 = \dfrac{6^5}{6^3}$

Escríbelo en forma de fracción.

6 aparece 5 veces

$= \dfrac{6 \times 6 \times 6 \times 6 \times 6}{6 \times 6 \times 6}$

6 aparece 3 veces

$= \dfrac{6 \times \boxed{6 \times 6 \times 6} \times 6}{\boxed{6 \times 6 \times 6}}$

Recuerda: $\dfrac{6}{6} = 1$.

$= 6 \times 6$ o 6^2

La **propiedad del cociente de potencias** establece que al dividir dos expresiones exponenciales con la misma base, se restan los exponentes.

☑ **¡Inténtalo!**

Escribe expresiones equivalentes usando las propiedades de los exponentes.

a. $(7^3)^2$ **b.** $(4^5)^3$ **c.** $9^4 \times 8^4$ **d.** $8^9 \div 8^3$

Usa estas propiedades al simplificar expresiones con exponentes (cuando a, m y $n \neq 0$).

Propiedad del producto de potencias

Cuando las bases son iguales, $a^m \times a^n = a^{m+n}$ suma los exponentes.

Propiedad de la potencia de productos

Cuando las bases son diferentes, $a^n \times b^n = (a \times b)^n$ multiplica las bases y deja el mismo exponente.

Propiedad de la potencia de una potencia

Para hallar la potencia de una potencia, $(a^m)^n = a^{m \times n}$ multiplica los exponentes.

Propiedad del cociente de potencias

Cuando las bases son iguales, $a^m \div a^n = a^{m-n}$ resta los exponentes.

¿Lo entiendes?

1. **Pregunta esencial** ¿Cómo te ayudan las propiedades de los exponentes enteros a escribir expresiones equivalentes?

2. **Buscar relaciones** Si estás escribiendo una expresión equivalente a $2^3 \cdot 2^4$, ¿cuántas veces debes escribir 2 como factor?

3. **Construir argumentos** Kristin escribió 5^8 como una expresión equivalente a $(5^2)^4$. Su compañero de la clase de matemáticas escribió 5^6. ¿Quién tiene razón?

4. **Evaluar el razonamiento** Tyler dice que una expresión equivalente a $2^3 \times 5^3$ es 10^9. ¿Tiene razón? Explícalo.

¿Cómo hacerlo?

5. Escribe una expresión equivalente a $7^{12} \cdot 7^4$.

6. Escribe una expresión equivalente a $(8^2)^4$.

7. Un tablero tiene las siguientes dimensiones.

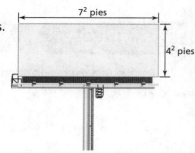

Usa los exponentes para escribir dos expresiones equivalentes al área del rectángulo.

8. Escribe una expresión equivalente a $18^9 \div 18^4$.

PRACTICE   TUTORIAL

Práctica y resolución de problemas

Escanear para
contenido digital

Práctica al nivel En **9** a **12**, usa las propiedades de los exponentes para escribir una expresión equivalente a cada expresión dada.

9. $2^8 \cdot 2^4$

$2^8 \cdot 2^4 = 2^{8\,\square\,4}$

$= \square^{\square}$

10. $\dfrac{8^7}{8^3}$

$\dfrac{8^7}{8^3} = 8^{7\,\square\,3}$

$= \square^{\square}$

11. $(3^4)^5$

$(3^4)^5 = 3^{4\,\square\,5}$

$= \square^{\square}$

12. $3^9 \cdot 2^9$

$3^9 \cdot 2^9 = \left(\square \cdot \square \right)^{\square}$

---

13. a. ¿Cómo multiplicas potencias que tienen la misma base?

b. ¿Cómo divides potencias que tienen la misma base?

b. ¿Cómo hallas la potencia de una potencia?

b. ¿Cómo multiplicas potencias que tienen bases diferentes pero el mismo exponente?

14. ¿Cuáles de las siguientes expresiones son equivalentes a 2^{11}? Selecciona todas las que apliquen.

☐ $\dfrac{2^{23}}{2^{12}}$

☐ $2^7 \cdot 2^4$

☐ $\dfrac{2^9}{2^2}$

☐ $2^2 \cdot 2^9$

En **15** a **18**, usa las propiedades de los exponentes para escribir una expresión equivalente a cada expresión dada.

15. $(4^4)^3$

16. $\dfrac{3^{12}}{3^3}$

17. $4^5 \cdot 4^2$

18. $6^4 \cdot 2^4$

19. Evaluar el razonamiento Alberto dijo que $\frac{5^7}{5^4} = 1^3$, lo cual es incorrecto. ¿Cuál fue el error de Alberto? Explica tu razonamiento y halla la respuesta correcta.

20. ¿Es equivalente a $(8 \times 8)^5$ la expresión 8×8^5? Explícalo.

21. ¿Es equivalente a $(3^3)^{-2}$ la expresión $(3^2)^{-3}$? Explícalo.

22. ¿Es equivalente a $3^3 \cdot 3^{-2}$ la expresión $3^2 \cdot 3^{-3}$? Explícalo.

23. Representar con modelos matemáticos ¿Cuál es el ancho del rectángulo, en forma de expresión exponencial?

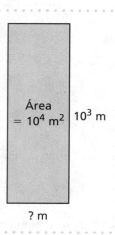

Área = 10^4 m^2 | 10^3 m

? m

24. Simplifica la expresión $\left(\left(\frac{1}{2} \right)^3 \right)^3$.

25. Razonamiento de orden superior Usa una propiedad de los exponentes para expresar $(3b)^5$ como un producto de potencias.

Práctica para la evaluación

26. Selecciona todas las expresiones equivalentes a $4^5 \cdot 4^{10}$.

☐ $4^5 + 4^{10}$

☐ $4^3 \cdot 4^5$

☐ $4^3 \cdot 4^{12}$

☐ $4^3 + 4^{12}$

☐ $4^{18} - 4^3$

☐ 4^{15}

27. Tu maestro pide a la clase que evalúe la expresión $(2^3)^1$. Tu compañero da una respuesta incorrecta: 16.

PARTE A Evalúa la expresión.

PARTE B ¿Cuál es probable que haya sido el error?

Ⓐ Tu compañero dividió los exponentes.

Ⓑ Tu compañero multiplicó los exponentes.

Ⓒ Tu compañero sumó los exponentes.

Ⓓ Tu compañero restó los exponentes.

 **¡Explóralo!**

Calvin y Mike hacen abdominales cuando ejercitan. Ellos empiezan con **64 abdominales en la primera serie y hacen la mitad de abdominales en cada serie que sigue.**

Puedo...
escribir un número con un exponente negativo o con exponente cero de una manera diferente.

Buscar relaciones Determina si la relación que se muestra para la Serie 1 también es verdadera para las Series 2 a 5.

A. ¿Qué representación puedes usar para mostrar la relación entre el número de serie y la cantidad de abdominales?

B. ¿Qué conclusión puedes sacar sobre la relación entre la cantidad de abdominales de cada serie?

Enfoque en las prácticas matemáticas

Usar la estructura ¿Cómo determinas la cantidad de series de abdominales que hacen Calvin y Mike?

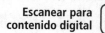 VISUAL LEARNING ASSESS

EJEMPLO **1** 👁 **Propiedad del exponente cero**

Escanear para
contenido digital

Marchella y unos compañeros están jugando un juego de memoria con cartas. Ya encontraron cuatro pares de cartas. Es el turno de Marchella, que elige 3^0. ¿Qué carta debe encontrar Marchella?

UNA MANERA Organiza la información en una tabla y busca un patrón.

Forma exponencial	Forma simplificada
3^4	81
3^3	27
3^2	9
3^1	3
3^0	?

$÷ 3$
$÷ 3$
$÷ 3$
$÷ 3$

Cuando el exponente disminuye en 1, el producto se divide por 3.

$3 ÷ 3 = 1$, por tanto, $3^0 = 1$.

OTRA MANERA Usa la propiedad del cociente de potencias.

$3^3 ÷ 3^3$

$= 3^{3-3} = 3^0$

Al dividir dos expresiones exponenciales con la misma base, resta los exponentes.

y

$\frac{3^3}{3^3} = \frac{3 \times 3 \times 3}{3 \times 3 \times 3} = 1$

Por tanto, $3^0 = 1$

La **propiedad del exponente cero** establece que $a^0 = 1$ (suponiendo que $a \neq 0$).

☑ **¡Inténtalo!**

Evalúa.

a. $(-7)^0$ b. $(43)^0$ c. 1^0 d. $(0.5)^0$

¡Convénceme! ¿Por qué $2(7^0) = 2$?

EJEMPLO 2 Propiedad del exponente negativo

Simplifica la expresión $4^3 \div 4^5$.

$$4^3 \div 4^5 = \frac{4^3}{4^5}$$

Recuerda: $\frac{4}{4} = 1$.

$$= \frac{4 \times 4 \times 4}{4 \times \boxed{4 \times 4 \times 4} \times 4} = \frac{1}{16}$$

y

$$4^3 \div 4^5 = 4^{(3-5)} = 4^{-2}$$

Usa la propiedad del cociente de potencias.

Por tanto, $4^{-2} = \frac{1}{16}$.

La **propiedad del exponente negativo** establece que $a^{-n} = \frac{1}{a^n}$ (suponiendo que $a \neq 0$).

¡Inténtalo!

Escribe cada expresión con exponentes positivos.

a. 8^{-2} **b.** 2^{-4} **c.** 3^{-5}

EJEMPLO 3 Expresiones con exponentes negativos

Escribe la expresión $\frac{1}{7^{-3}}$ con un exponente positivo.

$$\frac{1}{7^{-3}} = \frac{1}{\frac{1}{7^3}}$$

Usa la propiedad del exponente negativo.

$$= 1 \cdot \frac{7^3}{1}$$

Multiplica por el recíproco del denominador.

$$= 7^3$$

¡Inténtalo!

Escribe cada expresión con exponentes positivos.

a. $\frac{1}{5^{-3}}$ **b.** $\frac{1}{2^{-6}}$

Usa estas propiedades adicionales al simplificar o generar expresiones equivalentes con exponentes (cuando $a \neq 0$ y $n \neq 0$).

Propiedad del exponente cero

$$a^0 = 1$$

Propiedad del exponente negativo

$$a^{-n} = \frac{1}{a^n}$$

¿Lo entiendes?

1. **Pregunta esencial** ¿Qué expresan las propiedades del exponente cero y del exponente negativo?

2. **Razonar** En la expresión 9^{-12}, ¿qué expresa el exponente negativo?

3. **Razonar** En la expresión $3(2^0)$, ¿cuál es el orden de las operaciones? Explica cómo evaluarías la expresión.

¿Cómo hacerlo?

4. Simplifica $1{,}999{,}999^0$.

5. a. Escribe 7^{-6} con un exponente positivo.

   b. Reescribe $\frac{1}{10^{-3}}$ con un exponente positivo.

6. Evalúa $27x^0y^{-2}$ para $x = 4$ y $y = 3$.

Nombre: _____

Práctica y resolución de problemas

Práctica al nivel En 7 y 8, completa cada tabla para hallar el valor de un número distinto de cero elevado a la potencia de 0.

7.

Exponencial	Simplificada
4^4	256
4^3	☐
4^2	☐
4^1	☐
4^0	☐

8.

Exponencial	Simplificada
$(-2)^4$	16
$(-2)^3$	☐
$(-2)^2$	☐
$(-2)^1$	☐
$(-2)^0$	☐

9. Dada la expresión $(-3.2)^0$:

  a. Simplifica la expresión dada.

  b. Escribe dos expresiones equivalentes a la expresión dada. Explica por qué son equivalentes las tres expresiones.

10. Simplifica cada expresión para $x = 6$.

  a. $12x^0(x^{-4})$

  b. $14(x^{-2})$

En 11 y 12, compara los valores usando >,< o =.

11. 3^{-2} ☐ 1

12. $\left(\frac{1}{4}\right)^0$ ☐ 1

En 13 y 14, reescribe cada expresión con un exponente positivo.

13. 9^{-4}

14. $\frac{1}{2^{-6}}$

15. Dada la expresión $9y^0$:

  a. Simplifica la expresión para $y = 3$.

  b. **Construir argumentos** ¿Variará el valor de la expresión dada de acuerdo con y? Explícalo.

16. Simplifica cada expresión para $x = 4$.

   a. $-5x^{-4}$

   b. $7x^{-3}$

17. Evalúa cada par de expresiones.

   a. $(-3)^{-8}$ y -3^{-8}

   b. $(-3)^{-9}$ y -3^{-9}

18. Hacerlo con precisión Para ganar un juego de matemáticas, Lamar debe sacar una carta con una expresión que tenga un valor mayor que 1. Lamar saca la carta $\left(\frac{1}{2}\right)^{-4}$. ¿Ganó el juego? Explícalo.

19. Simplifica la expresión. Supón que x es un número distinto de cero. Tu respuesta debe tener sólo exponentes positivos.

$x-10 \cdot x^6$

20. Razonamiento de orden superior

   a. ¿Es el valor de la expresión $\left(\frac{1}{4^{-3}}\right)^{-2}$ mayor que, igual a o menor que 1?

   b. Si el valor de la expresión es mayor que 1, muestra cómo cambias un signo para que el valor sea menor que 1. Si el valor es menor que 1, muestra cómo cambias un signo para que el valor sea mayor que 1. Si el valor es igual a 1, muestra cómo haces un cambio para que el valor no sea igual a 1.

✓ Práctica para la evaluación

21. ¿Qué expresiones son equivalentes a 5^{-3}? Selecciona todas las que apliquen.

   ☐ 125

   ☐ 125^{-1}

   ☐ 5^3

   ☐ $\frac{1}{5^3}$

   ☐ $\frac{1}{125}$

22. ¿Cuáles de las siguientes expresiones tienen un valor menor que 1 cuando $x = 4$? Selecciona todas las que apliquen.

   ☐ $\left(\frac{3}{x^2}\right)^0$

   ☐ $\frac{x^0}{3^2}$

   ☐ $\frac{1}{6^{-x}}$

   ☐ $\frac{1}{x^{-3}}$

   ☐ $3x^{-4}$

¡Explícalo!

Keegan y Jeff investigaron que hay aproximadamente 7,492,000,000,000,000,000 granos de arena en la Tierra. Jeff dice que son aproximadamente 7×10^{15} granos de arena. Keegan dice que son aproximadamente 7×10^{18} granos de arena.

Puedo...
estimar cantidades grandes y pequeñas usando una potencia de 10.

A. ¿Cómo habrá determinado su estimación Jeff? ¿Cómo habrá determinado su estimación Keegan?

B. ¿Qué estimación es más lógica: la de Jeff o la de Keegan? Explícalo.

Enfoque en las prácticas matemáticas

Hacerlo con precisión ¿Crees que las dos estimaciones están cerca en cuanto a su valor? Explica tu razonamiento.

EJEMPLO 1 👁 Estimar cantidades muy grandes

Escanear para contenido digital

Janelle está comparando las poblaciones estimadas de Japón y de China. La población estimada de Japón es 126,818,019. A la derecha se muestra la población estimada de China. ¿Cómo puede comparar Janelle las dos poblaciones más fácilmente?

> **Usar la estructura** Puedes estimar cantidades grandes y escribirlas en un formato que sea más fácil de comparar.

Población (Est.)
1 4 0 2 9 4 1 4 8 7

PASO 1 Estima cada población redondeando al mayor valor de posición. Luego, expresa el número como un solo dígito por una potencia de 10.

Población de China		Población de Japón
1,402,941,487	Cuenta los ceros para determinar la potencia de 10.	126,818,019
se redondea a <u>1,000,000,000</u>		se redondea a <u>100,000,000</u>
1×10^9		1×10^8

PASO 2 Compara los valores estimados.

$$10^9 > 10^8$$

$$1 \times 10^9 > 1 \times 10^8$$

Janelle puede hacer estimaciones con potencias de 10 para comparar las poblaciones más fácilmente.

☑ ¡Inténtalo!

La luz viaja a 299,792,458 metros por segundo. El sonido viaja a 322 metros por segundo. Usa una potencia de 10 para comparar la velocidad de la luz y la velocidad del sonido.

299,792,458 redondeado al mayor valor de posición

es ⬜ .

Hay ⬜ ceros en el número redondeado.

La velocidad estimada de la luz es ⬜ × 10^⬜ metros por segundo.

322 redondeado al mayor valor de posición

es ⬜ .

Hay ⬜ ceros en el número redondeado.

La velocidad estimada del sonido es ⬜ × 10^⬜ metros por segundo.

$3 \times 10^{⬜} > 3 \times 10^{⬜}$, por tanto, la velocidad de la luz es mayor que la velocidad del sonido.

¡Convénceme! El país A tiene una población de 1,238,682,005 personas y el país B tiene una población de 1,106,487,394. ¿Cómo compararías estas poblaciones?

EJEMPLO **2**   Estimar cantidades muy pequeñas

Matthias usó un láser para medir el grosor medio de un pelo humano. Una hoja de papel tiene un grosor de aproximadamente 0.0013 metros. ¿En qué se diferencian los dos grosores?

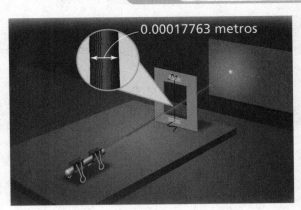

0.00017763 metros

Escribe el grosor estimado de un pelo humano con un solo dígito y una potencia de 10.

Redondea 0.00017763 a 0.0002.

Expresa 0.0002 como 2×10^{-4}.

Compara las estimaciones.

$2 \times 10^{-4} < 1 \times 10^{-3}$

Escribe el grosor estimado de una hoja de papel con un solo dígito y una potencia de 10.

Redondea 0.0013 a 0.001.

Expresa 0.001 como 1×10^{-3}.

Un pelo humano es más delgado que una hoja de papel.

EJEMPLO **3**   Halla cuántas veces otra cantidad

¿En qué se diferencian el producto interior bruto (PIB) de Canadá y el de los Estados Unidos?

Producto interno bruto	
Canadá	$1,785,387,000,000,000
EE. UU.	$17,348,075,000,000,000

PASO 1 Expresa cada PIB como un solo dígito por una potencia de 10.

Canadá: $1,785,387,000,000,000 \approx 2,000,000,000,000,000$
$$= 2 \times 10^{15}$$

Cuenta los ceros para determinar la potencia de 10.

EE. UU.: $17,348,075,000,000,000 \approx 20,000,000,000,000,000$
$$= 2 \times 10^{16}$$

PASO 2 Compara las dos estimaciones.

$(2 \times 10^{16}) > (2 \times 10^{15})$

El PIB de EE. UU. es aproximadamente 10 veces el de Canadá.

¡Inténtalo!

Hay aproximadamente 1,020,000,000 carros en el mundo. La cantidad de carros en los Estados Unidos es aproximadamente 239,800,000.

Compara la cantidad de carros que hay en el mundo con la que hay en los Estados Unidos.

Puedes estimar un número muy grande o muy pequeño redondeando el número a su mayor valor de posición y luego expresando ese número como un solo dígito por una potencia de 10.

Números muy grandes

$3{,}564{,}879{,}000 \approx 4{,}000{,}000{,}000$

$\approx 4 \times 10^9$

> Cuenta la cantidad de ceros para determinar la potencia de 10.

> El número es mayor que 1; por tanto, el exponente es positivo.

Números muy pequeños

$0.000000235 \approx 0.0000002$

$\approx 2 - 10{-}7$

> El número es menor que 1; por tanto, el exponente es negativo.

¿Lo entiendes?

1. **? Pregunta esencial** ¿Cuándo usarías una potencia de 10 para estimar una cantidad?

2. **Construir argumentos** Kim escribió una estimación del número 0.00436: 4×10^3. Explica por qué no es correcta.

3. **Hacerlo con precisión** Raquel estimó 304,900,000,000: 3×10^8. ¿Qué error cometió?

¿Cómo hacerlo?

4. Usa un solo dígito por una potencia de 10 para estimar la altura del monte Everest a la decena de millar de pies más cercana.

El monte Everest tiene 29,035 pies de altura.

5. Un científico registró la masa de un protón: 0.00000000000000000000000016726231 gramos. Usa un solo dígito por una potencia de 10 para estimar la masa.

6. Los acuarios de Georgia Aquarium tienen capacidad para aproximadamente 8.4×10^6 galones de agua. Los acuarios de Audubon Aquarium of the Americas tienen capacidad para aproximadamente 400,000 galones de agua. Usa un solo dígito por una potencia de 10 para estimar cuántas veces la cantidad de agua de los acuarios de Audubon Aquarium of the Americas hay en la cantidad de agua de los acuarios de Georgia Aquarium.

PRACTICE   TUTORIAL

Práctica y resolución de problemas

Escanear para
contenido digital

Práctica al nivel En 7 a 9, usa potencias de 10 para estimar cantidades.

7. Una ciudad tiene una población de 2,549,786 personas. Estima esa población al millón más cercano. Expresa tu respuesta como el producto de un solo dígito y una potencia de 10.

Redondeada al millón más cercano, la población es aproximadamente ☐ .

Expresado como el producto de un solo dígito y una potencia de 10, ese número es ☐ × 10^☐ .

8. Usa un solo dígito por una potencia de 10 para estimar el número 0.00002468.

Redondeado a la centena de millar más cercana, el número es aproximadamente ☐ .

Expresada como un solo dígito por una potencia de 10, la estimación es ☐ × 10^☐ .

9. A la derecha se muestran las circunferencias aproximadas de la Tierra y de Saturno. ¿Cuántas veces la circunferencia de la Tierra tiene la circunferencia de Saturno?

La circunferencia de Saturno es
☐ × 10^☐ km.

La circunferencia de Saturno es aproximadamente ☐ veces la circunferencia de la Tierra.

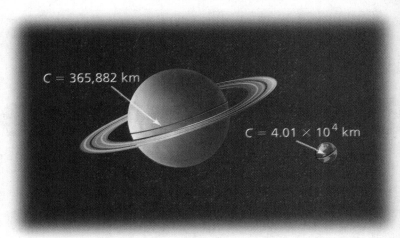

$C = 365,882$ km

$C = 4.01 \times 10^4$ km

10. Estima 0.037854921 a la centésima más cercana. Expresa tu respuesta como un solo dígito por una potencia de 10.

11. Compara los números 6×10^{-6} y 2×10^{-8}.

a. ¿Qué número tiene mayor valor?

b. ¿Qué número tiene menor valor?

c. ¿Cuántas veces el valor menor tiene el valor mayor?

12. Taylor ganó $43,785 el año pasado. Usa un solo dígito por una potencia de 10 para expresar ese valor redondeado a la decena de millar más cercana.

13. La longitud de la célula vegetal A es 8×10^{-5} metros. La longitud de la célula vegetal B es 0.000004 metros. ¿Cuántas veces la longitud de la célula vegetal B tiene la longitud de la célula vegetal A?

14. Evaluar el razonamiento A continuación se muestra el diámetro de un tipo de bacteria. Bonnie aproxima esta medida a 3×10^{-11} metros. ¿Tiene razón? Explícalo.

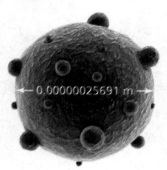

← 0.00000025691 m →

15. Las poblaciones de las ciudades A y B son 2.6×10^5 y 1,560,000, respectivamente. La población de la ciudad C es el doble de la población de la ciudad B.

¿Cuántas veces la población de la ciudad A tiene la ciudad C?

☑ Práctica para la evaluación

16. La Tierra tiene aproximadamente 5×10^9 años. ¿De cuál de las siguientes edades sería una aproximación?

Ⓐ 4,762,100,000 años

Ⓑ 48,000,000,000 años

Ⓒ 4.45×10^9 años

Ⓓ 4.249999999×10^9 años

17. PARTE A

Expresa 0.000000298 como un solo dígito por una potencia de 10, redondeado a la diezmillonésima más cercana.

PARTE B

Explica cómo las potencias negativas de 10 pueden ayudar a escribir y comparar números pequeños.

¡Resuélvelo y coméntalo!  **ACTIVITY**

Los científicos suelen escribir números muy grandes o muy pequeños usando exponentes. ¿Cómo escribiría un científico el número que se muestra a continuación usando exponentes?

Puedo...
usar la notación científica para escribir cantidades muy grandes o muy pequeñas.

Usar la estructura ¿Cómo usas lo que sabes sobre las potencias de 10 para reescribir el número?

Enfoque en las prácticas matemáticas
Buscar relaciones ¿Qué te indica el exponente de 10^{15} sobre el valor del número?

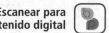
VISUAL LEARNING   ASSESS

 EJEMPLO 1 ► Escribir números grandes en notación científica

Escanear para contenido digital

Louisa quiere averiguar la distancia aproximada entre la Tierra y el Sol. Su padre le dijo que la distancia es 9.296×10^7 millas. En un libro de astronomía, ella halló lo siguiente.

¿Cuál es la distancia correcta?

 92,960,000 millas

El padre de Louisa usó la **notación científica** para expresar la distancia aproximada por ser tan grande la distancia. Los números en notación científica tienen dos factores.

$$9.296 \times 10^7$$

El primer factor siempre es un número mayor que o igual a 1 y menor que 10.

El segundo factor siempre es una potencia de 10.

Escribe en notación científica el número expresado en forma estándar.

Pon el punto decimal después del primer dígito distinto de cero.

7 dígitos

9.2,960,000

Cuenta la cantidad de dígitos que hay después del punto decimal para determinar la potencia de 10.

$$9.296 \times 10^7$$

Los dos números representan la misma distancia.

 ¡Inténtalo!

La altura del Salto Ángel, la cascada más alta del mundo, es 3,212 pies. ¿Cómo se escribe ese número en notación científica?

$$\boxed{} . \boxed{}\boxed{}\boxed{} \times 10^{\boxed{}}$$

¡Convénceme! ¿Por qué los números muy grandes tienen exponentes positivos cuando se escriben en notación científica? Explícalo.

EJEMPLO 2 **Escribir números pequeños en notación científica**

¿Cuál es el ancho de un glóbulo rojo escrito en notación científica?

Expresa el número como el producto de dos factores.

Pon el punto decimal después del primer dígito distinto de cero.

Cuenta la cantidad de dígitos que hay antes del punto decimal para determinar la potencia de 10.

6 dígitos

0.00000703

$$7.03 \quad \times \quad 10^{-6}$$

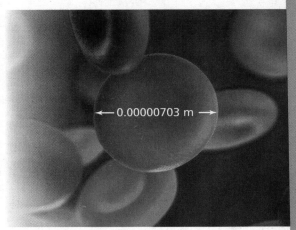

←— 0.00000703 m —→

El ancho del glóbulo rojo, expresado en notación científica, es 7.03×10^{-6} metros.

 ¡Inténtalo!

La mina de un portaminas común tiene aproximadamente 0.005 metros de diámetro. ¿Cómo se expresa esa medida en notación científica?

EJEMPLO 3 **Convertir de notación científica a forma estándar**

A. Kelly usó una calculadora para multiplicar números grandes. ¿Cómo puede escribir en forma estándar el número que se muestra en la pantalla de la calculadora?

10^{15}

$$3.5 \times 10^{15} = 3,500,000,000,000,000$$

El exponente es positivo; por tanto, se mueve el punto decimal a la derecha.

B. ¿Cómo puede escribir Charlie en forma estándar el número que se muestra en la pantalla de la calculadora?

10^{-9}

$$8 \times 10^{-9} = 0.000000008$$

El exponente es negativo; por tanto, se mueve el punto decimal a la izquierda.

Usar herramientas apropiadas Algunas calculadoras representan la notación científica con el símbolo EE o E. El número que le sigue es la potencia de 10.

 ¡Inténtalo!

Escribe los números en forma estándar.

a. 9.225×10^{18}
b. 6.3×10^{-8}

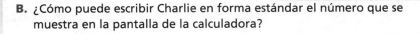

La notación científica es una manera de escribir números muy grandes o muy pequeños. Los científicos usan la notación científica como una manera más eficiente y conveniente de escribir esos números.

Un número en notación científica es el producto de dos factores. El primer factor debe ser mayor que o igual a 1 y menor que 10. El segundo factor es una potencia de 10.

> Cuenta la cantidad de dígitos que hay **después** del punto decimal. El exponente es positivo.

7 dígitos

$6.5,000,000 \rightarrow 6.5 \times 10^7$

> Pon el punto decimal después del primer dígito distinto de cero.

> Cuenta la cantidad de dígitos que hay **antes** del punto decimal. El exponente es negativo.

5 dígitos

$0.00009.87 \rightarrow 9.87 \times 10^{-5}$

> Pon el punto decimal después del primer dígito distinto de cero.

Para escribir en forma estándar un número expresado en notación científica, multiplica el número decimal por la potencia de 10.

¿Lo entiendes?

1. **? Pregunta esencial** ¿Qué es la notación científica y por qué se usa?

2. **Evaluar el razonamiento** Taylor afirma que 2,800,000 es 2.8×10^{-6} en notación científica porque el número tiene seis lugares a la derecha del 2. ¿Es correcto el razonamiento de Taylor?

3. **Construir argumentos** Sam quiere escribir 0.000032 en notación científica. Él dice que el exponente de 10 es positivo. ¿Estás de acuerdo? Construye un argumento que apoye tu respuesta.

¿Cómo hacerlo?

4. Expresa 586,400,000 en notación científica.

5. La información genética de casi todo ser vivo está guardada en una pequeñísima hebra llamada ADN. El ADN humano tiene 3.4×10^{-8} metros de longitud. Escribe la longitud en forma estándar.

6. El virus más grande conocido por la humanidad es el Megavirus, que tiene 0.00000044 de ancho. Expresa ese número en notación científica.

7. ¿Cómo se escribe en forma estándar el número que se muestra en la pantalla de la calculadora?

Práctica y resolución de problemas

 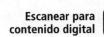

Práctica al nivel En 8 y 9, escribe los números en el formato correcto.

8. El Sol está a 1.5×10^8 kilómetros de la Tierra.

   1.5×10^8 se escribe [_____] en forma estándar.

9. Brenna busca una manera más fácil de escribir 0.0000000000000000587.

   0.0000000000000000587 se escribe [____] $\times 10^{[\ \ ]}$ en notación científica.

10. ¿Está 23×10^{-8} escrito en notación científica? Justifica tu respuesta.

11. ¿Está 8.6×10^7 escrito en notación científica? Justifica tu respuesta.

12. Simone evalúa una expresión usando su calculadora. A la derecha se muestra la pantalla de la calculadora. Expresa el número en forma estándar.

13. Expresa el número 0.00001038 en notación científica.

14. Expresa el número 80,000 en notación científica.

15. Pedro evalúa una expresión usando su calculadora. A la derecha se muestra la pantalla de la calculadora. Expresa el número en forma estándar.

16. a. ¿Qué debes hacer primero para escribir 5.871×10^{-7} en forma estándar?

17. Expresa 2.58×10^{-2} en forma estándar.

b. Expresa el número en forma estándar.

18. En determinado punto, el Gran Cañón tiene aproximadamente 1,600,000 centímetros de un lado al otro. Expresa ese número en notación científica.

1,600,000 cm

19. La longitud de una célula bacteriana es 5.2×10^{-6} metros. Expresa la longitud de la célula en forma estándar.

20. Razonamiento de orden superior Expresa la distancia 4,300,000 metros en notación científica, primero en metros y luego en milímetros.

 Práctica para la evaluación

21. ¿Cuál de los siguientes números está escrito en notación científica?

☐ 12×10^6

☐ 12

☐ 6.89×10^6

☐ 6.89

☐ 0.4

☐ 4×10^{-1}

22. En la pantalla de la calculadora de Jeana aparece el número que se muestra a la derecha.

PARTE A

Expresa este número en notación científica.

PARTE B

Expresa este número en forma estándar.

Órganos
trabajadores

ACTO **1**

1. Después de mirar el video, ¿cuál es la primera pregunta que te viene a la mente?

2. Escribe la Pregunta principal a la que responderás.

3. Construir argumentos Predice una respuesta a esa Pregunta principal. Explica tu predicción.

4. En la siguiente recta numérica, escribe un número que sea demasiado pequeño para ser la respuesta. Escribe un número que sea demasiado grande.

Demasiado pequeño   **Demasiado grande**

5. Marca tu predicción en esa misma recta numérica.

6. ¿Qué información de esta situación sería útil saber?
¿Cómo usarías esa información?

7. Usar herramientas apropiadas ¿Qué herramientas puedes usar para resolver el
problema? Explica cómo las usarías de manera estratégica.

8. Representar con modelos matemáticos Representa la situación usando las
matemáticas. Usa tu propia representación para responder a la Pregunta principal.

9. ¿Cuál es tu respuesta a la Pregunta principal? ¿Es mayor o menor que tu predicción?
Explica por qué.

10. Escribe la respuesta que viste en el video.

11. Razonar ¿Coincide tu respuesta con la respuesta del video? Si no, ¿qué razones explicarían la diferencia?

12. Entender y perseverar ¿Cambiarías tu modelo ahora que sabes la respuesta? Explícalo.

Reflexionar

13. Representar con modelos matemáticos Explica cómo usaste modelos matemáticos para representar la situación. ¿Cómo te ayudó el modelo a responder a la Pregunta principal?

14. Generalizar ¿Qué patrón notaste en tus cálculos? ¿Cómo te ayudó ese patrón a resolver el problema?

CONTINUACIÓN

15. Usar la estructura ¿Cuántas veces late un corazón a lo largo de toda una vida? Usa tu solución de la Pregunta principal como ayuda para resolver el problema.

¡Resuélvelo y coméntalo!  **ACTIVITY**

Un comité de bienvenida quiere desplegar un cartel aéreo en un partido de fútbol americano. El cartel tiene 1,280 pulgadas de longitud y 780 pulgadas de altura. ¿De cuántas maneras diferentes se puede expresar el área del cartel?

Puedo...
efectuar operaciones con números en notación científica.

Enfoque en las prácticas matemáticas
Hacerlo con precisión ¿Cuál de las soluciones es la más fácil para trabajar?

VISUAL LEARNING

ASSESS

EJEMPLO 1 Sumar o restar números en notación científica

Escanear para contenido digital

A la derecha se muestran la masa de la Tierra y la masa de la Luna. ¿Cuánto más grande es la masa de la Tierra que la de la Luna?

Masa de la Luna $\approx 7.35 \times 10^{22}$ kg

Masa de la Tierra $\approx 5.97 \times 10^{24}$ kg

Usar la estructura ¿Qué te indica el exponente sobre la magnitud del número?

UNA MANERA Escribe las masas en forma estándar y luego, resta.

$5.97 \times 10^{24} = 5,970,000,000,000,000,000,000,000$

$7.35 \times 10^{22} = 73,500,000,000,000,000,000,000$

$$\begin{array}{r} 5,970,000,000,000,000,000,000,000 \\ - \quad 73,500,000,000,000,000,000,000 \\ \hline 5,896,500,000,000,000,000,000,000 \end{array}$$

La diferencia es aproximadamente 5.8965×10^{24} kilogramos.

OTRA MANERA Escribe las masas con la misma potencia de 10. Luego, resta.

5.97×10^{24}

$= (5.97 \times 10^2) \times 10^{22}$

Usa una propiedad de los exponentes para expresar 10^{24} como $10^2 \times 10^{22}$.

$= 597 \times 10^{22}$

$(597 \times 10^{22}) - (7.35 \times 10^{22})$

$= (597 - 7.35) \times 10^{22}$

Recuerda: el primer factor debe ser mayor que o igual a 1 y menor que 10.

$= 589.65 \times 10^{22}$

$= 5.8965 \times 10^{24}$

La diferencia es aproximadamente 5.8965×10^{24} kilogramos.

¡Inténtalo!

El planeta Venus está, en promedio, a 2.5×10^7 kilómetros de la Tierra. El planeta Marte está, en promedio, a 2.25×10^8 kilómetros de la Tierra. Cuando Venus, la Tierra y Marte se alinean, ¿cuál es la distancia media desde Venus hasta Marte?

$2.25 \times 10^8 = (2.25 \times \boxed{} \times \boxed{})$

$\quad = \boxed{} \times 10^7$

$2.5 \times 10^7 + \boxed{} \times 10^7 = (2.5 + \boxed{}) \times 10^7$

$\quad = \boxed{} \times 10^7$

$\quad = \boxed{} \times \boxed{}$

¡Convénceme! En el Ejemplo 1 y en "¡Inténtalo!", ¿por qué se mueve el punto decimal para obtener la respuesta final?

EJEMPLO 2 Multiplicar números en notación científica

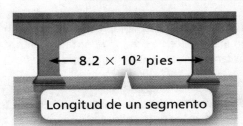

ACTIVITY   ASSESS

El puente Confederation conecta Nuevo Brunswick con la Isla del Príncipe Eduardo. La parte principal del puente está sostenida por pilares que forman 43 segmentos. ¿Cuál es la longitud aproximada de la parte principal del puente? Expresa tu respuesta en notación científica.

← 8.2×10^2 pies →

Longitud de un segmento

PASO 1 Escribe una expresión que represente el problema en contexto.

$(8.2 \times 10^2) \times 43$

$= (8.2 \times 10^2) \times (4.3 \times 10^1)$ ← Expresa los dos números en notación científica.

PASO 2 Multiplica.

$(8.2 \times 10^2) \times (4.3 \times 10^1)$

$= (8.2 \times 4.3) \times (10^2 \times 10^1)$ ← Recuerda: La propiedad del producto de potencias establece que al multiplicar potencias con la misma base, se suman los exponentes.

$= 35.26 \times (10)^{2+1}$

$= 35.26 \times 10^3$

$= 3.526 \times 10^4$ ← El primer factor debe ser menor que 10 y mayor que o igual a 1.

La longitud de la parte principal del puente es aproximadamente 3.5×10^4 pies.

EJEMPLO 3 Dividir números en notación científica

Una hormiga reina pone 1.83×10^6 huevos a lo largo de un período de 30 días. Supón que pone la misma cantidad de huevos cada día. ¿Aproximadamente cuántos huevos pone en un día? Expresa tu respuesta en notación científica.

Primero, escribe 30 en notación científica: 3.0×10^1

Luego, divide.

$(1.83 \times 10^6) \div (3.0 \times 10^1)$

$\dfrac{1.83 \times 10^6}{3.0 \times 10^1}$

$\dfrac{1.83}{3.0} \times \dfrac{10^6}{10^1}$

$(1.83 \div 3.0) \times (10^6 \div 10^1)$ ← La propiedad del cociente de potencias establece que al dividir potencias con la misma base, se restan los exponentes.

0.61×10^5

6.1×10^4

La hormiga reina pone aproximadamente 6.1×10^4 huevos por día.

¡Inténtalo!

Hay 1×10^{14} bacterias buenas en el cuerpo humano. Hay 2.6×10^{18} bacterias buenas entre los visitantes de un estadio de fútbol americano. ¿Aproximadamente cuántos visitantes hay en el estadio? Expresa tu respuesta en notación científica.

Las operaciones con números muy grandes o muy pequeños se pueden resolver con más eficiencia usando la notación científica. Las propiedades de los exponentes aplican cuando se resuelven operaciones.

Suma o resta	Multiplicación	División
$(2.3 \times 10^6) + (1.6 \times 10^9)$	$(2.3 \times 10^6) \times (1.6 \times 10^9)$	$(2.3 \times 10^6) \div (1.6 \times 10^9)$
$(2.3 \times 10^6) + (1.6 \times 10^3) \times 10^6$	$(2.3 \times 1.6) \times (10^6 \times 10^9)$	$(2.3 \div 1.6) \times (10^6 \div 10^9)$
$(2.3 \times 10^6) + (1{,}600 \times 10^6)$	$3.68 \times 10^{6+9}$	$1.4375 \times 10^{6-9}$
$(2.3 + 1{,}600) \times 10^6$	3.68×10^{15}	1.4375×10^{-3}
$1{,}602.3 \times 10^6$		
1.6023×10^9		

Usa la propiedad del producto de potencias.

Usa la propiedad del producto de potencias.

Usa la propiedad del cociente de potencias.

¿Lo entiendes?

1. **? Pregunta esencial** ¿Cómo te ayuda la notación científica al trabajar con números muy grandes o muy pequeños?

2. **Usar la estructura** Al multiplicar y dividir dos números en notación científica, ¿por qué a veces debes reescribir un factor?

3. **Usar la estructura** Para la suma de (5.2×10^4) y (6.95×10^4) en notación científica, ¿por qué la potencia de 10 será 10^5?

¿Cómo hacerlo?

4. Un bacteriólogo estima que 5.2×10^4 bacterias están creciendo en cada una de 20 placas de Petri. ¿Aproximadamente cuántas bacterias en total están creciendo en las placas de Petri? Expresa tu respuesta en notación científica.

5. La distancia de la Tierra a la Luna es aproximadamente 1.2×10^9 pies. La nave espacial Apolo 11 tenía aproximadamente 360 pies de longitud. ¿Aproximadamente cuántas naves espaciales de esa longitud unidas por sus extremos coincidirían con la distancia de la Tierra a la Luna? Expresa tu respuesta en notación científica.

6. La masa de Marte es 6.42×10^{23} kilogramos. La masa de Mercurio es 3.3×10^{23} kilogramos.

   a. ¿Cuál es la masa combinada de Marte y Mercurio, expresada en notación científica?

   b. ¿Cuál es la diferencia entre la masa de los dos planetas, expresada en notación científica?

Práctica y resolución de problemas

Escanear para contenido digital

Práctica al nivel En 7 y 8, efectúa la operación y expresa tu respuesta en notación científica.

7. $(7 \times 10^{-6})(7 \times 10^{-6})$

$(\boxed{} \cdot \boxed{}) \times (10^{\boxed{}} \cdot 10^{\boxed{}})$

$\boxed{} \times 10^{\boxed{}}$

$4.9 \times 10^{\boxed{}}$

8. $(3.76 \times 10^5) + (7.44 \times 10^5)$

$(\boxed{} + \boxed{}) \times (10^{\boxed{}})$

$\boxed{} \times \boxed{}$

$1.12 \times 10^{\boxed{}}$

9. ¿Cuál es el valor de n en la ecuación $1.9 \times 10^7 = (1 \times 10^5)(1.9 \times 10^n)$?

10. Halla $(5.3 \times 10^3) - (8 \times 10^2)$. Expresa tu respuesta en notación científica.

11. ¿Cuál es la masa de 30,000 moléculas? Expresa tu respuesta en notación científica.

Masa de una molécula de oxígeno $= 5.3 \times 10^{-23}$ gramos

12. Evaluar el razonamiento Tu amigo dice que el producto de 4.8×10^8 y 2×10^{-3} es 9.6×10^{-5}. ¿Es correcta esa respuesta? Explícalo.

13. Halla $\frac{7.2 \times 10^{-8}}{3 \times 10^{-2}}$. Escribe tu respuesta en notación científica.

14. Una estrella está a 4.3×10^2 años luz de la Tierra. Un año luz es aproximadamente 5.9×10^{12} millas. ¿A qué distancia (en millas) de la Tierra está la estrella?

15. El consumo total de jugo de frutas en un país determinado en el año 2006 fue aproximadamente 2.28×10^9 galones. La población de ese país ese año fue 3×10^8. ¿Cuál fue la cantidad media de galones consumidos por persona en el país en 2006?

16. La mayor distancia entre el Sol y Júpiter es aproximadamente 8.166×10^8 kilómetros. La mayor distancia entre el Sol y Saturno es aproximadamente 1.515×10^9 kilómetros. ¿Cuál es la diferencia entre esas dos distancias?

17. ¿Cuál fue la cantidad aproximada de libras de basura producida por persona en el país en un año? Expresa tu respuesta en notación científica.

Basura generada en el país:
6.958×10^{10} libras
Población del país:
4.57×10^6 personas

18. Razonamiento de orden superior

a. ¿Cuál es el valor de n en la ecuación $1.5 \times 10^{12} = (5 \times 10^5)(3 \times 10^n)$?

b. Explica por qué el exponente del lado izquierdo de la ecuación no es igual a la suma de los exponentes del lado derecho.

Práctica para la evaluación

19. Halla $(2.2 \times 10^5) \div (4.4 \times 10^{-3})$. Cuando reagrupas los factores, ¿qué notas sobre el cociente de los factores decimales? ¿Cómo afecta eso al exponente del cociente?

20. ¿Cuál de las siguientes expresiones tiene el menor valor?

Ⓐ $(4.7 \times 10^4) + (8 \times 10^4)$

Ⓑ $(7.08 \times 10^3) + (2.21 \times 10^3)$

Ⓒ $(5.43 \times 10^8) - (2.33 \times 10^8)$

Ⓓ $(9.35 \times 10^6) - (6.7 \times 10^6)$

? Pregunta esencial del tema

¿Qué son los números reales? ¿Cómo se usan los números reales para resolver problemas?

Repaso del vocabulario

Traza líneas para unir cada palabra de vocabulario con su definición.

Palabra de vocabulario	Definición
1. raíz cúbica	un número que no se puede escribir como $\frac{a}{b}$, donde a y b son enteros y $b \neq 0$
2. número irracional	una manera de expresar un número como el producto de dos factores, uno mayor que o igual a 1 y menor que 10 y el otro una potencia de 10
3. propiedad del producto de potencias	número que, multiplicado por sí mismo, es igual al número original
4. cubo perfecto	el cubo de un entero
5. cuadrado perfecto	un número que elevado al cubo es igual a ese número
6. propiedad de la potencia de una potencia	Para multiplicar dos potencias con la misma base, se deja la misma base y se suman los exponentes.
7. propiedad de la potencia de productos	Para multiplicar dos potencias que tienen el mismo exponente y bases diferentes, se multiplican las bases y se deja el mismo exponente.
8. notación científica	un número que es el cuadrado de un entero
9. raíz cuadrada	Cuando hay un exponente elevado a una potencia, se deja la misma base y se multiplican los exponentes.

Usar el vocabulario al escribir

Usa palabras de vocabulario para explicar cómo se halla la longitud de cada lado de un jardín cuadrado que tiene un área de 196 pulgadas cuadradas.

Repaso de conceptos y destrezas

LECCIÓN **1-1** Números racionales en forma decimal

Repaso rápido

Puedes expresar decimales periódicos en forma de fracción escribiendo dos ecuaciones. Multiplica cada lado de la ecuación por una potencia de 10. Luego, resta las ecuaciones para eliminar el decimal periódico.

Ejemplo

Escribe 1.0505... en forma de número mixto.

$x = 1.\overline{05}$

$100 \cdot x = 100 \cdot 1.\overline{05}$

$100x = 105.\overline{05}$

$100x - x = 105.\overline{05} - 1.\overline{05}$

$99x = 104$

$x = \dfrac{104}{99}$ o $1\dfrac{5}{99}$

Práctica

Escribe cada número en forma de fracción o de número mixto.

1. $0.\overline{7}$

2. $0.0\overline{4}$

3. $4.\overline{45}$

4. $2.191919...$

LECCIÓN **1-2** Entender números irracionales

Repaso rápido

Un **número irracional** es un número que no se puede escribir como $\dfrac{a}{b}$, donde a y b son enteros y $b \neq 0$. Los números racionales e irracionales juntos conforman el sistema de números reales.

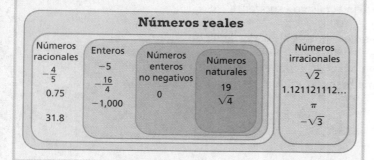

Números reales

Ejemplo

Clasifica $-\sqrt{50}$ **como racional o irracional.**

El número $-\sqrt{50}$ es irracional, porque 50 no es un cuadrado de ningún entero.

Práctica

1. Determina cuáles de los siguientes números son irracionales. Selecciona todos los que apliquen.

☐ $\sqrt{36}$

☐ $\sqrt{23}$

☐ $-4.232323...$

☐ $0.151551555...$

☐ $0.3\overline{5}$

☐ π

2. Clasifica $-0.\overline{25}$ como racional o irracional. Explícalo.

LECCIÓN 1-3 ▸ Comparar y ordenar números reales

Repaso rápido

Como ayuda para comparar y ordenar números reales, primero se puede escribir cada número en forma decimal.

Ejemplo

Compara y ordena los siguientes números. Localiza cada número en una recta numérica.

$7.\overline{8}$, $7\frac{4}{5}$, $\sqrt{56}$

Escribe cada número en forma decimal.

$7.\overline{8} = 7.8888...$

$7\frac{4}{5} = 7.8$

$\sqrt{56} \approx 7.5$

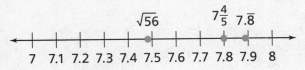

Por tanto, $\sqrt{56} < 7\frac{4}{5} < 7.\overline{8}$.

Práctica

1. ¿Entre qué dos números enteros no negativos está $\sqrt{89}$?

$\sqrt{89}$ está entre y ⬜.

2. Compara y ordena los siguientes números. Localiza cada número en una recta numérica.

$2.\overline{3}$, $\sqrt{8}$, 2.5, $2\frac{1}{4}$

LECCIÓN 1-4 ▸ Evaluar raíces cuadradas y raíces cúbicas

Repaso rápido

Recuerda que un cuadrado perfecto es el cuadrado de un entero. Una raíz cuadrada de un número es un número que multiplicado por sí mismo es igual al número original. Del mismo modo, un cuadrado perfecto es el cubo de un entero. Una raíz cúbica de un número es un número que elevado al cubo es igual al número original.

Ejemplo

Un monumento tiene forma de cubo y un volumen de 729 metros cúbicos. ¿Qué longitud tiene cada arista del monumento?

$\sqrt[3]{729} = \sqrt[3]{9 \cdot 9 \cdot 9}$

$\quad\quad\quad = \sqrt[3]{9^3}$

$\quad\quad\quad = 9$

Por tanto, la longitud de cada lado es 9 metros.

Práctica

Clasifica cada número como un cuadrado perfecto, un cubo perfecto, los dos o ninguno.

1. 27

2. 100

3. 64

4. 24

5. Una caja de regalos es un cubo con un volumen de 512 pulgadas cúbicas. ¿Qué longitud tiene cada arista de la caja?

Resolver ecuaciones con raíces cuadradas y raíces cúbicas

Repaso rápido

Puedes usar raíces cuadradas para resolver ecuaciones con cuadrados. Puedes usar raíces cúbicas para resolver ecuaciones con cubos. Las ecuaciones con raíces cuadradas suelen tener dos soluciones. Observa el contexto para determinar si las dos soluciones son válidas.

Ejemplo

Mattie quiere construir una plataforma cuadrada de 144 pies cuadrados para un área de juego para niños. ¿Qué longitud debe tener cada lado de la plataforma?

Usa la fórmula $A = l^2$ para hallar cada longitud de lado.

$144 = l^2$

$\sqrt{144} = \sqrt{l^2}$

$\pm 12 = l$

La longitud no puede ser negativa; por tanto, la longitud de cada lado de la plataforma debe ser 12 pies.

Práctica

Halla el valor de x.

1. $x^3 = 64$

2. $x^2 = 49$

3. $x^3 = 25$

4. $x^2 = 125$

5. Un recipiente tiene forma de cubo. Tiene un volumen de 216 pulgadas cúbicas. ¿Qué dimensiones tiene una cara del recipiente?

Usar propiedades de los exponentes enteros

Repaso rápido

Estas propiedades te ayudan a escribir expresiones equivalentes que tienen exponentes.

Propiedad del producto de potencias

$a^m \cdot a^n = a^{m+n}$

Propiedad de la potencia de una potencia

$(a^m)^n = a^{mn}$

Propiedad de la potencia de productos

$a^n \cdot b^n = (a \cdot b)^n$

Propiedad del cociente de potencias

$a^m \div a^n = a^{m-n}$, cuando $a \neq 0$

Ejemplo

Escribe una expresión equivalente a $(4^3)^2$

$(4^3)^2 = (4^3)(4^3)$

$= (4 \cdot 4 \cdot 4)(4 \cdot 4 \cdot 4)$

$= 4^6$

Práctica

Usa las propiedades de los exponentes para escribir una expresión equivalente a cada expresión dada.

1. $6^4 \cdot 6^3$

2. $(3^6)^{-2}$

3. $7^3 \cdot 2^3$

4. $4^{10} \div 4^4$

Más propiedades de los exponentes enteros

Repaso rápido

La propiedad del exponente cero establece que cualquier número distinto de cero elevado a la potencia de 0 es igual a 1. La **propiedad del exponente negativo** establece que para cualquier número racional distinto de cero *a* y cualquier entero *n*, $a^{-n} = \frac{1}{a^n}$.

Ejemplo

Evalúa la expresión para *x* = 2 y *y* = 4.

$$\frac{2}{y^{-2}} + 5x^0 = \frac{2}{(4)^{-2}} + 5(2)^0$$

$$= \frac{2(4^2)}{1} + 5(1)$$

$$= 2(16) + 5(1)$$

$$= 32 + 5$$

$$= 37$$

Práctica

Escribe cada expresión con exponentes positivos.

1. 9^{-4}

2. $\frac{1}{3^{-5}}$

Evalúa cada expresión para *x* = 2 y *y* = 5.

3. $-4x^{-2} + 3y^0$

4. $2x^0y^{-2}$

Usar potencias de 10 para estimar cantidades

Repaso rápido

Puedes estimar cantidades muy grandes y muy pequeñas expresando ese número como un solo dígito por una potencia de 10.

Ejemplo

Keisha tiene aproximadamente 1,823,933 minutos de edad. Expresa esa edad como un solo dígito por una potencia de 10.

Primero, redondea al mayor valor de posición. 1,823,933 es aproximadamente 2,000,000.

Expresa el número redondeado como un solo dígito por una potencia de 10.

$$2,000,000 = 2 \times 10^6$$

654321

Keisha tiene aproximadamente 2×10^6 minutos de edad.

Práctica

1. En el año 2013, la población de California era aproximadamente 38,332,521 personas. Expresa la población estimada como un solo dígito por una potencia de 10.

2. La longitud de onda de la luz verde es aproximadamente 0.00000051 metros. ¿Cuál es la longitud de onda estimada como un solo dígito por una potencia de 10?

3. El área territorial de Connecticut es aproximadamente 12,549,000,000 metros cuadrados. El área territorial de Rhode Island es aproximadamente 2,707,000,000 metros cuadrados. ¿Cuántas veces el área territorial de Rhode Island tiene el área de Connecticut?

Repaso rápido

Un número en notación científica se expresa como el producto de dos factores, uno mayor que o igual a 1 y menor que 10 y el otro una potencia de 10.

Ejemplo

Escribe 65,700,000 en notación científica.

Primero, pon el punto decimal a la derecha del primer dígito distinto de cero.

Luego, cuenta la cantidad de dígitos que hay a la derecha del punto decimal para determinar la potencia de 10.

65,700,000 en notación científica es 6.57×10^7.

Práctica

1. Escribe 803,000,000 en notación científica.

2. Escribe 0.0000000068 en notación científica.

3. Escribe 1.359×10^5 en forma estándar.

4. El radio de un átomo de hidrógeno es 0.000000000025 metros. ¿Cómo expresas ese radio en notación científica?

Repaso rápido

Al multiplicar o dividir números en notación científica, multiplica o divide los primeros factores. Luego, multiplica o divide las potencias de 10. Al sumar o restar números en notación científica, primero escribe los números con la misma potencia de 10. Luego, suma o resta los primeros factores y deja la misma potencia de 10.

Si la parte decimal del resultado no es mayor que o igual a 1 y menor que 10, mueve el punto decimal y modifica el exponente.

Ejemplo

Multiplica $(4.2 \times 10^5) \times (2.5 \times 10^3)$.

$(4.2 \times 10^5) \times (2.5 \times 10^3)$

$= (4.2 \times 2.5) \times (10^5 \times 10^3)$

$= 10.5 \times 10^8$

$= 1.05 \times 10^9$

Práctica

Efectúa cada operación. Expresa tus respuestas en notación científica.

1. $(2.8 \times 10^4) \times (4 \times 10^5)$

2. $(6 \times 10^9) \div (2.4 \times 10^3)$

3. $(4.1 \times 10^4) + (5.6 \times 10^6)$

4. La población de la ciudad A es 1.26×10^5 personas. La población de la ciudad B es 2.8×10^4 personas. ¿Cuántas veces la población de la ciudad B tiene la ciudad A?

Entrecruzados

Resuelve cada ecuación. Escribe tus respuestas en el siguiente crucigrama de números. Cada dígito, signo negativo y punto decimal de tu respuesta va en su casilla correspondiente.

Puedo...
resolver ecuaciones de un paso, incluso las que tienen raíces cuadradas y raíces cúbicas.

A | **2**

B |

C | –

D | | | E

F | | |

G |

H | ± | | J | K | | L

M | | | | N | | | P |

Q **0** | |

R |

S | | T | | | U

V | | |

Horizontal

A $-377 = x - 1{,}000$

B $x^3 = 1{,}000$

C $x^3 = -8$

D $x + 7 = -209$

F $x + 19 = -9$

J $14 + x = -19$

L $m - 2.02 = -0.58$

M $-3.09 + x = -0.7$

N $-2.49 = -5 + x$

Q $x - 3.5 = -3.1$

T $q - 0.63 = 1.16$

V $8.3 + x = 12.1$

Vertical

A $y - 11 = 49$

B $x + 8 = 20$

C $z^3 = -1{,}331$

D $11 + x = 3$

E $x - 14 = -7.96$

F $14 + x = -9$

G $d + 200 = 95$

H $x^2 = 144$

K $-12 = t - 15.95$

P $0.3 + x = 11$

R $x - 3 = -21$

S $-7 = -70 + y$

TEMA 2 ANALIZAR Y RESOLVER ECUACIONES LINEALES

? Pregunta esencial del tema

¿Cómo analizas las relaciones entre las ecuaciones lineales y cómo las usas para resolver problemas?

Vistazo al tema

Vocabulario del tema

- forma pendiente-intercepto
- intercepto en y
- pendiente de una recta

Recursos digitales de la lección

INTERACTIVE STUDENT EDITION
Accede con o sin conexión.

VISUAL LEARNING ANIMATION
Interactúa con el aprendizaje visual animado.

ACTIVITY Úsala con las actividades *¡Resuélvelo y coméntalo!*, *¡Explóralo!* y *¡Explícalo!*, y para explorar los Ejemplos.

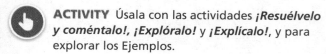

VIDEOS Mira videos como apoyo para las lecciones de *Representación matemática en 3 actos* y los *Proyectos* STEM.

En línea

Poca batería

▶ Poca batería

¿Te ha ocurrido que te das cuenta que dejaste el cargador en casa? ¡Uy! No falta mucho para que se apague tu dispositivo. El porcentaje de la batería sigue bajando y tú todavía tienes mucho que hacer con ese dispositivo. Piensa en esto durante la lección de Representación matemática en 3 actos.

PRACTICE Practica lo que has aprendido.

TUTORIALS Usa los videos de *Virtual Nerd* cuando los necesites.

MATH TOOLS Explora las matemáticas con herramientas digitales.

GAMES Usa los Juegos de Matemáticas como apoyo para aprender.

KEY CONCEPT Repasa el contenido importante de la lección.

GLOSARIO Lee y escucha las definiciones en inglés y español.

ASSESSMENT Muestra lo que has aprendido.

Proyecto de ënVision® STEM

¿Sabías que...?

La demografía es el estudio de los cambios en la población humana a lo largo del tiempo, como la cantidad de nacimientos o de muertes o la migración neta.

Nacimientos mundiales en 2015 (estimados)

13,760,000 en países más desarrollados

132,213,000 en países menos desarrollados

145,973,000

57,052,000

44,769,000 en países menos desarrollados

12,283,000 en países más desarrollados

Muertes mundiales en 2015 (estimadas)

La emigración es el acto de abandonar el país propio para establecerse en otro. En 2015, 244 millones de personas, o 3.3% de la población mundial, vivía fuera de su país de origen.

La inmigración es el acto de llegar y establecerse en un país diferente al propio. Los Estados Unidos tienen la mayor población inmigrante del mundo.

Emigración

Inmigración

Tu tarea: Representa el crecimiento de la población

Las cifras de la población humana cambian constantemente. Supón que un país tiene una población de 20 millones de personas a principios del año y durante ese año hay 600,000 nacimientos, 350,000 muertes, 100,000 inmigrantes y 5,000 emigrantes. Tus compañeros y tú determinarán la población total a fines de ese año y luego representarán el cambio esperado a lo largo de un período más largo.

¡Repasa lo que sabes!

Vocabulario

Escoge el mejor término del recuadro para completar cada definición.

> operaciones inversas
>
> proporción
>
> términos semejantes
>
> variables

1. En una expresión algebraica los/las _____ son los términos que tienen las mismas variables elevadas a las mismas potencias.

2. Las cantidades que representan un valor desconocido son _____.

3. Un/Una _____ es un enunciado que indica que dos razones son equivalentes.

4. Las operaciones que se "deshacen" una a la otra son _____.

Identificar términos semejantes

Completa los enunciados para identificar los términos semejantes en cada expresión.

5. $4x + 7y - 6z + 6y - 9x$

$4x$ y ☐ son términos semejantes.

$7y$ y ☐ son términos semejantes.

6. $\frac{1}{2}s - (6u - 9u) + \frac{1}{10}t + 2s$

$\frac{1}{2}s$ y ☐ son términos semejantes.

$6u$ y ☐ son términos semejantes.

Resolver ecuaciones de un paso

Simplifica cada ecuación.

7. $2x = 10$

8. $x + 3 = 12$

9. $x - 7 = 1$

Simplificar fracciones

10. Explica cómo simplificar la fracción $\frac{12}{36}$.

Desarrollo del lenguaje

Completa el diagrama de Venn para comparar y contrastar ecuaciones lineales con las formas $y = mx$ y $y = x + b$.

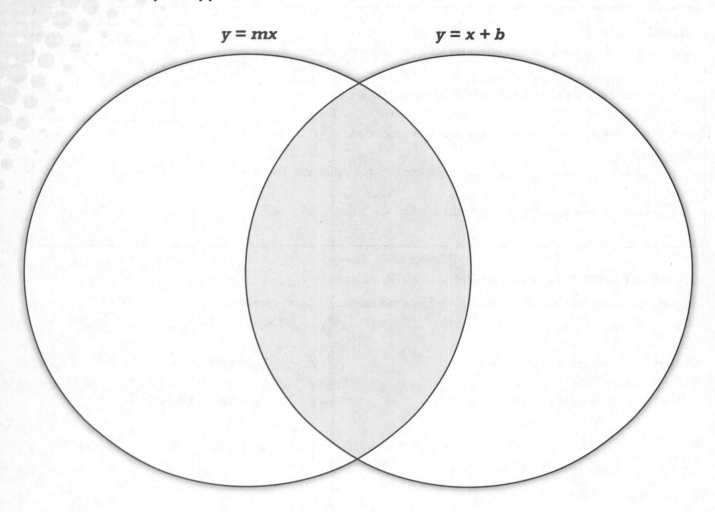

$y = mx$ $y = x + b$

Dibuja gráficas que representen las formas de las ecuaciones lineales en el recuadro de abajo.

PROYECTO 2A

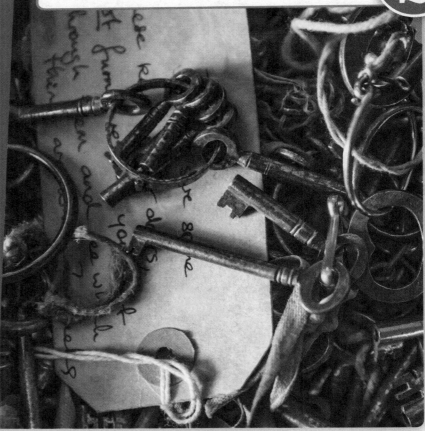

Si tuvieras que escapar de una habitación cerrada con llave, ¿por dónde empezarías?

PROYECTO: DISEÑA UNA AVENTURA DE UNA SALA DE ESCAPE

PROYECTO 2B

¿Con qué animal te gustaría jugar durante una hora? ¿Por qué?

PROYECTO: PLANIFICA UNA CAFETERÍA DE MASCOTAS

PROYECTO 2C

Si tuvieras que escribir una obra de teatro, ¿de qué trataría?

PROYECTO: ESCRIBE UNA OBRA DE TEATRO

PROYECTO 2D

¿Cuántos pasos pequeños debes dar para cruzar una cuerda tensa?

PROYECTO: GRAFICA UN PATRÓN DE CAMINATA

¡Explóralo!

La superintendente escolar pide las computadoras portátiles nuevas que se muestran a continuación para dos escuelas de su distrito. Ella recibe una cuenta de $7,500.

Puedo...
resolver ecuaciones que tienen términos semejantes de un lado.

A. Haz una representación para mostrar la relación entre la cantidad de computadoras portátiles y el costo total.

B. Usa la representación para escribir una ecuación que ayude a determinar el costo de una computadora portátil.

Enfoque en las prácticas matemáticas

Razonar ¿Por qué es importante saber que cada computadora portátil cuesta lo mismo?

VISUAL LEARNING

ASSESS

EJEMPLO 1 👁 **Combinar términos semejantes para resolver ecuaciones de suma**

Escanear para contenido digital

Gianna tiene 36 yardas de tela para hacer juegos de individuales y servilletas. ¿Cuántos juegos puede hacer?

> **Buscar relaciones** ¿Por qué puedes usar la misma variable para representar la cantidad de individuales y para representar la cantidad de servilletas?

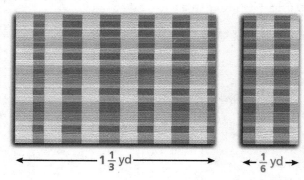

$1\frac{1}{3}$ yd — $\frac{1}{6}$ yd →

Haz un diagrama de barras para mostrar cómo se relacionan las cantidades.

36 yd

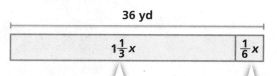

$1\frac{1}{3}x$ | $\frac{1}{6}x$

Yardas de tela necesarias para hacer *x* individuales

Yardas de tela necesarias para hacer *x* servilletas

Usa el diagrama para escribir y resolver una ecuación.

$$1\frac{1}{3}x + \frac{1}{6}x = 36$$

$$\frac{8}{6}x + \frac{1}{6}x = 36$$

$$\frac{9}{6}x = 36$$

> Combina los términos semejantes.

$$\frac{6}{9} \cdot \left(\frac{9}{6}\right)x = \frac{6}{9} \cdot (36)$$

$$x = 24$$

Gianna tiene suficiente tela para hacer 24 juegos de individuales y servilletas.

☑ **¡Inténtalo!**

Selena gastó $53.94 en un juego de collar y pulsera para cada una de sus amigas. Cada collar costó $9.99 y cada pulsera costó $7.99. ¿Cuántos juegos, *j*, de collares y pulseras compró Selena?

$\boxed{}\,j + \boxed{}\,j = 53.94$

$\boxed{}\,j = 53.94$

Selena compró juegos de collares y pulseras para $\boxed{}$ amigas.

$j = \boxed{}$

¡Convénceme! Supón que la ecuación es $9.99j + 7.99j + 4.6 = 53.94$. ¿Puedes combinar los términos con *j* y 4.6? Explícalo.

Selene compró una pantalla de computadora en oferta por 35% menos que el precio original. ¿Cuál era el precio de la pantalla de computadora antes de la oferta?

Haz un diagrama de barras para representar la situación.

Sea p el precio de la pantalla antes de la oferta.

p

| $130 | 0.35$p$ |

Usa el diagrama de barras para escribir una ecuación. Luego, resuélvela.

$$p - 0.35p = 130$$
$$0.65p = 130$$ ← Combina los términos semejantes.
$$\frac{0.65p}{0.65} = \frac{130}{0.65}$$
$$p = 200$$

Buscar relaciones ¿Cómo se relacionan el precio original y el precio rebajado?

El precio de la pantalla de computadora antes de la oferta era $200.

¡Inténtalo!

La cuenta por la compra de Nat en una tienda fue de $150, que incluía un 5% de descuento por pertenecer a un club de la tienda. ¿Cuál era la cuenta de Nat antes del descuento? Escribe y resuelve una ecuación.

EJEMPLO 3  Combinar términos semejantes con coeficientes negativos para resolver ecuaciones

Resuelve la ecuación $-3.5y - 6.2y = -87.3$.

$$-3.5y - 6.2y = -87.3$$
$$-9.7y = -87.3$$
$$\frac{-9.7y}{-9.7} = \frac{-87.3}{-9.7}$$
$$y = 9$$

Para combinar términos semejantes con coeficientes negativos, usa las reglas que aprendiste para sumar y restar números racionales.

¡Inténtalo!

Halla el valor de d.

a. $-\frac{1}{4}d - \frac{2}{5}d = 39$

b. $-9.76d - (-12.81d) = 8.54$

Para resolver una ecuación con variables de un lado, puedes combinar términos semejantes antes de usar operaciones inversas y las propiedades de la igualdad.

$$0.8n + 0.6n = 42$$

$$1.4n = 42$$

$$\frac{1.4n}{1.4} = \frac{42}{1.4}$$

Combina términos semejantes.

$$n = 30$$

¿Lo entiendes?

1. **? Pregunta esencial** ¿Cómo resuelves ecuaciones que tienen términos semejantes?

2. Buscar relaciones ¿Cómo te das cuenta cuando una ecuación tiene términos semejantes?

3. Entender y perseverar En la ecuación $0.75s - \frac{5}{8}s = 44$, ¿cómo combinas los términos semejantes?

¿Cómo hacerlo?

4. Henry está haciendo un pastel según una receta. Tiene 95 tazas de harina. ¿Cuántos pasteles puede hacer?

RECETA DE PASTEL

HARINA NECESARIA PARA CADA PASTEL

$2\frac{2}{3}$ TAZAS PARA LA MASA

$\frac{1}{2}$ TAZA PARA EL ESPOLVOREADO

5. Una ciudad tiene una población de 350,000 habitantes. La población ha disminuido 30% en los últimos diez años. ¿Cuál era la población de la ciudad hace 10 años?

6. Resuelve la ecuación $-12.2z - 13.4z = -179.2$.

Práctica y resolución de problemas

Práctica al nivel En **7** y **8**, completa los pasos para hallar el valor de *x*.

7.
$$\frac{4}{5}x - \frac{1}{4}x = 11$$

$$\frac{\boxed{}}{20}x = 11$$

$$\frac{\boxed{}}{\boxed{}}\left(\frac{\boxed{}}{20}x\right) = \frac{\boxed{}}{\boxed{}}(11)$$

$$x = \boxed{}$$

8. $-0.65x + 0.45x = 5.4$

$$\boxed{}x = 5.4$$

$$x = \frac{5.4}{\boxed{}}$$

$$x = \boxed{}$$

En **9** a **12**, halla el valor de *x*.

9. $\frac{4}{9}x + \frac{1}{5}x = 87$

10. $-3.8x - 5.9x = 223.1$

11. $x + 0.15x = 3.45$

12. $-\frac{3}{5}x - \frac{7}{10}x + \frac{1}{2}x = -56$

13. Una contratista compró 8.2 pies cuadrados de chapa. Usó 2.1 pies cuadrados hasta ahora y le queda chapa equivalente a $183. Escribe y resuelve una ecuación para averiguar cuánto cuesta la chapa por pie cuadrado.

14. Entender y perseverar Clint prepara y vende mezclas de nueces y frutas secas en su tienda. Esta semana usó $\frac{3}{8}$ de las pasas para una mezcla común y $\frac{1}{4}$ de las pasas para una mezcla especiada. Si Clint usó 20 libras de pasas esta semana, ¿cuántas libras de pasas tenía al principio de la semana?

15. Entender y perseverar Un submarino descendió hasta $\frac{1}{6}$ de la profundidad máxima que puede alcanzar. Luego descendió otros $\frac{2}{3}$ de su profundidad máxima. Si el submarino está a 650 pies por debajo del nivel del mar, ¿cuál es la profundidad máxima que puede alcanzar?

650 pies

16. Representar con modelos matemáticos Escribe una ecuación que se pueda representar con el siguiente diagrama de barras. Luego, resuélvela.

$$-3.78$$

$-1.2y$	$-4.2y$

17. Razonamiento de orden superior Resuelve $\frac{2}{3}h - 156 = 3\frac{13}{24}$.

18. Representar con modelos matemáticos Nathan compró un cuaderno y una carpeta para cada una de sus materias. El costo total de los cuadernos y las carpetas fue $27.08. Haz un diagrama de barras para representar la situación. ¿Cuántas materias cursa Nathan?

Cuaderno $0.95
Carpeta $5.82

Práctica para la evaluación

19. Construir argumentos Un compañero comete un error al decir que la solución de la ecuación $-\frac{3}{5}y - \frac{1}{7}y = 910$ es $y = 676..$ ¿Qué error cometió ese compañero?

Ⓐ Sumó $-\frac{1}{7}$ a $-\frac{3}{5}$.

Ⓑ Restó $\frac{1}{7}$ de $-\frac{3}{5}$.

Ⓒ Multiplicó 910 por $\frac{26}{35}$.

Ⓓ Multiplicó 910 por $\frac{35}{26}$.

20. Se corta en dos pedazos una tabla de 132 pulgadas. Un pedazo tiene 3 veces la longitud del otro pedazo. Halla la longitud del pedazo más corto.

PARTE A

Haz un diagrama de barras para representar la situación.

PARTE B

Escribe y resuelve una ecuación para hallar la longitud del pedazo más corto.

¡Resuélvelo y coméntalo!  ACTIVITY

Jaxson y Bryon reunieron la misma cantidad de dinero lavando carros. Ellos reunieron los billetes y los cheques que se muestran a continuación. Si cada cheque tiene escrita la misma cantidad de dinero, *x*, ¿cuál es la cantidad total de dinero que reunieron los dos niños? Explícalo.

Puedo...
resolver ecuaciones con variables de los dos lados del signo igual.

Razonar ¿Cómo usas una ecuación para mostrar que las expresiones son equivalentes?

Enfoque en las prácticas matemáticas

Representar con modelos matemáticos ¿Qué expresiones puedes escribir para representar la cantidad de dinero que reunió cada niño? ¿Cómo usas esas expresiones para escribir una ecuación?

VISUAL LEARNING   ASSESS

EJEMPLO 1 — Resolver ecuaciones con coeficientes fraccionarios

Escanear para contenido digital

Jonah y Lizzy están haciendo batidos de fruta con la misma cantidad de onzas líquidas. Jonah usa 4 envases de yogur para hacer su batido. Lizzy usa $2\frac{1}{2}$ envases de yogur para hacer su batido. ¿Cuántas onzas de yogur, x, hay en cada envase?

Batido de Jonah — 6 onzas de jugo → yogur →

Batido de Lizzy — 12 onzas de jugo ← yogur ←

UNA MANERA Haz un diagrama de barras para representar la situación. Usa el diagrama para hallar el valor de x.

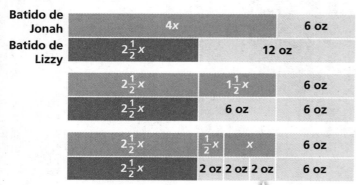

Batido de Jonah: $4x$ | 6 oz
Batido de Lizzy: $2\frac{1}{2}x$ | 12 oz

$2\frac{1}{2}x$ | $1\frac{1}{2}x$ | 6 oz
$2\frac{1}{2}x$ | 6 oz | 6 oz

$2\frac{1}{2}x$ | $\frac{1}{2}x$ | x | 6 oz
$2\frac{1}{2}x$ | 2 oz 2 oz 2 oz | 6 oz

La barra de x es igual a las dos barras de 2.

OTRA MANERA Escribe una ecuación y usa las operaciones inversas para hallar el valor de x.

$$4x + 6 = 2\frac{1}{2}x + 12$$

$$4x - 2\frac{1}{2}x + 6 = 2\frac{1}{2}x - 2\frac{1}{2}x + 12$$

Resta $2\frac{1}{2}x$ de los dos lados para pasar las variables de un lado de la ecuación.

$$1\frac{1}{2}x + 6 = 12$$

$$1\frac{1}{2}x + 6 - 6 = 12 - 6$$

$$1\frac{1}{2}x = 6$$

$$\frac{2}{3} \cdot \frac{3}{2}x = \frac{2}{3} \cdot 6$$

$$x = 4$$

Hay 4 onzas de yogur en cada envase.

Resta 6 de los dos lados para pasar todos los términos constantes de un lado de la ecuación.

✓ ¡Inténtalo!

En la clase A hay un girasol de 8 centímetros de altura que crece a una tasa de $3\frac{1}{2}$ centímetros por semana. En la clase B hay un girasol de 10 centímetros de altura que crece a una tasa de $3\frac{1}{4}$ centímetros por semana. ¿Después de cuántas semanas tendrán la misma altura los dos girasoles?

Sea s = la cantidad de semanas.

$\boxed{}s + 8 = \boxed{}s + 10$

$\boxed{}s + 8 = 10$

$\boxed{}s = \boxed{}$

$s = \boxed{}$

¡Convénceme! ¿Cómo compruebas tu trabajo para asegurarte de que el valor de la variable hace que la ecuación sea verdadera? Explícalo.

Los dos girasoles tendrán la misma altura después de $\boxed{}$ semanas.

EJEMPLO 2 — Resolver ecuaciones con coeficientes decimales

Teresa cobra un salario semanal de $925 y una comisión de 5% del total de sus ventas. Ramón cobra un salario semanal de $1,250 y una comisión de 3% de sus ventas. ¿Con qué cantidad de ventas, x, cobrarán los dos la misma cantidad en la semana?

0.05x	925
0.03x	1,250

$$0.05x + 925 = 0.03x + 1{,}250$$

$$0.05x - 0.03x + 925 = 0.03x - 0.03x + 1{,}250$$

$$0.02x + 925 = 1{,}250$$

> Usa operaciones inversas para combinar los términos semejantes de los dos lados del signo igual.

$$0.02x + 925 - 925 = 1{,}250 - 925$$

$$0.02x = 325$$

$$0.02x \div 0.02 = 325 \div 0.02$$

$$x = 16{,}250$$

Teresa y Ramón deben reunir una cantidad de ventas equivalente a $16,250 cada uno para cobrar la misma cantidad en la semana.

EJEMPLO 3 — Resolver ecuaciones con coeficientes negativos

Kelsey retira de su cuenta bancaria $25 por semana. Cada semana, Kris deposita en su cuenta bancaria $15 de su mesada y $20 por pasear perros. ¿Después de cuántas semanas tendrán los dos la misma cantidad de dinero en el banco?

Resumen de cuenta — Número de cuenta de ahorros 012 000 054 2036
Nombre : Kelsey Jones

FECHA	DESCRIPCIÓN	RETIRO	DEPÓSITO	SALDO
	SALDO PREVIO			$550.00
SEMANA 1	RETIRO	−$25.00		$525.00
SEMANA 2	RETIRO	−$25.00		$500.00
SEMANA 3	RETIRO	−$25.00		$475.00

Resumen de cuenta — Número de cuenta de ahorros 012 000 054 3169
Nombre : Kris Jones

FECHA	DESCRIPCIÓN	RETIRO	DEPÓSITO	SALDO
	SALDO PREVIO			$10.00
SEMANA 1	DEPÓSITO		$35.00	$45.00
SEMANA 2	DEPÓSITO		$35.00	$80.00
SEMANA 3	DEPÓSITO		$35.00	$115.00

> Cantidad de Kelsey después de x semanas

> Cantidad de Kris después de x semanas

$$550 - 25x = 10 + 15x + 20x$$

$$550 - 25x = 10 + 35x$$

> Combina los términos semejantes.

$$550 - 25x + 25x = 10 + 35x + 25x$$

$$550 = 10 + 60x$$

$$550 - 10 = 10 - 10 + 60x$$

$$540 = 60x$$

$$540 \div 60 = 60x \div 60$$

$$9 = x$$

Después de 9 semanas, Kelsey y Kris tendrán la misma cantidad de dinero en sus cuentas bancarias.

¡Inténtalo!

Resuelve la ecuación $96 - 4.5y - 3.2y = 5.6y + 42.80$.

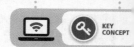

Cuando dos expresiones representan cantidades iguales, pueden igualarse. Entonces puedes usar operaciones inversas y las propiedades de la igualdad para combinar términos semejantes y hallar la incógnita.

$$3x + 15 = 4x + 12$$
$$3x - 3x + 15 = 4x - 3x + 12$$
$$15 = x + 12$$
$$15 - 12 = x + 12 - 12$$
$$3 = x$$

¿Lo entiendes?

1. **? Pregunta esencial** ¿Cómo usas operaciones inversas para resolver ecuaciones con variables de los dos lados?

2. Razonar ¿Por qué son importantes las operaciones inversas y las propiedades de la igualdad al resolver ecuaciones? Explícalo.

3. Representar con modelos matemáticos Cynthia cobra $680 de comisión y le pagan $10.25 por hora. Javier cobra $410 de comisión y le pagan $12.50 por hora. ¿Qué averiguas si hallas el valor de x en la ecuación $10.25x + 680 = 12.5x + 410$?

¿Cómo hacerlo?

4. María y Liam trabajan en una sala de banquetes. María cobra una comisión de 20% de sus ventas de comida. Liam cobra un salario semanal de $625 más una comisión de 10% de sus ventas de comida. ¿Con qué cantidad de ventas de comida cobrarán los dos la misma cantidad en la semana?

5. En la clase de Selma están preparando provisiones para las víctimas de un desastre natural. Selma prepara una caja en 5 minutos y ya ha preparado 12 cajas. Su amiga Trudy prepara una caja en 7 minutos y ya ha preparado 18 cajas. ¿Cuántos minutos más debe trabajar cada una para preparar la misma cantidad de cajas?

6. Resuelve la ecuación $-\frac{2}{5}x + 3 = \frac{2}{3}x + \frac{1}{3}$.

7. Resuelve la ecuación $-2.6b + 4 = 0.9b - 17$.

Práctica y resolución de problemas

Práctica al nivel En **8** y **9**, resuelve cada ecuación.

8. $6 - 4x = 6x - 8x + 2$

$$6 - 4x = \boxed{} + 2$$

$$6 = \boxed{} + 2$$

$$\boxed{} = \boxed{}$$

$$\boxed{} = x$$

9. $\frac{5}{3}x + \frac{1}{3}x = 13\frac{1}{3} + \frac{8}{3}x$

$$\boxed{}x = 13\frac{1}{3} + \frac{8}{3}x$$

$$\boxed{} = \frac{8}{3}x - \boxed{}x$$

$$-\frac{40}{3} = \boxed{}x$$

$$\boxed{} \cdot \left(-\frac{40}{3}\right) = \boxed{} \cdot \frac{2}{3}x$$

$$\boxed{} = x$$

10. En dos ciudades se acumularon cantidades de nieve diferentes. En la ciudad 1, la profundidad de la nieve aumenta $3\frac{1}{2}$ pulgadas por hora. En la ciudad 2, la profundidad de la nieve aumenta $2\frac{1}{4}$ pulgadas por hora. ¿En cuántas horas habrá caído la misma cantidad de nieve en las dos ciudades?

Ciudad 2

6 pulgadas

Ciudad 1

5 pulgadas

11. Resuelve la ecuación $5.3g + 9 = 2.3g + 15$.

a. Halla el valor de g.

b. Explica cómo compruebas que el valor de g que hallaste es correcto. Si tu comprobación falla, ¿significa eso que tu resultado es incorrecto? Explícalo.

12. Resuelve la ecuación $6 - 6x = 5x - 9x - 2$.

13. Representar con modelos matemáticos La población de una ciudad de la Florida es 43,425 habitantes. Aproximadamente 125 personas se van de la ciudad cada mes. Un promedio de 200 personas por mes llega para quedarse en la ciudad. Una ciudad cercana tiene una población de 45,000. En cada mes no llega nadie a quedarse y se va un promedio de 150 personas. ¿En aproximadamente cuántos meses serán iguales las poblaciones de las dos ciudades? Escribe una ecuación que represente esta situación y resuélvela.

14. Verónica está eligiendo entre dos gimnasios. ¿Después de cuántos meses serán iguales los costos totales de los dos gimnasios?

15. Razonamiento de orden superior El precio de las Acciones A era $12.73 a las 9 *a. m.* Desde entonces, el precio ha ido aumentando a una tasa de $0.06 por hora. Al mediodía, el precio de las Acciones B era $13.48. Empezó a disminuir a una tasa de $0.14 por hora. Si las acciones siguen aumentando y disminuyendo a las mismas tasas, ¿en cuántas horas serán iguales los precios de las acciones?

☑ Práctica para la evaluación

16. En un concurso académico, se ganan 12 puntos por cada respuesta correcta y se pierden 5 puntos por cada respuesta incorrecta. En la ronda final, la escuela A empieza con 165 puntos y da la misma cantidad de respuestas correctas e incorrectas. La escuela B empieza con 65 puntos, no da ninguna respuesta incorrecta y da la misma cantidad de respuestas correctas que la escuela A. El concurso termina con un empate de las dos escuelas.

PARTE A

¿Cuál de las siguientes ecuaciones representa las puntuaciones de la ronda final y el resultado del concurso?

Ⓐ $12x + 5x - 165 = -12x + 65$

Ⓑ $12x - 5x + 165 = 12x + 65$

Ⓒ $5x - 12x + 165 = 12x + 65$

Ⓓ $12x - 5x - 165 = 12x + 65$

PARTE B

¿Cuántas respuestas correctas dio cada escuela en la ronda final?

¡Resuélvelo y coméntalo!

ACTIVITY

Un tanque de agua se llena por medio dos tuberías. El agua fluye por una tubería a una tasa de 25,000 galones por hora y por la otra tubería a una tasa de 45,000 galones por hora. El agua sale del tanque a una tasa de 60,000 galones por hora.

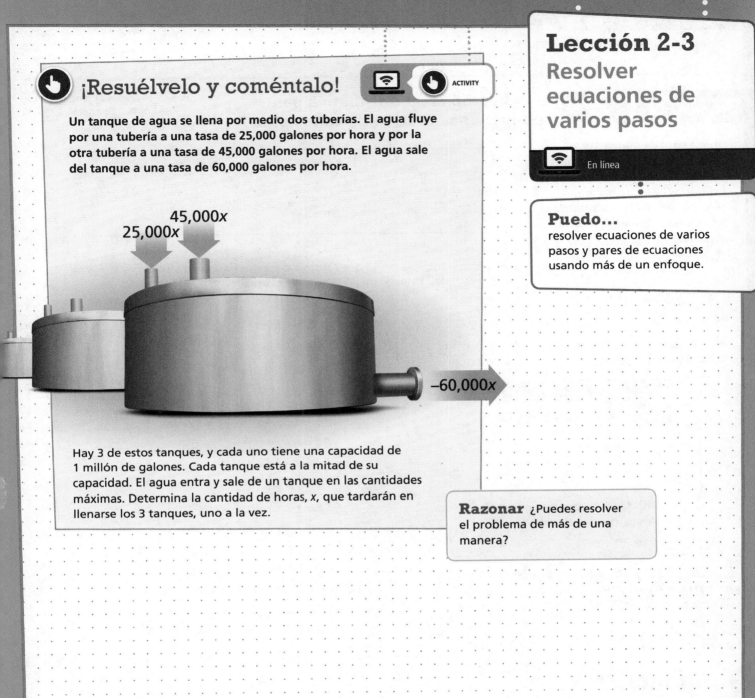

45,000x

25,000x

−60,000x

Hay 3 de estos tanques, y cada uno tiene una capacidad de 1 millón de galones. Cada tanque está a la mitad de su capacidad. El agua entra y sale de un tanque en las cantidades máximas. Determina la cantidad de horas, x, que tardarán en llenarse los 3 tanques, uno a la vez.

Puedo...
resolver ecuaciones de varios pasos y pares de ecuaciones usando más de un enfoque.

Razonar ¿Puedes resolver el problema de más de una manera?

Enfoque en las prácticas matemáticas

Usar la estructura ¿Cuáles son dos maneras diferentes de simplificar la expresión $4(3x + 7x + 5)$ para que sea igual a $40x − 20$? Explícalo.

? Pregunta esencial ¿Cómo usas la propiedad distributiva para resolver ecuaciones de varios pasos?

 VISUAL LEARNING   ASSESS

EJEMPLO 1 **Usar la propiedad distributiva para resolver una ecuación de varios pasos**

Escanear para contenido digital

Un maestro de matemáticas anotó las distancias que recorrió en bicicleta la semana pasada. Pidió a la clase que hallara la cantidad de millas que recorrió el jueves. ¿Qué distancia recorrió el jueves?

Lunes	Martes	Miércoles	Jueves	Viernes	Sábado
←	4x + 3	→	x	x + 7	x + 7

La cantidad total de millas que recorrió del lunes hasta el miércoles es la misma que la cantidad total de millas que recorrió del jueves al sábado.

Haz un diagrama de barras para representar la situación y luego úsalo para escribir una ecuación.

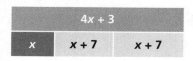

4x + 3		
x	x + 7	x + 7

$$4x + 3 = x + 2(x + 7)$$

La cantidad $x + 7$ aparece dos veces; por tanto, puedes escribir $2(x + 7)$.

Representar con modelos matemáticos ¿Cómo hallas la solución de la ecuación usando el diagrama de barras?

Resuelve la ecuación.

$$4x + 3 = x + 2(x + 7)$$
$$4x + 3 = x + 2 \cdot x + 2 \cdot 7$$
$$4x + 3 = x + 2x + 14$$
$$4x + 3 = 3x + 14$$
$$4x - 3x + 3 = 3x - 3x + 14$$
$$x + 3 = 14$$
$$x + 3 - 3 = 14 - 3$$
$$x = 11$$

Distribuye el 2 a los términos dentro de los paréntesis.

Comprueba tu respuesta.

$$4(11) + 3 \overset{?}{=} 11 + 2(11 + 7) \longrightarrow 47 = 47 \quad ✔$$

El maestro recorrió 11 millas el jueves.

¡Inténtalo!

Resuelve la ecuación $3(x - 5) - 5x = -25 + 6x$..

$$3\boxed{} + 3 \cdot \boxed{} - 5x = -25 + 6x$$

$$\boxed{} - 5x = -25 + 6x$$

$$\boxed{}x - 15 = -25 + 6x$$

$$-15 = -25 + \boxed{}x$$

$$\boxed{} = \boxed{}x$$

$$x = \boxed{} \quad \text{o} \quad \boxed{}$$

¡Convénceme! ¿Puedes sumar x a $-5x$ del lado izquierdo de la ecuación como primer paso? Explícalo.

EJEMPLO 2 Distribuir un coeficiente negativo para resolver ecuaciones

Resuelve cada ecuación.

A. $-5(x - 2) = -25$

$-5 \cdot x + -5 \cdot -2 = -25$

$-5x + 10 = -25$

$-5x + 10 - 10 = -25 - 10$

$-5x = -35$

$\dfrac{-5x}{-5} = \dfrac{-35}{-5}$

$x = 7$

> Distribuye el -5 a los términos dentro de los paréntesis.

B. $3 - (x - 3) = 25$

$3 + -1 \cdot x + -1 \cdot -3 = 25$

$3 - x + 3 = 25$

$-x + 6 = 25$

$-x + 6 - 6 = 25 - 6$

$-x = 19$

$\dfrac{-x}{-1} = \dfrac{19}{-1}$

$x = -19$

> Distribuye el -1 a los términos dentro de los paréntesis.

EJEMPLO 3 Usar la propiedad distributiva de los dos lados de una ecuación

Resuelve la ecuación $\frac{1}{4}(x + 3) = \frac{1}{2}(x + 2)$.

$\frac{1}{4}(x + 3) = \frac{1}{2}(x + 2)$

$\frac{1}{4} \cdot x + \frac{1}{4} \cdot 3 = \frac{1}{2} \cdot x + \frac{1}{2} \cdot 2$

$\frac{x}{4} + \frac{3}{4} = \frac{x}{2} + 1$

$\frac{x}{4} - \frac{x}{2} + \frac{3}{4} = \frac{x}{2} - \frac{x}{2} + 1$

$-\frac{x}{4} + \frac{3}{4} = 1$

$-\frac{x}{4} + \frac{3}{4} - \frac{3}{4} = 1 - \frac{3}{4}$

$-\frac{x}{4} = \frac{1}{4}$

$-4 \cdot -\frac{x}{4} = -4 \cdot \frac{1}{4}$

$x = -1$

> Usa la propiedad distributiva de los dos lados.

> **Usar la estructura** Asegúrate de usar la propiedad distributiva de los dos lados de la ecuación.

¡Inténtalo!

Resuelve la ecuación $-3(-7 - x) = \frac{1}{2}(x + 2)$.

Para resolver ecuaciones de varios pasos, a veces distribuyes primero y luego combinas los términos semejantes.

$$7(5 + 2x) + x = 65$$

$$35 + 14x + x = 65$$

A veces combinas los términos semejantes primero y luego distribuyes.

$$8(5x + 9x + 6) = 160$$

$$8(14x + 6) = 160$$

¿Lo entiendes?

1. **Pregunta esencial** ¿Cómo usas la propiedad distributiva para resolver ecuaciones de varios pasos?

2. **Razonar** ¿Cuál es el primer paso para resolver la ecuación $3(3x - 5x) + 2 = -8$?

3. **Usar la estructura** ¿Cómo usas el orden de las operaciones para explicar por qué no puedes combinar las variables antes de usar la propiedad distributiva para resolver la ecuación $7(x + 5) - x = 42$?

¿Cómo hacerlo?

4. Resuelve la ecuación $3x + 2 = x + 4(x + 2)$.

5. Resuelve la ecuación $-3(x - 1) + 7x = 27$.

6. Resuelve la ecuación $\frac{1}{3}(x + 6) = \frac{1}{2}(x - 3)$.

7. Resuelve la ecuación $0.25(x + 4) - 3 = 28$.

Práctica y resolución de problemas

Práctica al nivel En 8 a 10, halla el valor de *x*.

8. Lori compró gafas de sol y sandalias a mitad de precio. Si gastó un total de $21 por los dos artículos, ¿cuál era el precio original de las gafas?

$\frac{1}{2}(\boxed{} + 24) = 21$

$\frac{1}{2}x + \boxed{} = 21$

$\frac{1}{2}x = \boxed{}$

$x = \boxed{}$

El precio original de las gafas era $\boxed{}$.

9. Usa la propiedad distributiva para resolver la ecuación $28 - (3x + 4) = 2(x + 6) + x$.

$28 - \boxed{}x - \boxed{} = 2x + \boxed{} + x$

$24 - \boxed{}x = \boxed{}x + \boxed{}$

$24 - \boxed{}x = \boxed{}$

$\boxed{}x = \boxed{}$

$x = \boxed{}$

10. Usa la propiedad distributiva para resolver la ecuación $3(x - 6) + 6 = 5x - 6$.

$\boxed{}x - \boxed{} + 6 = 5x - \boxed{}$

$\boxed{}x - \boxed{} = 5x - \boxed{}$

$\boxed{}x - \boxed{} = \boxed{}$

$\boxed{}x = \boxed{}$

$x = \boxed{}$

11. ¿Cuál es la solución de $-2.5(4x - 4) = -6$?

12. ¿Cuál es la solución de la ecuación $3(x + 2) = 2(x + 5)$?

13. Resuelve la ecuación $\frac{1}{6}(x - 5) = \frac{1}{2}(x + 6)$.

14. Resuelve la ecuación $0.6(x + 2) = 0.55(2x + 3)$.

15. Resuelve la ecuación $4x - 2(x - 2) = -9 + 5x - 8$.

16. Usa la propiedad distributiva para resolver la ecuación $2(m + 2) = 22$. Describe qué significa distribuir el 2 a cada término dentro de los paréntesis.

17. ¿Cuál es el número de Peter?

Si restas 12 de mi número y multiplicas la diferencia por −3, el resultado es −54.

18. Razonamiento de orden superior Usa la propiedad distributiva para resolver la ecuación $\frac{4x}{5} - x = \frac{x}{10} - \frac{9}{2}$.

Práctica para la evaluación

19. ¿Cuántas soluciones tiene la ecuación $-2(x + 4) = -2(x + 4) - 6$?

20. Resuelve la ecuación $3(x + 4) = 2x + 4x - 6$ para hallar el valor de x.

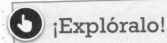

¡Explóralo!

ACTIVITY

El Gran Karlo invitó a los gemelos Jasmine y James a subir al escenario.

Jasmine, multiplica tu edad por 3 y suma 6. Luego, multiplica esa suma por 2. James, multiplica tu edad por 2 y suma 4. Luego, multiplica esa suma por 3. ¡Predigo que los dos obtendrán el mismo número!

Puedo...
determinar la cantidad de soluciones que tiene una ecuación.

A. Escribe expresiones para representar las instrucciones que dio el Gran Karlo a cada gemelo.

B. Elige 4 números enteros no negativos para la edad de los gemelos y pon a prueba cada expresión. Haz una tabla para mostrar los números que usaste y los resultados.

C. ¿Qué notas acerca de tus resultados?

Enfoque en las prácticas matemáticas

Entender y perseverar Elige otros tres valores y úsalos para evaluar cada expresión.
¿Qué notas? ¿Crees que esto es verdadero con todos los valores? Explícalo.

VISUAL LEARNING   ASSESS

EJEMPLO **1** **Resolver una ecuación con una cantidad infinita de soluciones**

Escanear para contenido digital

¿Con qué valores de x tendrán el mismo perímetro el rectángulo y el triángulo?

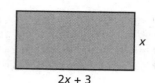
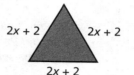

> **Representar con modelos matemáticos** ¿Cómo usas diagramas de barras para representar los perímetros iguales?

UNA MANERA Haz diagramas de barras para representar los perímetros. Luego, descompón y reordena los diagramas para hallar el valor de x.

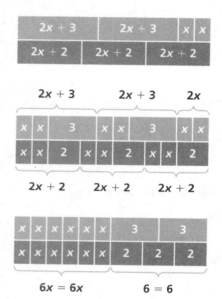

Las expresiones $6x = 6x$ y $6 = 6$ son verdaderas con cualquier valor de x. Esta ecuación tiene una cantidad infinita de soluciones.

OTRA MANERA Escribe una ecuación para representar los perímetros iguales. Luego, usa operaciones inversas y las propiedades de la igualdad para resolver la ecuación.

$$2x + 3 + 2x + 3 + x + x = 2x + 2 + 2x + 2 + 2x + 2$$

$$6x + 6 = 6x + 6$$

$$6x - 6x + 6 = 6x - 6x + 6$$

> ¿Con qué valores de x es $6x + 6 = 6x + 6$?

$$6 = 6$$

> Como $6 = 6$ siempre es verdadero, todos los valores de x hacen que la ecuación sea verdadera.

Esta ecuación tiene una cantidad infinita de soluciones.

☑ ¡Inténtalo!

¿Cuántas soluciones tiene la ecuación

$3x + 15 = 2x + 10 + x + 5$?

La ecuación tiene [_____] soluciones.

$$3x + 15 = 2x + 10 + x + 5$$

$$3x + 15 = \boxed{} x + \boxed{}$$

$$3x - \boxed{} + 15 = 3x - \boxed{} + 15$$

$$\boxed{} = \boxed{}$$

¡Convénceme! Si el valor de x es negativo, ¿sigue siendo verdadera la ecuación? Explícalo.

Anna y Luis jugaron fútbol durante la misma cantidad de horas una semana. ¿Cuántas horas jugó Luis el sábado?

UNA MANERA Usa diagramas de barras para resolver.

Horarios de Anna	$x + 1.2$	$x + 1.2$	$x + 1.2$	$x + 1.2$
Horarios de Luis	x	2.5	$2x$	4.5

x	x	x	x	4.8
x	x	x	2.2	4.8

$$x = 2.2$$

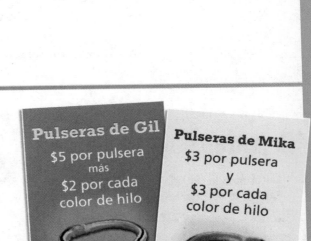

Horarios de fútbol

	Domingo	Lunes	Martes	Viernes
Anna	a. m. x horas	a. m. x horas	a. m. x horas	a. m. x horas
	p. m. 1.2 horas	p. m. 1.2 horas	p. m. 1.2 horas	p. m. 1.2 horas
Luis	x horas	2.5 horas	2x horas	4.5 horas

OTRA MANERA Escribe y resuelve una ecuación.

$$4(x + 1.2) = x + 2.5 + 2x + 4.5$$
$$4x + 4.8 = x + 2.5 + 2x + 4.5$$
$$4x + 4.8 = 3x + 7.0$$
$$4x - 3x + 4.8 = 3x - 3x + 7.0$$
$$x + 4.8 - 4.8 = 7.0 - 4.8$$
$$x = 2.2$$

> Esta ecuación tiene una solución, $x = 2.2$.

Luis jugó fútbol durante 2.2 horas el domingo.

Gil hizo tres pulseras y Mika hizo 2 pulseras. Los dos usaron la misma cantidad de colores de hilo. ¿Cuántos colores deben usar para ganar la misma cantidad de dinero?

Escribe una ecuación para representar esta situación. Luego, resuélvela.

Sea x = la cantidad de colores de hilo.

$$3(2x + 5) = 2(3x + 3)$$
$$6x + 15 = 6x + 6$$
$$6x - 6x + 15 = 6x - 6x + 6$$
$$15 \neq 6$$

> Como 15 nunca puede ser igual a 6, esta ecuación no tiene solución.

Pulseras de Gil
$5 por pulsera
más
$2 por cada color de hilo

Pulseras de Mika
$3 por pulsera
y
$3 por cada color de hilo

Como $15 \neq 6$, no hay ninguna cantidad de colores de hilo con la que Gil y Mika ganen la misma cantidad de dinero.

✓ **¡Inténtalo!**

¿Cuántas soluciones tiene la ecuación $4x + 8 = 0.1x + 3 + 3.9x$? Explícalo.

**¿Cómo determinas la cantidad de soluciones que tiene cada
ecuación sin resolverla?**

a. $x + 3 + 7 = 2x - 10 - x$

$x + 10 \neq x - 10$

> Puedes combinar los términos semejantes mentalmente.
> Las expresiones equivalentes $x + 10$ y $x - 10$ no son
> verdaderas con ningún valor de x.

La ecuación $x + 3 + 7 = 2x - 10 - x$ no tiene solución.

b. $3(x + 4) = 3x + 12$

$3x + 12 = 3x + 12$

> Puedes aplicar la propiedad distributiva del lado
> izquierdo de la ecuación mentalmente. Es fácil ver
> que la ecuación equivalente $3x + 12 = 3x + 12$ es
> verdadera con todos los valores de x.

La ecuación $3(x + 4) = 3x + 12$ tiene una cantidad infinita de soluciones.

c. $5x + 8 = 2x - 1$

$3x = -9$

> Nota que los coeficientes de las variables son diferentes.
> Cuando se juntan y combinan los términos semejantes,
> el resultado es un único valor de x.

La ecuación $5x + 8 = 2x - 1$ tiene una solución.

¡Inténtalo!

Determina la cantidad de soluciones que tiene cada ecuación sin resolverla.
Explica tu razonamiento.

a. $3x + 1.5 = 2.5x + 4.7$ **b.** $3(x + 2) = 3x - 6$ **c.** $9x - 4 = 5x - 4 + 4x$

Una ecuación de una variable tiene **una cantidad infinita de soluciones** cuando al resolverla se obtiene un enunciado verdadero, como $2 = 2$.

Una ecuación de una variable tiene **una solución** cuando al resolverla se obtiene un valor para la variable, como $x = 2$.

Una ecuación de una variable **no tiene solución** cuando al resolverla se obtiene un enunciado no verdadero, como $2 = 3$

¿Lo entiendes?

1. **❓ Pregunta esencial** ¿Tendrá siempre una sola solución una ecuación de una variable?

2. **Usar la estructura** Kaylee escribe la ecuación $6x + 12 = 2(3x + 6)$. ¿Puedes hallar la cantidad de soluciones que tiene esa ecuación sin hallar el valor de x? Explícalo.

3. **Construir argumentos** La altura de una planta experimental después de x días se puede representar con la fórmula $3(4x + 2)$. La altura de una segunda planta se puede representar con la fórmula $6(2x + 2)$. ¿Es posible que las dos plantas tengan alguna vez la misma altura? Explícalo.

¿Cómo hacerlo?

4. ¿Cuántas soluciones tiene la ecuación $3(2.4x + 4) = 4.1x + 7 + 3.1x$? Explícalo.

5. ¿Cuántas soluciones tiene la ecuación $7x + 3x - 8 = 2(5x - 4)$? Explícalo.

6. Todd y Agnes están haciendo postres. Todd compró duraznos y un envase de yogur de vainilla. Agnes compró manzanas y un frasco de miel. Compraron la misma cantidad de frutas. ¿Existe una situación en la que paguen la misma cantidad de dinero por sus compras? Explícalo.

Todd   Agnes

Práctica y resolución de problemas

Escanear para
contenido digital

Práctica al nivel En **7** y **8**, completa las ecuaciones para hallar la cantidad de soluciones.

7. Indica si la ecuación $33x + 99 = 33x - 99$ tiene una solución, no tiene solución o tiene una cantidad infinita de soluciones.

$$33x + 99 = 33x - 99$$

$$33x - \boxed{} + 99 = 33x - \boxed{} - 99$$

$$99 \boxed{} - 99$$

Como 99 $\boxed{}$ es igual a −99, la ecuación tiene/no tiene $\boxed{}$ solución/soluciones.

8. Resuelve la ecuación $4(4x + 3) = 19x + 9 - 3x + 3$. ¿Tiene una solución, no tiene solución o tiene una cantidad infinita de soluciones?

$$4(4x + 3) = 19x + 9 - 3x + 3$$

$$4 \cdot \boxed{} + 4 \cdot \boxed{} = 19x + 9 - 3x + 3$$

$$16x + 12 = \boxed{} + \boxed{}$$

$$16x - \boxed{} + 12 = 16x - \boxed{} + 12$$

$$12 \boxed{} 12$$

Como 12 $\boxed{}$ es igual a 12, la ecuación tiene/no tiene $\boxed{}$ solución/soluciones.

9. Generalizar ¿Qué significa que una ecuación sea equivalente a $0 = 0$? Explícalo.

10. Resuelve la ecuación $4x + x + 4 = 8x - 3x + 4$. ¿Tiene una solución, no tiene solución o tiene una cantidad infinita de soluciones? Si tiene una sola solución, escríbela. Explícalo.

11. Razonar Dos lavanderías competidoras anunciaron sus precios. Sea x igual a la cantidad de prendas lavadas. Los precios de la tienda A se representan con la expresión $15x - 2$. Los precios de la tienda B se representan con la expresión $3(5x + 7)$. ¿Cuándo cobran la misma tarifa las dos tiendas? Explícalo.

12. Razonar ¿En qué se parece resolver una ecuación sin solución a resolver una ecuación con una cantidad infinita de soluciones?

13. Resuelve la ecuación $0.9x + 5.1x - 7 = 2(2.5x - 3)$. ¿Cuántas soluciones tiene?

14. Evaluar el razonamiento Un compañero resolvió la ecuación $4x + 12x - 6 = 4(4x + 7)$ y obtuvo $x = 34$.

¿Qué error cometió? ¿Cuál es la solución correcta?

$$4x + 12x - 6 = 4(4x + 7)$$
$$16x - 6 = 16x + 28$$
$$16x - 16x - 6 = 16x - 16x + 28$$
$$x - 6 = 28$$
$$x - 6 + 6 = 28 + 6$$
$$x = 34$$

15. Resuelve la ecuación $49x + 9 = 49x + 83$.

a. ¿Tiene una solución, no tiene solución o tiene una cantidad infinita de soluciones?

b. Escribe dos ecuaciones de una variable que tengan la misma cantidad de soluciones que esta ecuación.

16. Indica si la ecuación $6(x + 2) = 5(x + 7)$ tiene una solución, no tiene solución o tiene una cantidad infinita de soluciones.

17. Resuelve la ecuación $6x + 14x + 5 = 5(4x + 1)$. Escribe un problema verbal que represente esta ecuación o cualquiera de sus formas equivalentes.

18. Indica si la ecuación $170x - 1,000 = 30(5x - 30)$ tiene una solución, no tiene solución o tiene una cantidad infinita de soluciones.

19. Razonamiento de orden superior Escribe una ecuación que tenga una solución, una ecuación que no tenga solución y una ecuación que tenga una cantidad infinita de soluciones.

20. Resuelve la ecuación $4(4x - 2) + 1 = 16x - 7$.

21. Resuelve la ecuación $6x + 26x - 10 = 8(4x + 10)$.

22. Indica si la ecuación $64x - 16 = 16(4x - 1)$ tiene una solución, no tiene solución o tiene una cantidad infinita de soluciones.

23. Indica si la ecuación $5(2x + 3) = 3(3x + 12)$ tiene una solución, no tiene solución o tiene una cantidad infinita de soluciones.

☑ Práctica para la evaluación

24. ¿Cuál de los siguientes enunciados describe mejor la solución de la ecuación $4(2x + 3) = 16x + 12 - 8x$?

  Ⓐ   La ecuación tiene una solución.

  Ⓑ   La ecuación tiene una cantidad infinita de soluciones.

  Ⓒ   La ecuación no tiene solución.

  Ⓓ   La ecuación tiene dos soluciones.

25. ¿Cuáles de los siguientes enunciados son verdaderos sobre la ecuación $10x + 45x - 13 = 11(5x + 6)$?

Selecciona todos los que apliquen.

  ☐   Las operaciones que se pueden usar para resolver la ecuación son la suma y la multiplicación.

  ☐   Las operaciones que se pueden usar para resolver la ecuación son la multiplicación y la división.

  ☐   La ecuación tiene una cantidad infinita de soluciones.

  ☐   La ecuación tiene una solución, $x = 53$.

  ☐   La ecuación no tiene solución.

Nombre: _____

1. **Vocabulario** ¿Cómo determinas la cantidad de soluciones de una ecuación? *Lección 2-4*

2. Resuelve la ecuación $-\frac{2}{3}d - \frac{1}{4}d = -22$ para hallar el valor de d. *Lección 2-1*

3. Edy tiene $450 en su cuenta de ahorros. Deposita $40 cada mes. Juan tiene $975 en su cuenta corriente. Hace un cheque de $45.45 cada mes para pagar el servicio de teléfono celular. También hace un cheque de $19.55 cada mes para pagar el agua. ¿Después de cuántos meses tendrán Edy y Juan la misma cantidad de dinero en sus cuentas? *Lección 2-2*

4. ¿Cuál de las siguientes ecuaciones tiene una cantidad infinita de soluciones? *Lección 2-4*

Ⓐ $\frac{3}{4}x + x - 5 = 10 + 2x$

Ⓑ $3x - 2.7 = 2x + 2.7 + x$

Ⓒ $9x + 4.5 - 2x = 2.3 + 7x + 2.2$

Ⓓ $\frac{1}{5}x - 7 = \frac{3}{4} + 2x - 25\frac{3}{4}$

5. Resuelve la ecuación $-4(x - 1) + 6x = 2(17 - x)$ para hallar el valor de x. *Lección 2-3*

6. Hakeem restó 8 de un número y luego multiplicó la diferencia por $\frac{4}{5}$. El resultado fue 20. Escribe y resuelve una ecuación para hallar el número, x. *Lección 2-3*

¿Cómo te fue en la prueba de control de mitad del tema?
Rellena las estrellas.

Héctor está compitiendo en una carrera de bicicletas de 42 millas. Ya ha recorrido 18 millas de la carrera y va a una velocidad constante de 12 millas por hora cuando Wanda empieza la carrera. Wanda va a una velocidad constante de 16 millas por hora.

PARTE A

Escribe y resuelve una ecuación para averiguar cuándo alcanzará Wanda a Héctor.

PARTE B

¿Alcanzará Wanda a Héctor antes de que termine la carrera? Explícalo.

PARTE C

¿A qué velocidad constante podría ir Wanda para alcanzar a Héctor en la meta? Explícalo.

ACTO **1**

1. Después de mirar el video, ¿cuál es la primera pregunta que te viene a la mente?

2. Escribe la Pregunta principal a la que responderás.

3. Construir argumentos Predice una respuesta a esa Pregunta principal. Explica tu predicción.

4. En la siguiente recta numérica, escribe una hora que sea demasiado temprano para ser la respuesta. Escribe una hora que sea demasiado tarde.

Demasiado temprano　　　　　　　　　　　　　　**Demasiado tarde**

⟵————————————————————⟶

5. Marca tu predicción en esa misma recta numérica.

6. ¿Qué información de esta situación sería útil saber? ¿Cómo usarías esa información?

7. **Usar herramientas apropiadas** ¿Qué herramientas puedes usar para resolver el problema? Explica cómo las usarías de manera estratégica.

8. **Representar con modelos matemáticos** Representa la situación usando las matemáticas. Usa tu propia representación para responder a la Pregunta principal.

9. ¿Cuál es tu respuesta a la Pregunta principal? ¿Es más temprano o más tarde que tu predicción? Explica por qué.

10. Escribe la respuesta que viste en el video.

11. Razonar ¿Coincide tu respuesta con la respuesta del video?
Si no, ¿qué razones explicarían la diferencia?

12. Entender y perseverar ¿Cambiarías tu modelo ahora que sabes
la respuesta? Explícalo.

Reflexionar

13. Representar con modelos matemáticos Explica cómo usaste modelos matemáticos para representar la situación. ¿Cómo te ayudó el modelo a responder a la Pregunta principal?

14. Buscar relaciones ¿Qué patrón notaste en la situación? ¿Cómo usaste ese patrón?

CONTINUACIÓN

15. Hacerlo con precisión Después de 35 minutos, empezó a cargar el teléfono celular. 21 minutos después, hay 23% de batería. Explica cómo determinas cuándo tendrá el teléfono 100% de batería.

¡Resuélvelo y coméntalo!

ACTIVITY

Mei Li va a elegir manzanas. Debe escoger entre dos lugares. A continuación se muestra el costo de una canasta de manzanas de cada lugar.

¿Dónde debe elegir Mei Li las manzanas? Explícalo.

☺ Elige la tuya.

20 lb $7.25

Huerto de manzanas de Annie

🍎 Elige la tuya.

12 lb $5.00

Huerto de frutas de Franklin

Puedo...
comparar relaciones proporcionales representadas de diferentes maneras.

Construir argumentos
¿Qué información dada puedes usar para apoyar tu respuesta?

Enfoque en las prácticas matemáticas

Representar con modelos matemáticos ¿Qué representación usaste para comparar los precios? Explica por qué.

VISUAL LEARNING

ASSESS

EJEMPLO 1

Comparar relaciones proporcionales representadas con tablas y gráficas

Escanear para contenido digital

Meera está investigando las velocidades de crucero de diferentes aviones. ¿Qué avión alcanza una mayor velocidad de crucero?

Cessna 310

Tiempo (min)	5	15	30	45	60
Distancia (km)	40	120	240	360	480

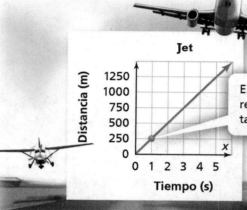

Jet

El punto $(1, r)$ representa la tasa por unidad.

PASO 1 Halla la velocidad de crucero del Cessna.

Distancia (km)	40	120	240	360	480
Tiempo (min)	5	15	30	45	60
$\dfrac{\text{Distancia (km)}}{\text{Tiempo (min)}}$	$\dfrac{40}{5} = 8$	$\dfrac{120}{15} = 8$	$\dfrac{240}{30} = 8$	$\dfrac{360}{45} = 8$	$\dfrac{480}{60} = 8$

Halla la constante de proporcionalidad.

El Cessna tiene una velocidad de crucero de 8 kilómetros por minuto.

PASO 2 Halla la velocidad de crucero del Boeing 747.

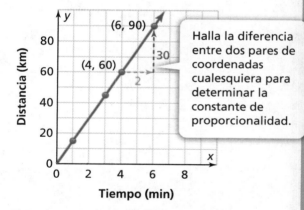

Halla la diferencia entre dos pares de coordenadas cualesquiera para determinar la constante de proporcionalidad.

El Boeing 747 tiene una velocidad de crucero de 15 kilómetros por minuto. El Boeing 747 tiene una mayor velocidad de crucero que el Cessna.

¡Inténtalo!

La gráfica representa la tasa a la que Marlo hace pájaros de origami para una feria artesanal. La ecuación $y = 2.5x$ representa la cantidad de pájaros, y, que hace Josh en x minutos. ¿Quién hace los pájaros más rápido?

¡Convénceme! Si debes graficar los datos sobre Josh y Marlo en el mismo plano de coordenadas, ¿cómo se relacionarán las dos rectas?

Tasa de Marlo

Comparar relaciones proporcionales representadas con gráficas y ecuaciones

La gráfica de la derecha representa el ritmo al que Daniel gana puntos en su videojuego. La tasa a la que Brianna gana puntos en su videojuego se representa con la ecuación $y = 2x$, donde y es la cantidad de puntos y x es el tiempo en minutos. A esos ritmos, ¿quién ganará 100 puntos primero?

Halla el ritmo de Brianna.

$y = 2x$

$y = 2(1)$

$y = 2$

> Sustituye x por 1 para hallar la tasa por unidad.

Brianna gana 2 puntos por minuto.

Daniel gana 3 puntos por minuto.
Daniel ganará 100 puntos primero.

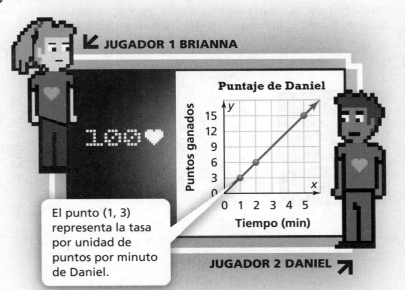

JUGADOR 1 BRIANNA

Puntaje de Daniel

> El punto (1, 3) representa la tasa por unidad de puntos por minuto de Daniel.

JUGADOR 2 DANIEL

EJEMPLO 3

Comparar relaciones proporcionales representadas con gráficas y descripciones verbales

La gráfica representa el costo por onza de cereal con granola. Un paquete de 15 onzas de cereal con pasas cuesta $3.90. ¿Cuál de los dos cereales cuesta más por onza?

Usa una razón equivalente para hallar el costo por onza del cereal con pasas.

$$\frac{\$3.90}{15 \text{ oz}} = \frac{\$0.26}{1 \text{ oz}}$$

El cereal con pasas cuesta $0.26 por onza.
El cereal con granola cuesta $0.25 por onza.

El cereal con pasas cuesta más por onza.

Halla la diferencia entre las coordenadas de dos conjuntos de pares ordenados para determinar la constante de proporcionalidad:

$$\frac{5-2.5}{20-10} = \frac{\$2.50}{10 \text{ oz}}$$
$$= \frac{\$0.25}{1 \text{ oz}}.$$

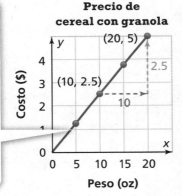

Precio de cereal con granola

(20, 5)

(10, 2.5)

Costo ($)

Peso (oz)

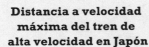 **¡Inténtalo!**

La gráfica representa la distancia recorrida por el tren más rápido de Japón en su velocidad máxima. El tren más rápido de los Estados Unidos recorre 600 kilómetros en $2\frac{1}{2}$ horas en su velocidad máxima. ¿Cuál de los dos trenes tiene una mayor velocidad máxima? Explícalo.

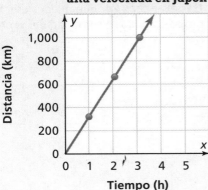

Distancia a velocidad máxima del tren de alta velocidad en Japón

Distancia (km)

Tiempo (h)

Para comparar relaciones proporcionales representadas de diferentes maneras, halla la tasa por unidad, o la constante de proporcionalidad, para cada representación.

En las siguientes representaciones se muestra el costo del alquiler por hora de canoas en tres tiendas diferentes.

Tabla

Costo de alquiler ($)	18	27	36	54
Tiempo (h)	$\frac{1}{2}$	$\frac{3}{4}$	1	$1\frac{1}{2}$
Costo de alquiler ($) / Tiempo (h)	$\frac{18}{0.5} = 36$	$\frac{27}{0.75} = 36$	$\frac{36}{1}$	$\frac{54}{1.5} = 36$

Gráfica

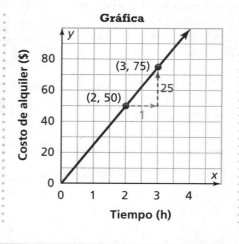

Ecuación

$c = 28t$

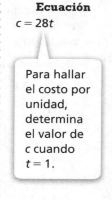

Para hallar el costo por unidad, determina el valor de c cuando $t = 1$.

¿Lo entiendes?

1. **? Pregunta esencial** ¿Cómo comparas relaciones proporcionales representadas de diferentes maneras?

2. ¿Cómo hallas la tasa por unidad o la constante de proporcionalidad para una relación representada con una gráfica?

3. **Generalizar** ¿Por qué puedes usar la constante de proporcionalidad con cualquier representación?

¿Cómo hacerlo?

4. Amanda trabaja de niñera y Petra de jardinera los fines de semana. La gráfica que relaciona los ingresos de Amanda con la cantidad de horas que trabaja de niñera pasa por los puntos (0, 0) y (4, 24). La siguiente tabla relaciona los ingresos de Petra con la cantidad de horas que trabaja de jardinera.

Ingresos de Petra

Horas	3	6	9
Ingresos ($)	15	30	45

¿Quién gana más por hora?

5. Milo paga $3 por cada libra de comida para perros en El palacio de mascotas de Pat. La siguiente gráfica representa el costo por cada libra de comida para perros en la Tienda para perritos de Mark. ¿En qué tienda Milo paga un menor precio por cada libra de comida para perros?

Comida para perros en la Tienda para perritos de Mark

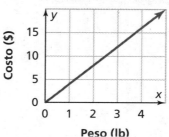

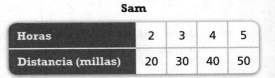

Nombre: _____

Práctica y resolución de problemas

Escanear para
contenido digital

Práctica al nivel En 6 y 7, completa la información para comparar las tasas.

6. Sam y Bobby quieren saber quién anduvo más rápido en bicicleta. En la tabla se muestran las millas totales que recorrió Sam a lo largo del tiempo. En la gráfica se muestra esa misma relación para Bobby. ¿Quién anduvo más rápido?

Sam

Horas	2	3	4	5
Distancia (millas)	20	30	40	50

Halla la tasa por unidad (constante de proporcionalidad) para Sam.

$$\frac{\text{distancia}}{\text{tiempo}} = \frac{20}{2} = \boxed{} \frac{\text{millas}}{\text{horas}}$$

Halla la tasa por unidad (constante de proporcionalidad) para Bobby.

Usa ($\boxed{}$, $\boxed{}$) y ($\boxed{}$, $\boxed{}$) para hallar la constante

de proporcionalidad.

La tasa por unidad (constante de proporcionalidad) es $\boxed{}$ $\frac{\text{millas}}{\text{horas}}$.

Por tanto, $\boxed{}$ anduvo más rápido.

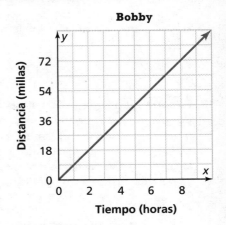

Bobby

7. Representar con modelos matemáticos Se puede usar la ecuación $y = 15x$ para determinar la cantidad de dinero, y, que gana la pizzería Pauli al vender x pizzas. En la gráfica se muestra el dinero que gana la pizzería Leo por diferentes cantidades de pizzas vendidas. ¿Qué pizzería gana más dinero por cada pizza?

La pizzería Pauli gana $\boxed{}$ por cada pizza.

La pizzería Leo gana $\boxed{}$ por cada pizza.

La pizzería $\boxed{}$ gana más dinero por cada pizza.

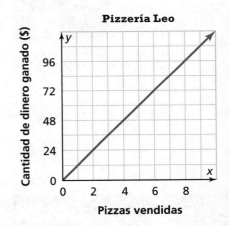

Pizzería Leo

8. En la gráfica se muestra la cantidad de dinero ahorrado a lo largo del tiempo en la cuenta de Eliana. Mientras tanto, Lana deposita $50 cada semana en su cuenta de ahorros. Si las dos empezaron con $0 en la cuenta, ¿quién está ahorrando a una tasa mayor?

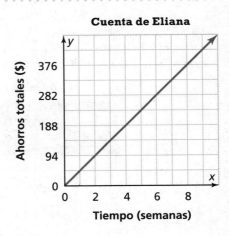

Cuenta de Eliana

9. Entender y perseverar Beth, Manuel y Petra están buscando patrocinadores para una caminata de beneficencia. La ecuación $y = 20x$ representa la cantidad de dinero que recaudará Beth al caminar x millas. La tabla muestra la relación entre la cantidad de millas que caminará Manuel y la cantidad de dinero que recaudará. Petra recaudará $15 por cada milla que camine.

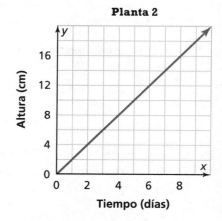

MILLAS CAMINADAS	DINERO RECAUDADO
3	$45
5	$75
7	$105
9	$135

a. Si quieres comparar las relaciones proporcionales, ¿qué cantidades debes usar para hallar la tasa por unidad?

b. Compara la cantidad de dinero recaudado por milla por cada una de las tres personas.

---

10. Razonamiento de orden superior Winston compara las alturas de dos plantas para ver qué planta crece más por día. En la tabla se muestra la altura de la planta 1, en centímetros, a lo largo de 5 días. En la gráfica se muestra la altura de la planta 2, en centímetros, a lo largo de 10 días. Winston dice que como la planta 1 crece 6 cm por día y la planta 2 crece 4 cm por día, la planta 1 crece más por día.

Planta 1

Días	2	3	4	5
Altura (cm)	6	9	12	15

Planta 2

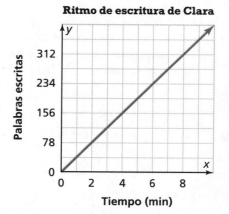

a. ¿Estás de acuerdo con Winston? Explica tu respuesta.

b. ¿Qué error es probable que haya cometido Winston?

✓ Práctica para la evaluación

11. Ashton, Alexa y Clara quieren saber quién escribe más rápido en el teclado. La ecuación $y = 39x$ representa el ritmo al que escribe Ashton, donde y es la cantidad de palabras escritas y x es el tiempo en minutos. La tabla muestra la relación entre las palabras escritas y los minutos para Alexa. La gráfica muestra esa misma relación para Clara. ¿Quién escribe más rápido?

Ritmo de escritura de Alexa

Minutos	2	3	4	5
Palabras escritas	78	117	156	195

¡Resuélvelo y coméntalo!  ACTIVITY

En otoño, Rashida gana dinero trabajando de árbitro en la liga de fútbol sub 10 de su ciudad. Hasta ahora, ella ha trabajado en 5 partidos y le han pagado $98.50. Trabajará en un total de 14 partidos este otoño. ¿Cómo determina Rashida cuánto ganará de árbitro este otoño?

Buscar relaciones
¿Cómo se relaciona la cantidad de partidos en los que trabaja Rashida con sus ingresos?

Puedo...
entender la pendiente de una recta.

Enfoque en las prácticas matemáticas

Razonar ¿Cómo cambiarán los ingresos de Rashida si se le paga por hora y no por partido?

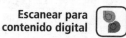

VISUAL LEARNING · ASSESS

EJEMPLO 1 Entender la pendiente

Escanear para contenido digital

Maya y su padre están construyendo una casita de árbol. El techo tendrá una pendiente 9:12; es decir, por cada 12 pulgadas de distancia horizontal, el techo se eleva 9 pulgadas. ¿Cómo determina Maya la altura del techo en su punto máximo?

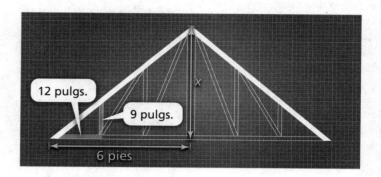

12 pulgs.
9 pulgs.
6 pies
x

PASO 1 Haz una tabla de valores que muestre la pendiente 9 : 12.

Distancia vertical	9	18	27	45
Distancia horizontal	12	24	36	60
$\dfrac{\text{distancia vertical}}{\text{distancia horizontal}}$	$\dfrac{9}{12}=\dfrac{3}{4}$	$\dfrac{18}{24}=\dfrac{3}{4}$	$\dfrac{27}{36}=\dfrac{3}{4}$	$\dfrac{45}{60}=\dfrac{3}{4}$

Halla la constante de proporcionalidad.

PASO 2 Grafica los pares ordenados de la tabla y únelos con una recta. La recta muestra la inclinación del techo. Esa inclinación también se llama pendiente de la recta.

La **pendiente** de la recta es la razón

$\dfrac{\text{distancia vertical}}{\text{distancia horizontal}}$.

Maya puede usar una gráfica y hallar que el techo tiene 54 pulgadas de altura en su punto máximo.

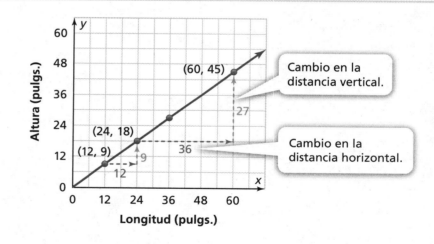

Altura (pulgs.)
(60, 45)
(24, 18)
(12, 9)
27
36
9
12
Longitud (pulgs.)

Cambio en la distancia vertical.

Cambio en la distancia horizontal.

✓ **¡Inténtalo!**

Jack grafica la distancia que planea recorrer en bicicleta a lo largo de una carrera de beneficencia de 3 días. Halla la pendiente de la recta.

La pendiente: $\dfrac{\text{distancia vertical}}{\text{distancia horizontal}} = \dfrac{\boxed{}}{\boxed{}}$. La pendiente de la recta es $\boxed{}$.

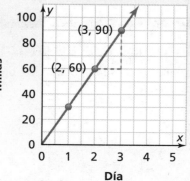

Carrera de beneficencia de Jack

Millas
(3, 90)
(2, 60)
Día

¡Convénceme! ¿Cómo se relacionan la tasa por unidad y la constante de proporcionalidad con la pendiente de una recta?

EJEMPLO 2 — Hallar la pendiente a partir de dos puntos

La gráfica representa la profundidad de un submarino a lo largo del tiempo. ¿A qué velocidad desciende el submarino?

Halla la pendiente de la recta.

pendiente: $\dfrac{\text{distancia vertical}}{\text{distancia horizontal}} = \dfrac{y_2 - y_1}{x_2 - x_1}$

$= \dfrac{-800 - (-400)}{10 - 5}$

$= \dfrac{-400}{5}$

$= -80$

> Halla la distancia vertical y la distancia horizontal usando las coordenadas x y y de dos puntos de la recta.

La pendiente de la recta es -80. El submarino desciende a una velocidad de 80 pies por minuto.

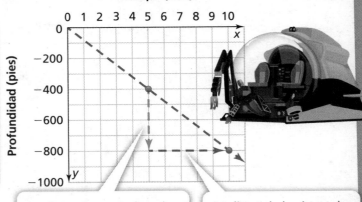

Tiempo (min)

> La distancia vertical es el cambio en las coordenadas y, o $y_2 - y_1$.

> La distancia horizontal es el cambio en las coordenadas x, o $x_2 - x_1$.

> **Razonar** ¿Cómo se relacionan las coordenadas x y y cuando la pendiente es negativa?

EJEMPLO 3 — Interpretar la pendiente

En la gráfica se muestra la distancia que recorre un carro a lo largo del tiempo. Halla la pendiente de la recta. ¿Qué significa en esta situación?

pendiente: $\dfrac{\text{distancia vertical}}{\text{distancia horizontal}} = \dfrac{y_2 - y_1}{x_2 - x_1}$

$= \dfrac{220 - 110}{4 - 2}$

$= 55$

La pendiente de la recta es 55.

El carro recorre 55 millas por hora.

Distancia recorrida

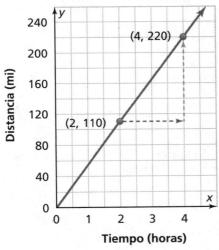

(4, 220)

(2, 110)

Tiempo (horas)

¡Inténtalo!

En la gráfica se muestran las proporciones de colorante rojo y azul que mezcla Taylor para hacer un glaseado morado. ¿Cuál es la pendiente de la recta? Indica qué significa en esta situación.

Colorante morado

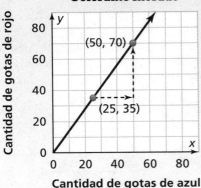

(50, 70)

(25, 35)

Cantidad de gotas de azul

La pendiente es la medida de la inclinación de una recta. Representa la razón de la distancia vertical a la distancia horizontal entre dos puntos de una recta. En las relaciones proporcionales, la pendiente es lo mismo que la tasa por unidad y la constante de proporcionalidad.

$$\text{pendiente} = \frac{\text{distancia vertical}}{\text{distancia horizontal}}$$

$$= \frac{\text{cambio en las coordenadas } y}{\text{cambio en las coordenadas } x}$$

$$= \frac{y_2 - y_1}{x_2 - x_1}$$

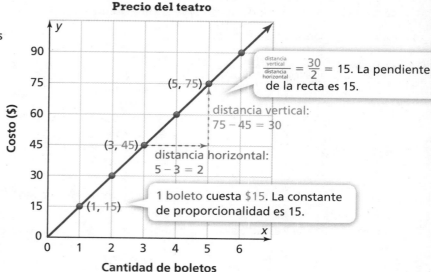

Precio del teatro

$\frac{\text{distancia vertical}}{\text{distancia horizontal}} = \frac{30}{2} = 15$. La pendiente de la recta es 15.

distancia vertical: $75 - 45 = 30$

distancia horizontal: $5 - 3 = 2$

1 boleto cuesta $15. La constante de proporcionalidad es 15.

Cantidad de boletos

¿Lo entiendes?

1. **Pregunta esencial** ¿Qué es la pendiente?

2. Razonar ¿Cómo se relaciona la pendiente con una tasa por unidad?

3. Buscar relaciones ¿Por qué es siempre igual la pendiente entre dos puntos cualesquiera de una línea recta?

¿Cómo hacerlo?

4. ¿Cuál es la pendiente de la recta?

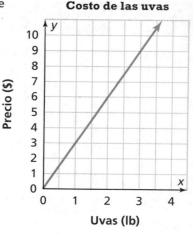

Costo de las uvas

Uvas (lb)

5. En la gráfica se muestra la escala de un avión a escala.

a. Halla la pendiente de la recta usando $\frac{y_2 - y_1}{x_2 - x_1}$.

b. ¿Qué significa la pendiente en esta situación?

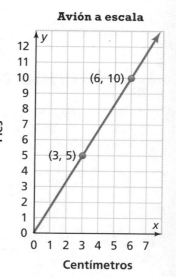

Avión a escala

Centímetros

Práctica y resolución de problemas

  PRACTICE TUTORIAL

Escanear para
contenido digital

Práctica al nivel En 6 y 7, halla la pendiente de cada recta.

6. En la gráfica se muestra la cantidad de botellas de gaseosa que puede fabricar una máquina a lo largo del tiempo. Usa los dos puntos que se muestran para hallar la cantidad de botellas de gaseosa que puede fabricar la máquina por minuto.

pendiente: $\dfrac{\boxed{} - 50}{6 - \boxed{}} = \dfrac{\boxed{}}{4}$, o $\boxed{}$

La máquina puede fabricar $\boxed{}$ botellas de gaseosa por minuto.

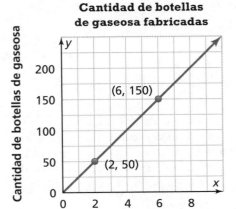

Cantidad de botellas de gaseosa fabricadas

7. Halla la pendiente de la recta.

pendiente $= \dfrac{\text{distancia vertical}}{\text{distancia horizontal}}$

$= \dfrac{\boxed{}}{\boxed{}}$, o $\boxed{}$

La pendiente es $\boxed{}$.

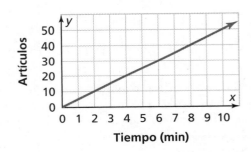

8. Razonar ¿Cómo hallas la pendiente de la recta que pasa por los puntos $(0, 0)$ y $(2, 4)$? Explícalo.

9. Los puntos $(2.1, -4.2)$ y $(2.5, -5)$ forman una relación proporcional. ¿Cuál es la pendiente de la recta que pasa por esos dos puntos?

10. Halla la pendiente de la recta.

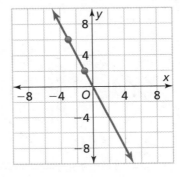

11. En la gráfica se muestra la cantidad de calorías que quema Natalia mientras corre.

a. ¿Cuál es la pendiente de la recta?

b. ¿Qué te indica la pendiente?

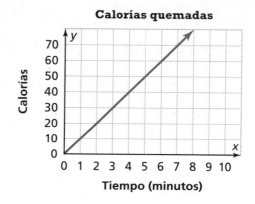

Calorías quemadas

12. Evaluar el razonamiento En una pregunta de un examen se da la siguiente gráfica y se pide a los estudiantes que hallen la velocidad a la que va un carro. Anna comete un error al decir que la velocidad del carro es $\frac{1}{64}$ de milla por hora.

a. ¿Cuál es la velocidad del carro?

b. ¿Qué error es probable que haya cometido Anna?

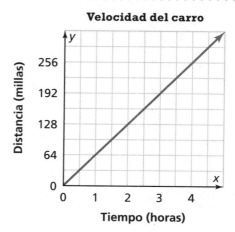

Velocidad del carro

13. Razonamiento de orden superior Supón que usas una manguera para llenar una piscina inflable. Si el nivel del agua sube 11 centímetros cada 5 minutos y anotas el punto $(10, y)$, ¿cuál es el valor de y? Usa la pendiente para justificar tu respuesta.

Sube 11 cm cada 5 min.

✓ Práctica para la evaluación

14. Los puntos $(15, 21)$ y $(25, 35)$ forman una relación proporcional.

a. Halla la pendiente de la recta que pasa por esos puntos.

b. ¿Cuál de las siguientes gráficas representa esta relación?

Ⓐ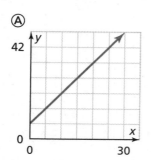

Ⓑ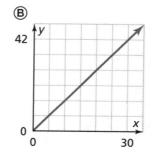

Ⓒ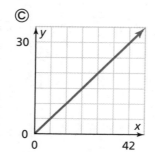

Ⓓ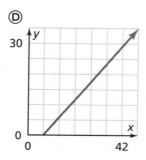

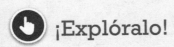

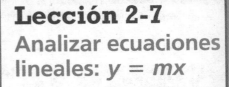
¡Explóralo!

Un grupo de estudiantes universitarios desarrolló un carro que funciona con energía solar y lo presentó para una carrera. El carro va a una velocidad constante de 100 metros cada 4 segundos.

Puedo...
escribir ecuaciones para describir relaciones lineales.

A. ¿Qué representación muestra la distancia que recorre el carro a lo largo del tiempo?

B. ¿Qué expresión muestra la distancia que recorre el carro a lo largo del tiempo?

C. Compara la representación y la expresión. ¿Cuál de las dos muestra más claramente la distancia recorrida a lo largo del tiempo? Explícalo.

Enfoque en las prácticas matemáticas

Hacerlo con precisión ¿Cómo cambia la representación o la expresión si la velocidad se convierte a millas por minuto?

VISUAL LEARNING   ASSESS

EJEMPLO 1 👁 **Relacionar la constante de proporcionalidad con la pendiente**

Escanear para contenido digital

Meg y sus compañeros de clase están construyendo una valla alrededor del jardín de la clase. ¿Cómo pueden usar los precios de las diferentes longitudes del vallado para determinar el costo de 50 pies de vallado?

Buscar relaciones ¿Cuál es la relación entre la longitud del vallado y el costo?

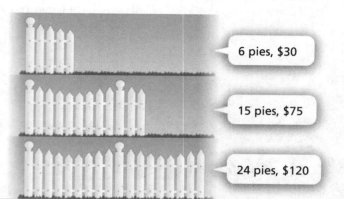

6 pies, $30

15 pies, $75

24 pies, $120

PASO 1 Escribe la longitud y el costo como un par ordenado. Grafica los pares ordenados y halla la distancia vertical y la distancia horizontal usando dos pares ordenados cualesquiera.

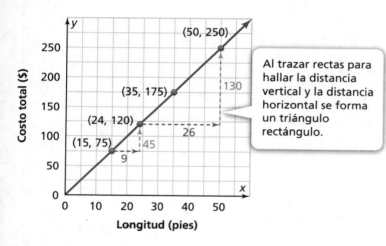

Al trazar rectas para hallar la distancia vertical y la distancia horizontal se forma un triángulo rectángulo.

PASO 2 Analiza los dos triángulos rectángulos. Nota que las razones $\frac{\text{distancia vertical}}{\text{distancia horizontal}}$ son equivalentes; por tanto, la pendiente de la recta es constante.

Para cualquier par ordenado (x, y) de la recta, la pendiente, m, es constante. Es decir, $\frac{y}{x} = m$ o $y = mx$.

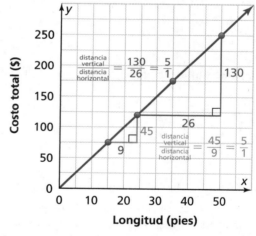

Meg y sus compañeros de clase pueden usar la ecuación $y = 5x$ para hallar el costo.

$5(50) = 250$; por tanto, 50 pies de vallado cuestan $250.

☑ **¡Inténtalo!**

Escribe una ecuación para describir la relación que se muestra en la gráfica.

$\frac{\text{distancia vertical}}{\text{distancia horizontal}} : \frac{80 - \square}{\square - 3} = \square$. La ecuación de la recta es $y = \square x$.

Distancia por galón

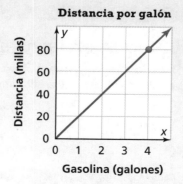

Gasolina (galones)

¡Convénceme! ¿Cómo se relacionan las ecuaciones $y = mx$ y $y = kx$?

EJEMPLO 2 Escribir una ecuación lineal a partir de dos puntos

Un dron desciende a una cueva minera. La gráfica relaciona la distancia del dron por debajo del nivel del suelo con el tiempo. Escribe una ecuación que describa esa relación.

PASO 1 Halla la pendiente de la recta.

$$m = \frac{y_2 - y_1}{x_2 - x_1}$$

$$= \frac{-750 - (-500)}{3 - 2}$$

Usa las coordenadas para sustituir.

$$= \frac{-250}{1}$$

La pendiente es −250. El dron desciende 250 metros por segundo.

PASO 2 Escribe la ecuación de la recta.

$$y = mx$$

$$y = -250x$$

Sustituye m por −250.

La ecuación de la recta que describe la distancia del dron a lo largo del tiempo es $y = -250x$.

Descenso del dron

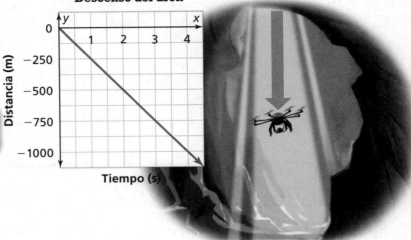

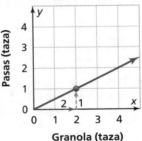

Generalizar Las rectas que se inclinan hacia arriba de izquierda a derecha tienen pendientes **positivas**. Las rectas que se inclinan hacia abajo de izquierda a derecha tienen pendientes **negativas**.

EJEMPLO 3 Graficar una ecuación en la forma $y = mx$

Una receta para una mezcla de nueces y frutas secas indica que se debe usar una taza de pasas por cada 2 tazas de granola. Escribe una ecuación que describa la relación entre las pasas y la granola. Grafica la recta.

PASO 1 Halla la ecuación de la recta.

$$y = mx$$

$$y = \frac{1}{2}x$$

Sustituye m por $\frac{1}{2}$.

PASO 2 Grafica la recta marcando el punto $(0, 0)$ y usando la pendiente para marcar otro punto.

Receta para la mezcla de nueces y frutas secas

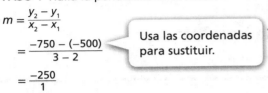

Granola (taza)

 ¡Inténtalo!

a. Escribe la ecuación de la recta.

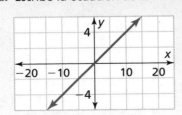

b. Grafica la recta $y = -3x$.

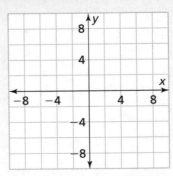

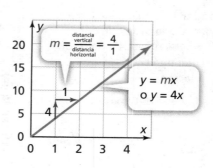

La ecuación de una relación proporcional es $y = mx$, donde m representa la pendiente de la recta.

$$m = \frac{\text{distancia vertical}}{\text{distancia horizontal}} = \frac{4}{1}$$

$y = mx$
o $y = 4x$

¿Lo entiendes?

1. **? Pregunta esencial** ¿Cómo se relaciona la pendiente con la ecuación para una relación proporcional?

2. **Buscar relaciones** ¿Qué tienen en común las gráficas de las rectas en la forma $y = mx$? ¿En qué es probable que se diferencien?

3. **Usar la estructura** En la siguiente tabla se muestra la distancia que recorrió un tren a lo largo del tiempo. ¿Cómo determinas la ecuación que representa esta relación?

Tiempo (s)	Distancia (m)
2	25
4	50
6	75
8	100

¿Cómo hacerlo?

4. En la gráfica se muestra la relación entre la altitud que alcanza una excursionista y el tiempo.

Altitud de la excursionista

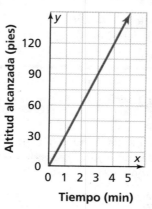

Tiempo (min)

a. Halla la constante de proporcionalidad de la recta. Luego, halla la pendiente de la recta.

b. Escribe la ecuación de la recta.

5. Grafica la ecuación $y = -\frac{1}{2}x$.

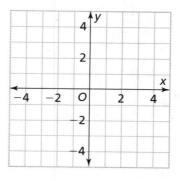

Práctica y resolución de problemas

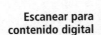

Escanear para
contenido digital

6. Práctica al nivel El ritmo cardíaco en reposo es una medida de la velocidad a la que late el corazón cuando una persona no está haciendo ninguna actividad física. En la gráfica se muestra la cantidad de latidos de una persona a lo largo del tiempo.

Ritmo cardíaco en reposo

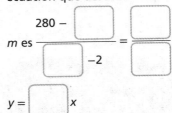

a. Usa dos conjuntos de coordenadas para escribir una ecuación que describa esta relación.

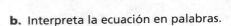

m es $\dfrac{280 - \boxed{}}{\boxed{} - 2} = \dfrac{\boxed{}}{\boxed{}}$

$y = \boxed{}\, x$

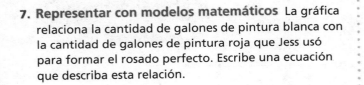

b. Interpreta la ecuación en palabras.

El ritmo cardíaco en reposo de esa persona es $\boxed{}$ latidos por minuto.

---

7. Representar con modelos matemáticos La gráfica relaciona la cantidad de galones de pintura blanca con la cantidad de galones de pintura roja que Jess usó para formar el rosado perfecto. Escribe una ecuación que describa esta relación.

Pintura rosada perfecta

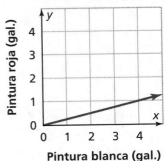

Pintura blanca (gal.)

8. Evaluar el razonamiento Franco hizo la siguiente gráfica para representar la ecuación $y = -x$. ¿Es correcta la gráfica? Explícalo.

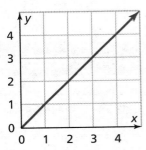

---

9. La gráfica muestra una relación proporcional entre las variables x y y.

a. Escribe una ecuación para representar esta relación.

b. Razonar Explica cómo sabes si una ecuación o una gráfica representa una relación proporcional.

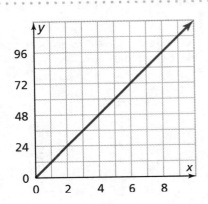

10. Representar con modelos matemáticos Grafica la ecuación $y = -5x$ en el plano de coordenadas.

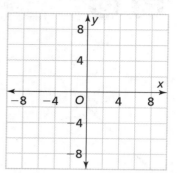

11. Grafica la ecuación $y = \frac{3}{5}x$ en el plano de coordenadas.

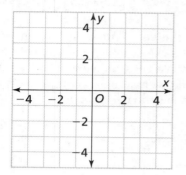

12. Razonamiento de orden superior Un cine emite un cupón con 70% de descuento en el precio de un boleto.

a. Escribe una ecuación para representar esta situación, donde y sea el precio del boleto con el descuento y x sea el precio original.

b. Grafica la ecuación y explica por qué la recta solo debe estar en el primer cuadrante.

Práctica para la evaluación

13. Se muestran una ecuación y una gráfica de relaciones proporcionales. ¿Cuál tiene la mayor tasa por unidad?

$$y = \frac{47}{2}x$$

14. El carro X recorre 186 millas en 3 horas.

PARTE A Escribe la ecuación de la recta que describe la relación entre la distancia y el tiempo.

PARTE B ¿Cuál de las siguientes gráficas representa la relación entre la distancia y el tiempo del carro X?

Ⓐ

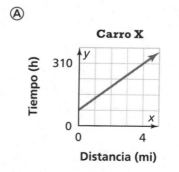
Carro X

Ⓑ

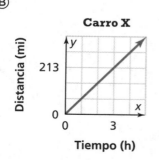
Carro X

Ⓒ

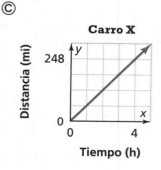
Carro X

Ⓓ

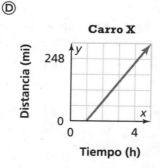
Carro X

¡Resuélvelo y coméntalo!

📶 ⬆️ **ACTIVITY**

A sus 8 años, Alex está aprendiendo a montar a caballo. Su entrenador le cuenta que un caballo envejece 5 años por cada 2 años humanos. Su caballo ahora tiene 50 años en años humanos. ¿Cómo determinas la edad que tenía el caballo, en años humanos, cuando nació Alex?

Puedo...
hallar el intercepto en *y* de una gráfica y explicar qué significa.

Enfoque en las prácticas matemáticas

Usar la estructura Un veterinario dice que un gato envejece 8 años por cada 2 años humanos. Si un gato ahora tiene 64 años en años de gato, ¿qué edad tiene en años humanos?

ASSESS

Escanear para
contenido digital

EJEMPLO 1 Determinar el intercepto
en *y* de una relación

Mathilde y su amiga van a los bolos. Ella puede alquilar los zapatos en el lugar o usar los zapatos para bolos viejos de su madre. ¿Cómo determina Mathilde cuánto dinero ahorrará si lleva los zapatos de su madre?

> **Buscar relaciones** ¿Qué patrón ves en los costos de diferentes cantidades de juegos?

Precios de los bolos (incluyen alquiler de zapatos)	
Un juego	$4.00
Tres juegos	$8.00
Cinco juegos	$12.00
Diez juegos	$22.00

PASO 1 Escribe la cantidad de juegos y el costo como pares ordenados. Grafica los pares ordenados y luego halla la pendiente para determinar el costo de cada juego.

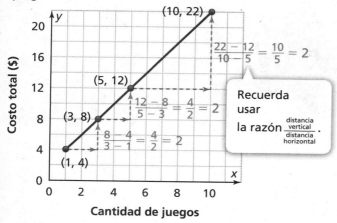

$$\frac{22-12}{10-5} = \frac{10}{5} = 2$$

$$\frac{12-8}{5-3} = \frac{4}{2} = 2$$

$$\frac{8-4}{3-1} = \frac{4}{2} = 2$$

> **Recuerda** usar la razón $\frac{\text{distancia vertical}}{\text{distancia horizontal}}$.

La pendiente es 2. Eso significa que el costo de cada juego es $2.

PASO 2 Extiende la recta para mostrar por dónde cruza el eje de las *y*. La coordenada *y* del punto donde la recta cruza el eje de las *y* es el **intercepto en *y***.

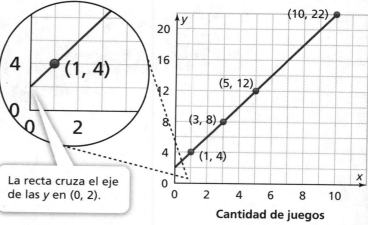

La recta cruza el eje de las *y* en (0, 2).

El intercepto en *y* es 2. Eso significa que el costo del alquiler de zapatos en $2. Mathilde ahorra $2 si lleva los zapatos de su madre.

 ¡Inténtalo!

En la gráfica se muestran los precios de otro club de bolos. ¿Cuánto se cobra en este lugar por el alquiler de zapatos?

La recta cruza el eje de las *y* en (☐ , ☐).

El intercepto en *y* es ☐ .

¡Convénceme! En estos ejemplos, ¿por qué el intercepto en *y* representa el costo de alquilar los zapatos para bolos?

EJEMPLO 2 — El intercepto en y de una relación proporcional

Una línea de montaje mecánica fabrica una cantidad determinada de partes por minuto. Usa una gráfica para verificar cuántas partes fabrica la línea de montaje cuando recién se la enciende.

PASO 1 Predice la cantidad de partes.

La máquina no ha fabricado ninguna parte hasta que se la encendió; por tanto, la respuesta debe ser 0.

PASO 2 Determina la cantidad de partes fabricadas en diferentes intervalos.

Partes fabricadas	12	36	60	96
Tiempo (minutos)	1	3	5	8

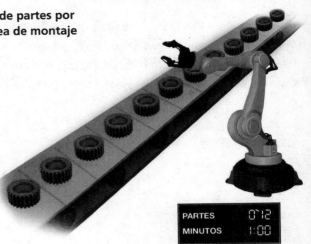

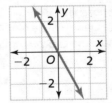

PASO 3 Marca los puntos. Luego, une los puntos con una recta.

El intercepto en y es 0. Eso coincide con mi predicción. No se fabrican partes cuando la línea de montaje recién se enciende.

La recta pasa por el origen (0, 0).

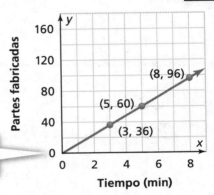

EJEMPLO 3 — Identificar el intercepto en y

¿Cuál es el intercepto en y de cada una de las relaciones lineales que se muestran?

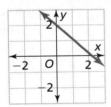

La recta cruza el eje de las y en (0, 2). El intercepto en y es 2.

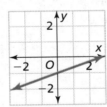

La recta cruza el eje de las y en (0, −1). El intercepto en y es −1.

La recta cruza el eje de las y en (0, 0). El intercepto en y es 0.

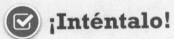 **¡Inténtalo!**

¿Cuál es el intercepto en y de cada gráfica? Explícalo.

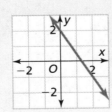

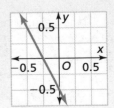

CONCEPTO CLAVE

El intercepto en *y* es la coordenada *y* del punto de una gráfica donde la recta cruza el eje de las *y*.

Cuando la recta pasa por el origen, el intercepto en *y* es 0.

Cuando la recta pasa por arriba del origen, el intercepto en *y* es positivo.

Cuando la recta pasa por debajo del origen, el intercepto en *y* es negativo.

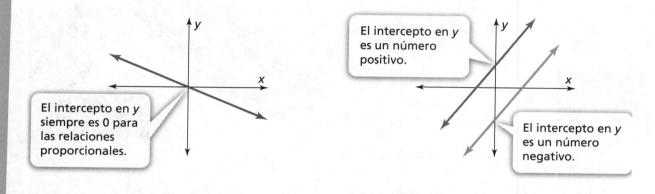

El intercepto en *y* siempre es 0 para las relaciones proporcionales.

El intercepto en *y* es un número positivo.

El intercepto en *y* es un número negativo.

¿Lo entiendes?

1. **? Pregunta esencial** ¿Qué es el intercepto en *y* y qué indica?

2. Buscar relaciones Chelsea grafica una relación proporcional. Bradyn grafica una recta que pasa por el origen. ¿Qué sabes sobre el intercepto en *y* de la gráfica de cada estudiante? Explica tu respuesta.

3. Generalizar Cuando el intercepto en *y* es positivo, ¿dónde cruza el eje de las *y* la recta? ¿Y cuando es negativo?

¿Cómo hacerlo?

4. ¿Qué intercepto en *y* se muestra en la gráfica?

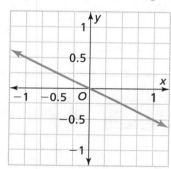

5. La gráfica muestra la relación entre el tiempo que queda para que termine una película y la cantidad de tiempo desde que Kelly empezó a reproducir la película. ¿Cuál es el intercepto en *y* de la gráfica y qué representa?

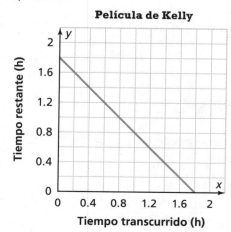

Película de Kelly

Práctica y resolución de problemas

6. Práctica al nivel Halla el intercepto en *y* de la recta.

El intercepto en *y* es el punto de la gráfica donde se cruza el eje de las ⬜ .

La recta cruza el eje de las *y* en (⬜ , ⬜).

El intercepto en *y* es ⬜ .

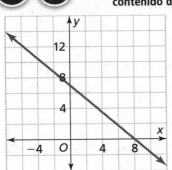

---

7. Halla el intercepto en *y* de la gráfica.

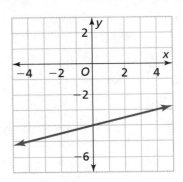

8. Halla el intercepto en *y* de la gráfica.

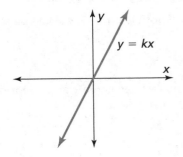

$y = kx$

---

9. La gráfica representa la altura, *y*, en metros, de un globo aerostático *x* minutos después de que empieza a descender. ¿A qué altura estaba el globo cuando empezó a descender?

Altura de un globo aerostático

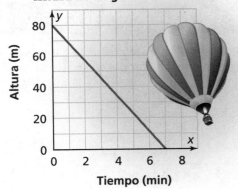

---

10. Representar con modelos matemáticos La gráfica representa la cantidad de gasolina que hay en un recipiente después de que Joshua empieza a llenarlo en una gasolinera. ¿Cuál es el intercepto en *y* de la gráfica y qué representa?

Recipiente para gasolina de Joshua

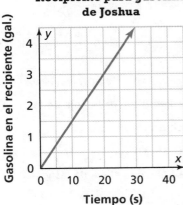

11. La recta representa la temperatura de un día de invierno específico desde el amanecer.

a. ¿Cuál es el intercepto en y de la recta?

b. ¿Qué representa ese intercepto en y?

Temperatura desde el amanecer

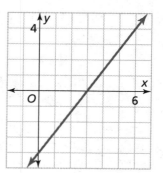

Horas después del amanecer

12. Razonamiento de orden superior Un compañero comete un error al hacer esta gráfica para mostrar una recta con un intercepto en y de 3.

a. Explica el posible error de ese compañero.

b. Traza una recta en la gráfica que represente un intercepto en y de 3.

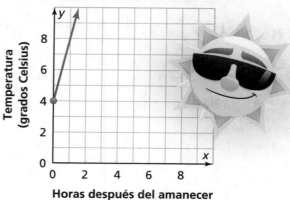

✓ Práctica para la evaluación

13. Para cada gráfica, traza una recta a través del punto para que los valores del intercepto en x y el intercepto en y sean inversos de suma. .

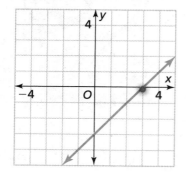
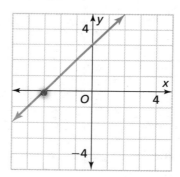

14. ¿Cuáles de los siguientes enunciados describen la gráfica de una relación proporcional? Selecciona todos los que apliquen.

☐ El intercepto en y siempre está en el punto (0, 1).

☐ La recta siempre cruza el eje de las y en (0, 0).

☐ El intercepto en y es 0.

☐ El intercepto en y es 1.

☐ La recta NO cruza el eje de las y.

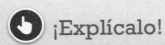 **¡Explícalo!**

Xiu y Jon van en teleférico desde el campamento base hasta la cima de la montaña. Después de aproximadamente 6 minutos y medio de estar en el teleférico, Jon dice: "¡Genial! Estamos una milla por encima del nivel del mar". Xiu dice: "Pasamos la marca de una milla hace un par de minutos".

Lección 2-9
Analizar ecuaciones lineales: $y = mx + b$

 En línea

Puedo...
derivar la ecuación $y = mx + b$.

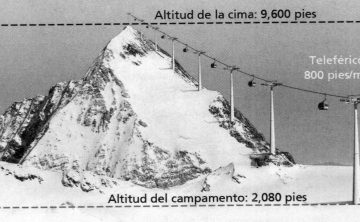

Altitud de la cima: 9,600 pies

Teleférico: 800 pies/min

Altitud del campamento: 2,080 pies

A. Construye un argumento para defender el enunciado de Xiu.

B. ¿Qué error es probable que haya cometido Jon? Explícalo.

Enfoque en las prácticas matemáticas

Razonar ¿Puedes usar la ecuación $y = mx$ para representar el trayecto del teleférico? ¿Hay una relación proporcional entre x y y? Explícalo.

VISUAL LEARNING

ASSESS

EJEMPLO **1** Escribir la ecuación de una recta

Escanear para contenido digital

El Concejo de estudiantes de secundaria está organizando un baile y cuenta con $500 para pagar por un DJ. DJ Dave cobra $200 por la instalación del equipo de música y la primera hora o $425 por la instalación del equipo de música y cuatro horas.

¿Cómo determina el Consejo de estudiantes si puede pagar a DJ Dave por 5 horas?

PASO 1 Grafica los costos totales de DJ Dave por 1 hora y 4 horas. Halla el valor inicial, o intercepto en y, y la tasa de cambio, o pendiente.

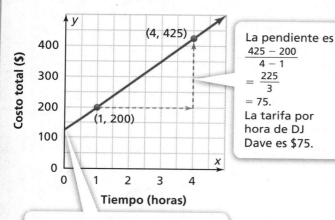

La pendiente es
$$\frac{425 - 200}{4 - 1}$$
$$= \frac{225}{3}$$
$$= 75.$$
La tarifa por hora de DJ Dave es $75.

El valor inicial, o intercepto en y, es 125. DJ Dave cobra una tarifa inicial de $125.

PASO 2 Escribe una ecuación para representar el costo total de DJ Dave por una cantidad cualquiera de horas.

Costo total	=	Tarifa por hora	+	Tarifa inicial
y	=	$75x$	+	125

Esta ecuación está en la **forma pendiente-intercepto**, $y = mx + b$, donde m es la tasa de cambio, o pendiente, y b es el valor inicial, o intercepto en y.

PASO 3 Evalúa la ecuación para hallar el costo total por 5 horas.

$$y = 75x + 125$$
$$y = 75(5) + 125$$
$$= 375 + 125$$
$$= 500$$

El costo total es $500. El Consejo de estudiantes puede contratar a DJ Dave.

☑ **¡Inténtalo!**

Escribe una ecuación lineal en la forma pendiente-intercepto para la gráfica que se muestra.

El intercepto en y de la recta es ☐.

La pendiente es $\frac{☐}{☐}$. La ecuación en la forma pendiente-intercepto es ☐ = ☐ x + ☐.

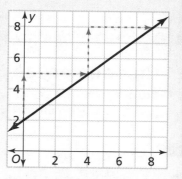

¡Convénceme! ¿Qué dos valores debes saber para escribir una ecuación de una recta, y cómo los usas para representar una recta?

Se enfría una solución de agua salada a $-6°$ C. Durante un experimento, la mezcla se calienta a una tasa constante. Escribe una ecuación para representar la temperatura, y, después de x minutos.

Identifica la pendiente y el intercepto en y a partir de la gráfica.

$y = mx + b$ — Pendiente $m = \frac{6}{3}$ o 2.

$y = 2x - 6$ — Intercepto en y: $b = -6$.

La ecuación de la recta es $y = 2x - 6$.

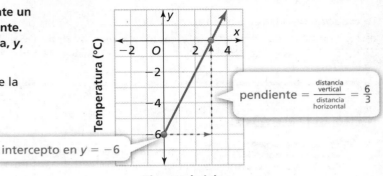

pendiente $= \dfrac{\text{distancia vertical}}{\text{distancia horizontal}} = \dfrac{6}{3}$

intercepto en $y = -6$

Tiempo (min)

EJEMPLO **3** Graficar una ecuación lineal dada

Grafica la ecuación $y = -4x + 3$.

PASO 2 La pendiente es -4 o $-\frac{4}{1}$. Para localizar otro punto en la recta, empieza en $(0, 3)$ y desplázate 4 hacia abajo y 1 a la derecha.

PASO 1 El intercepto en y es 3. Marca un punto en $(0, 3)$.

PASO 3 Traza una recta que pase por los puntos.

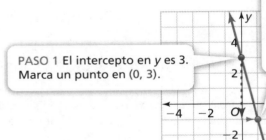

✓ ¡Inténtalo!

a. ¿Cuál es una ecuación para la recta que se muestra?

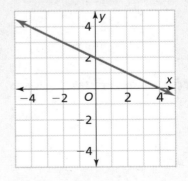

b. Grafica la recta con la ecuación $y = \frac{1}{3}x - 5$.

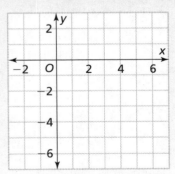

La ecuación de una recta que representa una relación no proporcional se puede escribir en la forma pendiente-intercepto, $y = mx + b$, donde m es la pendiente de la recta y b es el intercepto en y.

¿Lo entiendes?

1. **? Pregunta esencial** ¿Cuál es la ecuación de una recta para una relación no proporcional?

2. **Usar la estructura** Las donaciones de comida de un restaurante, y, serán dos quintos de sus ganancias, x, más \$50. ¿Cómo determinas la ecuación en la forma pendiente-intercepto que muestra la relación entre x y y, sin graficar la recta?

3. **Hacerlo con precisión** Priya graficará una recta con la ecuación $y = \frac{3}{4}x - 4$. Ella quiere saber a qué se parecerá la recta antes de graficarla. Describe la recta que trazará Priya e indica los cuadrantes por los que pasará esa recta.

¿Cómo hacerlo?

4. Chrissie dice que la ecuación de la recta de la siguiente gráfica es $y = \frac{1}{2}x - 5$. George dice que la ecuación de la recta es $y = \frac{1}{2}x + 5$. ¿Cuál de los dos estudiantes tiene razón? Explícalo

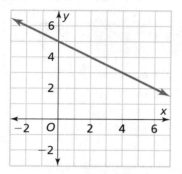

5. Fara quiere alquilar una carpa para una celebración al aire libre. El costo de la carpa es \$500 por hora, más una tarifa fija adicional de \$100.

a. Traza una recta para mostrar la relación entre la cantidad de horas de alquiler de la carpa, x, y el costo total por la carpa, y.

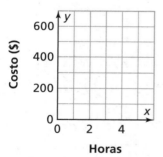

b. ¿Cuál es la ecuación de la recta en la forma pendiente-intercepto?

Práctica y resolución de problemas

Escanear para
contenido digital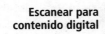

6. Práctica al nivel ¿Cuál es la gráfica de la ecuación $y = 2x + 4$?

El intercepto en y es ☐, así que la recta cruza el eje de las y en el

punto (☐ , ☐). Marca este punto.

La pendiente de la recta es positiva; por tanto, se desplaza hacia

☐ de izquierda a derecha.

Empieza en el intercepto en y. Desplázate hacia arriba ☐ y luego hacia la derecha ☐ .

Ahora estás en el punto (☐ , ☐). Marca este punto.

Une los dos puntos con una recta.

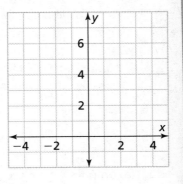

7. Escribe una ecuación para la recta en la forma pendiente-intercepto.

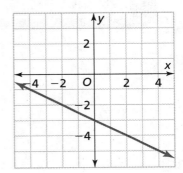

8. Escribe una ecuación para la recta en la forma pendiente-intercepto.

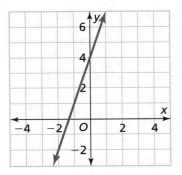

9. La recta representa el costo del alquiler de un *kayak*. Escribe una ecuación para la recta en la forma pendiente-intercepto, donde x es la cantidad de horas de alquiler del *kayak* y y es el costo total del alquiler del *kayak*.

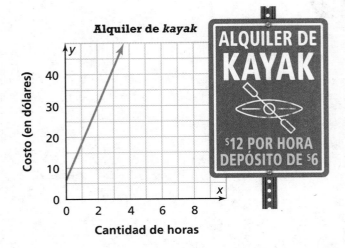

10. Grafica la ecuación $y = 3x - 5$.

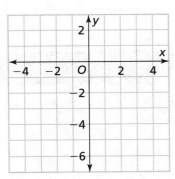

11. Al principio, Amy tenía $25 en su cuenta bancaria, y gastó $5 por día. La recta muestra la cantidad de dinero en su cuenta bancaria. Ella escribió $y = -5x + 5$ como ecuación para la recta en forma pendiente-intercepto, lo cual es incorrecto.

a. ¿Cuál es la ecuación correcta para la recta en la forma pendiente-intercepto?

b. Evaluar el razonamiento ¿Qué error es probable que haya cometido Amy?

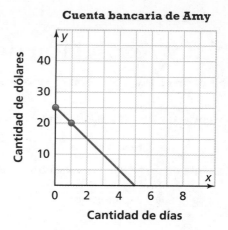

Cuenta bancaria de Amy

Cantidad de días

12. Razonamiento de orden superior La recta representa el costo de la compra de boletos por internet.

a. Escribe una ecuación para la recta en la forma pendiente-intercepto, donde x sea la cantidad de boletos y y sea el costo total.

b. Explica cómo escribes una ecuación para esta situación sin usar una gráfica.

Cantidad de boletos

c. ¿Es la gráfica de la derecha una buena representación de la situación? Explícalo.

Práctica para la evaluación

13. ¿Qué debes hacer primero para graficar la ecuación $y = \frac{2}{5}x - 1$?

Ⓐ Marcar el punto $(0, 0)$

Ⓑ Marcar el punto $(2, 5)$

Ⓒ Marcar un punto en el intercepto en x

Ⓓ Marcar un punto en el intercepto en y

14. Escribe una ecuación para la recta en la forma pendiente-intercepto.

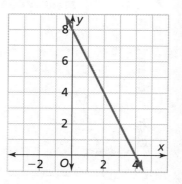

? Pregunta esencial del tema

¿Cómo analizas las relaciones entre las ecuaciones lineales y cómo las usas para resolver problemas?

Repaso del vocabulario

Completa cada definición y luego da un ejemplo de cada término de vocabulario.

Vocabulario   forma pendiente-intercepto   intercepto en x
intercepto en y pendiente de una recta

Definición	Ejemplo
1. El cambio en y dividido por el cambio en x es el/la _____ .	
2. El punto de la gráfica donde la recta cruza el eje de las y es el/la _____ de una recta.	
3. El/La _____ de una recta es $y = mx + b$. La variable m de la ecuación es el/la _____ . La variable b de la ecuación es el/la _____ .	

Usar el vocabulario al escribir

Se alquilan botes a pedales por una tarifa de $25 y un adicional de $12 por hora. ¿Qué ecuación, en la forma $y = mx + b$, representa el costo del alquiler de un bote a pedales durante x horas? Explica cómo se escribe la ecuación. Usa términos de vocabulario en tu explicación.

Repaso de conceptos y destrezas

Combinar términos semejantes para resolver ecuaciones

Repaso rápido

Puedes usar variables para representar cantidades desconocidas. Para resolver una ecuación, junta los términos semejantes para obtener una variable de un lado de la ecuación. Luego, usa las operaciones inversas y las propiedades de la igualdad para resolver la ecuación.

Ejemplo

Halla el valor de x en $5x + 0.45x = 49.05$.

$5x + 0.45x = 49.05$

$5.45x = 49.05$

$\dfrac{5.45x}{5.45} = \dfrac{49.05}{5.45}$

$x = 9$

Práctica

Halla el valor de x en cada ecuación.

1. $2x + 6x = 1,000$

2. $2\frac{1}{4}x + \frac{1}{2}x = 44$

3. $-2.3x - 4.2x = -66.3$

4. Javier compró un microondas por $105. El costo fue 30% menos que el precio original. ¿Cuál era el precio del microondas antes de la oferta?

Resolver ecuaciones con variables de los dos lados

Repaso rápido

Si dos cantidades representan el mismo número y tienen las mismas variables, puedes igualar las expresiones. Junta todas las variables de un lado de la ecuación y todas las constantes del otro lado. Luego, usa las operaciones inversas y las propiedades de la igualdad para resolver la ecuación.

Ejemplo

Halla el valor de x en $2x + 21 = 7x + 6$.

$2x + 21 = 7x + 6$

$21 = 5x + 6$

$15 = 5x$

$x = 3$

Práctica

Halla el valor de x en cada ecuación.

1. $3x + 9x = 6x + 42$

2. $\frac{4}{3}x + \frac{2}{3}x = \frac{1}{3}x + 5$

3. $9x - 5x + 18 = 2x + 34$

4. Megan tiene $50 y ahorra $5.50 cada semana. Connor tiene $18.50 y ahorra $7.75 cada semana. ¿Después de cuántas semanas habrán ahorrado los dos la misma cantidad de dinero?

Repaso rápido

Para resolver ecuaciones de varios pasos, a veces se usa la propiedad distributiva antes de juntar los términos semejantes. Otras veces se juntan los términos semejantes y luego se usa la propiedad distributiva.

Ejemplo

Halla el valor de _x_ en $8x + 2 = 2x + 4(x + 3)$.

Primero, distribuye el 4. Luego, combina los términos semejantes. Por último, usa las propiedades de la igualdad para hallar el valor de _x_.

$8x + 2 = 2x + 4x + 12$

$8x + 2 = 6x + 12$

$\quad 8x = 6x + 10$

$\quad 2x = 10$

$\quad\ x = 5$

Práctica

Halla el valor de _x_ en cada ecuación.

1. $4(x + 4) + 2x = 52$

2. $8(2x + 3x + 2) = -4x + 148$

3. Justin compró una calculadora y una carpeta, y las dos costaban 15% menos que el precio original. El precio original de la carpeta era $6.20. Justin gastó $107.27 en total. ¿Cuál era el precio original de la calculadora?

Repaso rápido

Si al resolver una ecuación se obtiene un enunciado que siempre es verdadero, hay una cantidad infinita de soluciones. Si al resolver una ecuación se obtiene un enunciado falso, no hay solución. Si al resolver una ecuación se obtiene un valor para una variable, hay una solución.

Ejemplo

¿Cuántas soluciones tiene la ecuación $6x + 9 = 2x + 4 + 4x + 5$?

Primero, resuelve la ecuación.

$6x + 9 = 2x + 4 + 4x + 5$

$6x + 9 = 6x + 9$

$\quad\ 9 = 9$

Como $9 = 9$ siempre es un enunciado verdadero, la ecuación tiene una cantidad infinita de soluciones.

Práctica

¿Cuántas soluciones tiene cada ecuación?

1. $x + 5.5 + 8 = 5x - 13.5 - 4x$

2. $4\left(\frac{1}{2}x + 3\right) = 3x + 12 - x$

3. $2(6x + 9 - 3x) = 5x + 21$

4. El peso del perro de Abe se puede averiguar usando la expresión $2(x + 3)$, donde _x_ es la cantidad de semanas. El peso del perro de Karen se puede averiguar usando la expresión $3(x + 1)$, donde _x_ es la cantidad de semanas. ¿Tendrán alguna vez el mismo peso los dos perros? Explícalo.

Repaso rápido

Para comparar relaciones proporcionales, compara la tasa de cambio o halla la tasa por unidad.

Ejemplo

En la gráfica se muestra el ritmo al que trota Rob. El ritmo de trote de Emily se representa con la ecuación $y = 8x$, donde x es la cantidad de millas y y es la cantidad de minutos. A estos ritmos, ¿quién terminará primero una carrera de 8 millas?

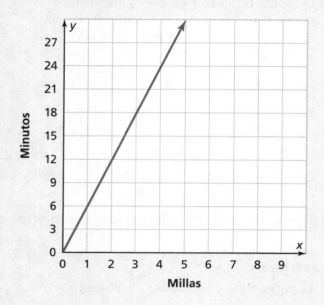

La tasa por unidad de Emily es $y = 8(1) = 8$ minutos por milla.

El punto (1, 6) representa la tasa por unidad de Rob, que es 6 minutos por milla.

La tasa por unidad de Rob es menor que la tasa de Emily; por tanto, Rob terminará primero una carrera de 8 millas.

Práctica

1. Dos trenes viajan a una velocidad constante. Halla la velocidad de cada tren. ¿Qué tren está viajando más rápido?

Tren A

Tiempo (h)	2	3	4	5	6
Distancia (mi)	50	75	100	125	150

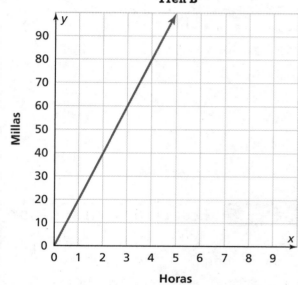

2. Una botella de agua de 16 onzas cuesta $1.28 en la tienda A. El costo, en dólares, de una botella de agua en la tienda B se representa con la ecuación $y = 0.07x$, donde x es la cantidad de onzas. ¿Cuál es el costo por onza del agua en cada tienda? ¿Cuál de las dos botellas de agua cuesta menos por onza?

Repaso rápido

La **pendiente** de una recta en una relación proporcional es igual a la tasa por unidad y la constante de proporcionalidad.

Ejemplo

En la gráfica se muestra la cantidad de millas que caminó una persona a una velocidad constante. Halla la pendiente de la recta.

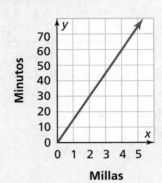

Millas

$$\text{pendiente} = \frac{y_2 - y_1}{x_2 - x_1} = \frac{60 - 30}{4 - 2} = \frac{30}{2} = 15$$

Práctica

1. En la gráfica se muestran las proporciones de pintura azul y pintura amarilla que mezcla Briana para formar pintura verde. ¿Cuál es la pendiente de la recta? Indica qué significa en esta situación.

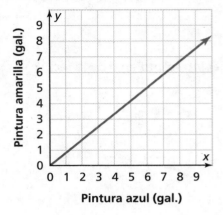

Pintura azul (gal.)

Repaso rápido

Una relación proporcional se puede representar con una ecuación en la forma $y = mx$, donde m es la pendiente.

Ejemplo

Grafica la recta $y = 2x$.

Marca un punto en (0, 0). Luego, usa la pendiente para marcar el punto que sigue.

Práctica

Una mezcla de frutos secos contiene 1 taza de nueces por cada 3 tazas de maní.

1. Escribe una ecuación lineal que represente la relación entre los maníes, x, y las nueces, y.

2. Grafica la recta.

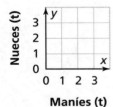

Maníes (t)

Repaso rápido

El **intercepto en y** es la coordenada *y* de un punto donde una recta cruza el eje de las *y*. El intercepto en y de una relación proporcional es 0.

Ejemplo

¿Cuál es el intercepto en y de la recta?

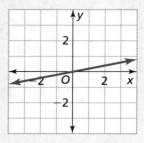

El intercepto en *y* es 0.

Práctica

La ecuación $y = 5 + 0.5x$ representa el costo del lavado de un carro y el uso de la aspiradora durante *x* minutos.

Cantidad de minutos

1. ¿Cuál es el intercepto en *y*?

2. ¿Qué representa ese intercepto en *y*?

Repaso rápido

Una ecuación en la forma $y = mx + b$, donde $b \neq 0$, tiene una pendiente de *m* y un intercepto en *y* de *b*. Esta forma se llama **forma pendiente-intercepto**. No hay una relación proporcional entre *x* y *y* en estos casos.

Ejemplo

¿Cuál es la ecuación de la recta?

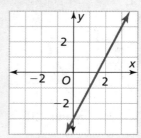

Como $m = 2$ y $b = -3$, la ecuación es $y = 2x - 3$.

Práctica

1. Grafica la recta con la ecuación $y = \frac{1}{2}x - 1$.

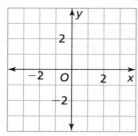

2. ¿Cuál es la ecuación de la recta?

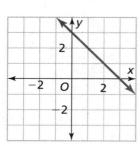

Hallar la ruta

Cada casilla muestra una ecuación y una solución posible. Sombrea una ruta desde la SALIDA hasta la META. Sigue las ecuaciones con las soluciones correctas. Solo puedes ir hacia arriba, abajo, derecha o izquierda.

Puedo...
resolver ecuaciones de suma y resta de dos pasos.

SALIDA

$2x + 3 = 7$ $x = 2$	$9y - 1 = -10$ $y = -1$	$5t + 1 = 9$ $t = 2$	$-11x + 12 = 1$ $x = -1$
$6h - 1 = 25$ $h = 4$	$14 + 3m = 35$ $m = 7$	$30 - j = 90$ $j = 60$	$19 - 4p = 9$ $p = -7$
$20t - 1 = 95$ $t = 5$	$20 - q = 17$ $q = 3$	$-4w + 7 = 11$ $w = -1$	$-a + 15 = 13$ $a = 2$
$100 - 4x = 0$ $x = -25$	$-9r - 4 = -85$ $r = -9$	$23 = 1 + 4y$ $y = 6$	$7y + 4 = 32$ $y = 4$
$-6b + 27 = 3$ $b = -4$	$2z + 1 = 0$ $z = \frac{1}{2}$	$47 - 2x = 45$ $x = -1$	$-12 + 9k = 42$ $k = 6$

META

USAR FUNCIONES PARA REPRESENTAR RELACIONES

Pregunta esencial del tema

¿Cómo usas las funciones para representar una relación lineal?

Vistazo al tema

3-1 Entender relaciones y funciones

3-2 Relacionar representaciones de funciones

3-3 Comparar funciones lineales y no lineales

Representación matemática en 3 actos:
Cada gota cuenta

3-4 Hacer funciones para representar relaciones lineales

3-5 Intervalos de incremento y disminución

3-6 Dibujar funciones a partir de descripciones verbales

Vocabulario del tema

- función
- función lineal
- función no lineal
- gráfica cualitativa
- intervalo
- relación
- tasa de cambio constante
- valor inicial

En línea

Recursos digitales de la lección

 INTERACTIVE STUDENT EDITION
Accede con o sin conexión.

 VISUAL LEARNING ANIMATION
Interactúa con el aprendizaje visual animado.

 ACTIVITY Úsala con las actividades *¡Resuélvelo y coméntalo!*, *¡Explóralo!* y *¡Explícalo!*, y para explorar los Ejemplos.

 VIDEOS Mira videos como apoyo para las lecciones de *Representación matemática en 3 actos* y los *Proyectos* STEM.

Cada gota cuenta

Es importante que te cepilles los dientes todos los días. No solo por tu salud dental, sino también por tu salud en general.

Al cepillarse los dientes, algunas personas dejan abierto el grifo. Otras personas lo cierran para ahorrar agua. ¿Alguna vez te pusiste a pensar cuánta agua gastamos al cepillarnos los dientes? Piensa en esto durante la lección de Representación matemática en 3 actos.

 PRACTICE Practica lo que has aprendido.

 TUTORIALS Usa los videos de *Virtual Nerd* cuando los necesites.

 MATH TOOLS Explora las matemáticas con herramientas digitales.

 GAMES Usa los Juegos de Matemáticas como apoyo para aprender.

 KEY CONCEPT Repasa el contenido importante de la lección.

 GLOSARIO Lee y escucha las definiciones en inglés y español.

 ASSESSMENT Muestra lo que has aprendido.

Proyecto de enVision® STEM

¿Sabías que…?

Población humana mundial

1950: 2,500,000,000

2010: 7,300,000,000

2050: 9,400,000,000 (estimada)

Población humana de los EE. UU.

1950: 151,000,000

2010: 320,000,000 y con una tasa media de crecimiento de 1.1% al año

2050: 398,000,000 (estimada)

Población humana de la India

1950: 370,000,000

2010: 1,200,000,000 y con una tasa media de crecimiento de 1.9% al año

2050: 1,620,000,000 (estimada)

Urbanización

1950: 30% de la población mundial vivía en las ciudades.

2010: Más de 50% de la población mundial vivía en las ciudades.

2050: Se espera que 70% de la población mundial viva en las ciudades.

EE. UU. **1950:** 64% de la población de EE. UU. vivía en las ciudades.

2010: 80% de la población de EE. UU. vivía en las ciudades.

2050: Se espera que 91% de la población de EE. UU. viva en las ciudades.

India **1950:** 17% de la población de la India vivía en las ciudades.

2010: 25% de la población de la India vivía en las ciudades.

2050: Se espera que 55% de la población de la India viva en las ciudades.

A medida que crece la población y se mueve a zonas **urbanas**, aumenta la demanda de alimentos. Se espera que la demanda de **cereales** pase de 2.1 mil millones de toneladas de 2010 a 3 mil millones de toneladas en 2050. Se espera que la demanda de **carne** crezca de 250 millones de toneladas en 2010 a 470 millones de toneladas en 2050.

También aumentará la demanda de recursos naturales tales como el **terreno cultivable**, el **agua** y la **energía**.

Tu tarea: Representa el crecimiento de la población

El crecimiento de la población puede afectar la disponibilidad de recursos. Tus compañeros y tú explorarán su modelo de población y harán conjeturas sobre la sustentabilidad en relación con ese crecimiento. También explorarán cómo puede cambiar el modelo si cambian las suposiciones demográficas.

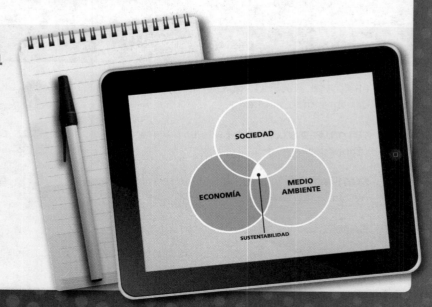

¡Repasa lo que sabes!

Vocabulario

Escoge el mejor término del recuadro para completar cada definición.

> ecuación lineal
>
> forma pendiente-intercepto
>
> intercepto en y
>
> pendiente
>
> relación proporcional

1. El/La _____ es la razón del cambio vertical al cambio horizontal de una recta.

2. Una relación que se puede representar con la ecuación $y = mx$ es un/una

   _____ .

3. El valor de y por donde una recta de una gráfica cruza el eje de las y se llama

   _____ .

4. A una ecuación escrita en la forma $y = mx + b$ se le llama

   _____ .

Pendiente e intercepto en y

Halla la pendiente y el intercepto en y de una recta que pasa por los siguientes puntos.

5. $(2, 2)$ y $(3, 0)$

6. $(1, 5)$ y $(4, 10)$

7. $(8, 2)$ y $(-8, 6)$

Comparar relaciones proporcionales

La mamá de Jenna quiere comprar botellas de bebida energizante de 12 onzas para el equipo de fútbol de Jenna. La tienda A vende una caja de 18 botellas por $10. La tienda B vende una caja de 12 botellas por $6. ¿Qué tienda vende la bebida a un precio menor? Usa la gráfica para comparar el costo de cada unidad de bebida.

8.

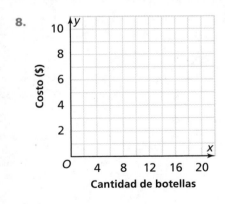

Ecuaciones lineales

9. Escribe la ecuación que represente la gráfica de la recta que se muestra.

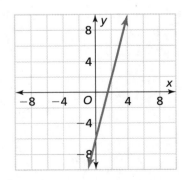

Desarrollo del lenguaje

Escribe palabras o frases clave asociadas con cada representación. Luego, escribe *función* o *no es una función* en las líneas.

Tabla

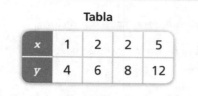

x	1	2	2	5
y	4	6	8	12

Palabras o frases clave

_____

Pares ordenados

(1, −2), (2, 0), (3, 2), (4, −4)

Palabras o frases clave

_____

Ecuación

$y = 3x - 12$

Palabras o frases clave

_____

¿Es una función?

Diagrama de flechas

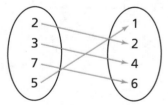

Palabras o frases clave

_____

Gráfica

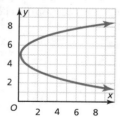

Palabras o frases clave

_____

PROYECTO 3A

¿El invento de qué máquina mejoraría tu vida?

PROYECTO: CONSTRUYE UNA MÁQUINA DE RUBE GOLDBERG

PROYECTO 3B

¿Qué juegos puedes jugar dentro de casa?

PROYECTO: CREA UN JUEGO DE CARTAS MATEMÁTICO

PROYECTO
3C

¿Cuáles son los pasos para arreglar una tubería que tiene goteras?

PROYECTO: PLANIFICA UN ITINERARIO DE MANTENIMIENTO

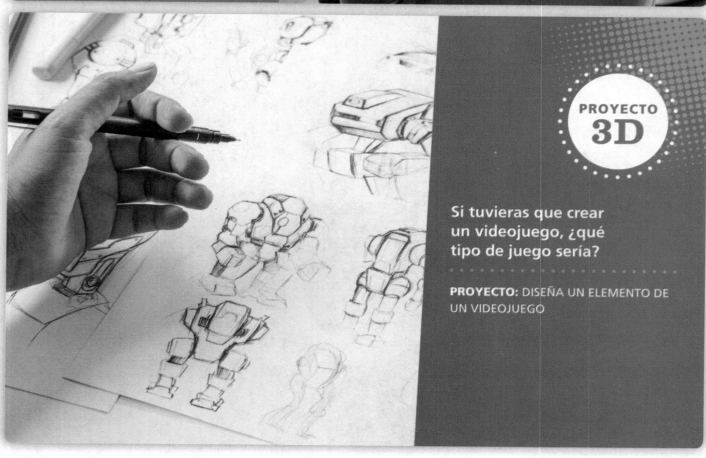

PROYECTO
3D

Si tuvieras que crear un videojuego, ¿qué tipo de juego sería?

PROYECTO: DISEÑA UN ELEMENTO DE UN VIDEOJUEGO

¡Resuélvelo y coméntalo!

ACTIVITY

Los 10 miembros de un club de fotografía quieren recaudar $500, así que harán una rifa con premios donados. Para alcanzar el objetivo, Jesse propone que cada miembro venda 50 boletos. Alexis propone que cada miembro recaude $50.

¿Qué plan recomiendas? Explícalo.

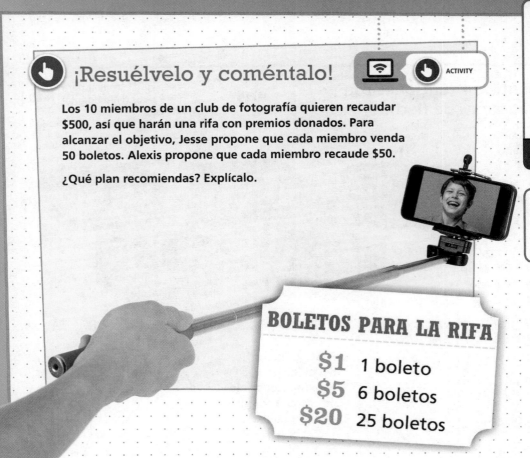

BOLETOS PARA LA RIFA

$1 1 boleto

$5 6 boletos

$20 25 boletos

Puedo...
determinar si una relación es una función.

Enfoque en las prácticas matemáticas

Razonar ¿En qué se diferencian los dos planes? ¿En qué se parecen?

EJEMPLO 1 ◉ Identificar funciones con diagramas de flechas

Escanear para contenido digital

Jonah quiere enviar cinco cajas a su tío. Todas las cajas tienen el mismo tamaño pero diferente peso. A la derecha se muestra el costo de envío de cada caja. ¿Debe esperar Jonah que el costo de envío de una caja de 15 libras sea único?

Usar la estructura ¿Hay una relación entre el peso de la caja y su costo de envío?

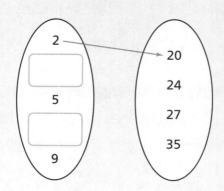

PASO 1 Organiza los datos usando pares ordenados.

$$\begin{pmatrix} \text{entrada} & \text{salida} \\ \text{(peso)} & , & \text{(costo)} \end{pmatrix}$$

(8, 8.56)

(9, 8.72)

(10, 9.01)

(12, 9.55)

(14, 10.03)

Todo conjunto de pares ordenados es una **relación**.

PASO 2 Usa un diagrama de flechas para unir cada valor de entrada con su valor de salida.

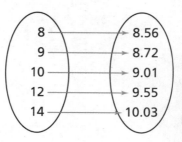

Una relación es una **función** cuando cada entrada se asigna exactamente a una salida. Para cada entrada de arriba, hay exactamente una salida. Por tanto, la relación es una función.

Jonah debe esperar que el costo de envío de una caja de 15 libras sea único.

◉ **¡Inténtalo!**

Joe debe promocionar su compañía. Considera varios folletos de diferentes longitudes de lado y áreas y presenta los datos como pares ordenados *(longitud de lado, área)*.

(4, 24), (5, 35), (8, 24), (2, 20), (9, 27)

Completa el diagrama de flechas. ¿Es el área de un folleto una función de la longitud de lado? Explícalo.

¡Convénceme! Hay dos salidas de 24. ¿Te ayuda eso a determinar si la relación es una función? Explícalo.

EJEMPLO 2 Usar tablas para identificar funciones

Frank usa una tabla para anotar las edades y las estaturas de los seis estudiantes de sus clases particulares. ¿Es una función la relación? Explícalo.

Determina si cada entrada tiene exactamente una salida.

Dos niños de 9 años tienen estaturas diferentes.

Dos niños de 8 años tienen estaturas diferentes.

Edad, x	Estatura, y
9	54
10	54
9	61
8	45
12	65
8	50

Buscar relaciones
¿Cómo se relacionarán las dos cantidades?

No, esta relación no es una función, porque dos entradas tienen más de una salida.

¡Inténtalo!

Frank intercambia los pares ordenados para mostrar las estaturas y las edades de los mismos seis estudiantes. ¿Es la edad una función de la estatura? Explícalo.

Estatura (pulgs.)	54	54	61	45	65	50
Edad (años)	9	10	9	8	12	8

EJEMPLO 3 Interpretar funciones

Heather y sus padres quieren pasar el día en un museo de arte. El estacionamiento cerca del museo cobra las tarifas que se muestran en el cartel de la derecha.

A. ¿Es el costo de estacionamiento una función del tiempo? Explícalo.

Cada hora de estacionamiento tiene un costo diferente. Por tanto, el costo de estacionamiento es una función del tiempo.

B. Si Heather y sus padres se quedan en el museo durante 6 horas, ¿deben esperar pagar más de $25?

Sí, deben esperar pagar más de $25.

Tarifas de estacionamiento del museo de arte

Tiempos (horas)	Costo ($)
Hasta 1 hora	$5
Hasta 2 horas	$10
Hasta 3 horas	$15
Hasta 4 horas	$20
Hasta 5 horas	$25

¡Inténtalo!

Heather dice que puede indicar exactamente cuánto tiempo estuvo una familia en el museo según cuánto pagó de estacionamiento esa familia. ¿Tiene razón? Explícalo.

Una relación es una función si cada entrada corresponde a exactamente una salida. Puedes usar un diagrama de flechas o una tabla para determinar si una relación es una función.

Esta relación es una función.

Cada entrada corresponde a exactamente una salida.

Esta relación no es una función.

Entrada	Salida
2	4
5	10
4	8
2	6

Una entrada se asigna a dos salidas diferentes.

¿Lo entiendes?

1. **Pregunta esencial** ¿Cuándo una relación es una función?

2. **Representar con modelos matemáticos** ¿Cómo usas diferentes representaciones de una relación para determinar si esa relación es una función?

3. **Generalizar** ¿Es una relación siempre una función? ¿Es una función siempre una relación? Explícalo.

¿Cómo hacerlo?

4. ¿Es la siguiente relación una función? Explícalo.

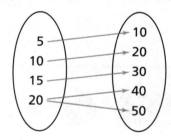

5. ¿Es la siguiente relación una función? Explícalo.

Entrada	3	4	1	5	2
Salida	4	6	2	8	5

6. ¿Es la siguiente relación una función? Explícalo.

(4, 16), (5, 25), (3, 9), (6, 36), (2, 4), (1, 1)

PRACTICE   TUTORIAL

Práctica y resolución de problemas

Escanear para
contenido digital

7. El conjunto de pares ordenados (1, 19), (2, 23), (3, 23), (4, 29), (5, 31) representa la cantidad de boletos vendidos en una función para recaudar fondos. Los valores de entrada representan el día y los valores de salida representan la cantidad de boletos vendidos ese día.

a. Haz un diagrama de flechas que represente la relación.

b. ¿Es una función la relación? Explícalo.

8. ¿La siguiente relación representa una función? Explícalo.

(−2, 2), (−7, 1), (−3, 9), (3, 4), (−9, 5), (−6, 8)

9. ¿Es una función la relación de la tabla? Explícalo.

Entrada	Salida
4	1
8	3
4	5
8	4

10. Construir argumentos Durante un experimento químico, Sam usó pares ordenados para anotar cómo cambió la temperatura a lo largo del tiempo (*tiempo en minutos, temperatura en* °C).

(0, 15), (5, 20), (10, 50), (15, 80), (20, 100), (25, 100)

¿Es una función la relación? Explícalo.

11. Razonar Taylor llevó la cuenta de la cantidad de estudiantes en su clase desde tercer grado y anotó los datos en la siguiente tabla. ¿Es una función la relación? Explícalo.

Grado	3	4	5	6	7	8
Cantidad de personas	726	759	748	792	804	835

12. James cría gallinas. Anotó la cantidad de huevos que pusieron las gallinas al finalizar cada semana. ¿Es esta relación una función? Explícalo.

Semana 1 2 3 4 5 6
Huevos 7 13 13 22 26 30

13. A continuación se muestran las relaciones P y Q.

Relación P

Entrada	Salida
3	6
7	14
15	6
16	14

Relación Q

Entrada	Salida
6	7
6	16
14	3
14	15

a. Haz un diagrama de flechas para representar la relación P.

b. Haz un diagrama de flechas para representar la relación Q.

c. ¿Cuál de las dos relaciones es una función? Explícalo.

14. Razonamiento de orden superior En un examen reciente, los estudiantes tenían que determinar si la relación representada por los pares ordenados (1, 2), (6, 12), (12, 24), (18, 36) era una función. Bobby hizo el diagrama de flechas de la derecha y dijo que la relación no era una función. ¿Qué error es más probable que haya cometido Bobby?

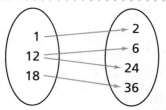

Práctica para la evaluación

15. Escribe el conjunto de pares ordenados representado en el diagrama de flechas de la derecha. ¿Es una función la relación? Explícalo.

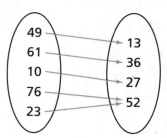

16. ¿Cuáles de las siguientes relaciones son funciones? Selecciona todas las que apliquen.

☐ **Relación 1**

x	y
3	3
4	5
5	7
5	9
6	11

☐ **Relación 2**

x	y
5	31
6	28
7	25
8	22
9	19

☐ **Relación 3**

x	y
2	3
3	3
4	3
5	3
6	3

☐ **Relación 4**

x	y
7	10
8	20
9	30
9	40
10	50

☐ **Relación 5**

x	y
3	2
3	3
3	4
3	5
3	6

¡Resuélvelo y coméntalo!

Elisa se ofreció como voluntaria en un acuario cercano, donde lleva la cuenta de los patrones migratorios de las ballenas jorobadas desde sus zonas de alimentación hacia sus zonas de reproducción. Ella anotó la distancia, en millas, que recorren las ballenas cada día durante el primer período de 7 días de su migración. Según los datos de Elisa, ¿aproximadamente cuánto tiempo tardan las ballenas jorobadas en recorrer las 3,100 millas que hay hasta sus zonas de reproducción?

Día	1	2	3	4	5	6	7
Distancia (millas)	30	28	30	27	30	24	36

Puedo...
identificar funciones por sus ecuaciones, tablas y gráficas.

Enfoque en las prácticas matemáticas

Construir argumentos ¿De qué manera hallar un promedio de la distancia en millas que recorren las ballenas te ayuda a resolver este problema?

VISUAL LEARNING   ASSESS

EJEMPLO 1 Representar una función lineal con una ecuación y una gráfica

Escanear para contenido digital

Se debe vaciar una piscina de 10,000 galones. Un camión cisterna ya extrajo exactamente 2,000 galones de agua. ¿Cómo determinas cuánto tiempo tardará el camión cisterna en extraer toda el agua?

> **Generalizar** ¿Cómo usas lo que sabes sobre las ecuaciones lineales para resolver el problema?

720 galones por hora

2,000 galones hasta el momento

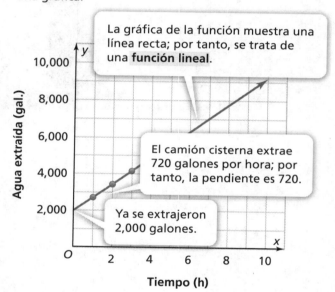

UNA MANERA Usa la información dada para hacer un diagrama que represente la situación y luego, escribe una ecuación.

Cantidad total de agua por extraer

$$10,000 = 720h + 2,000$$

| 2,000 | 720 | | |

h horas

La cantidad de agua ya extraída es el **valor inicial**, o intercepto en *y*.

La cantidad de agua extraída por hora es la **tasa de cambio** constante, o pendiente.

$$10,000 = 720h + 2,000$$

OTRA MANERA Usa la información dada para hacer una gráfica.

La gráfica de la función muestra una línea recta; por tanto, se trata de una **función lineal**.

El camión cisterna extrae 720 galones por hora; por tanto, la pendiente es 720.

Ya se extrajeron 2,000 galones.

Agua extraída (gal.) / Tiempo (h)

☑ ¡Inténtalo!

A medida que la bomba extrae agua, la cantidad de agua de la piscina disminuye a un ritmo constante. Completa los siguientes enunciados. Luego, grafica la función.

La cantidad de agua que queda en la piscina es [ ] galones.

La cantidad de agua extraída por hora es [ ] galones.

La ecuación es [ ].

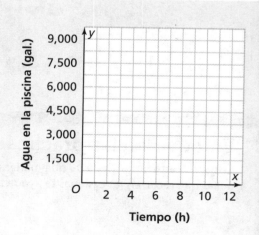

Agua en la piscina (gal.) / Tiempo (h)

¡Convénceme! ¿En qué se diferencia la tasa de cambio de esta función de la del Ejemplo 1? Explícalo.

EJEMPLO 2

Representar una función no lineal con una gráfica

¿Cómo determinas si la relación entre la longitud de lado y el área es una función?

$$A = l^2$$

PASO 1 Haz una tabla que relacione las diferentes longitudes de lado y áreas.

Longitud, l (pulgs.)	Área, A (pulgs.^{2})
0	0
1	1
2	4
3	9
4	16
5	25

Cada valor de entrada tiene un único valor de salida; por tanto, la relación es una función.

PASO 2 Grafica los pares ordenados de la tabla.

Como cada valor de x corresponde a exactamente un único valor de y, la gráfica representa una función.

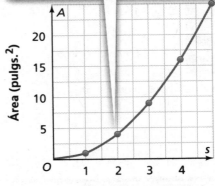

La gráfica de esta función no muestra una línea recta; por tanto, se trata de una **función no lineal**.

EJEMPLO 3

Identificar funciones a partir de gráficas

Determina si cada gráfica representa una función.

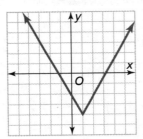 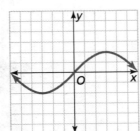 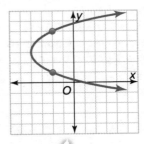

Cada una de estas gráficas representa una función, porque cada valor de x corresponde a exactamente un valor de y.

Esta gráfica no representa una función, porque cada valor de x no corresponde a exactamente un valor de y. Por ejemplo, el valor de x −2, corresponde a dos valores de y, 1 y 5.

¡Inténtalo!

Haz una gráfica que represente una función lineal.
¿Qué ecuación representa esa función?

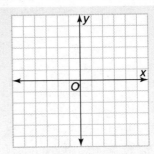

Puedes representar una función de diferentes maneras: con una tabla, con una gráfica o como una ecuación.

Para pasar un día en el parque de diversiones, la entrada cuesta $10 y cada boleto para un juego cuesta $2.50.

Tabla

Cantidad de boletos	0	1	2	3	4
Costo ($)	10	12.5	15	17.5	20

Ecuación en la forma $y = mx + b$:

$y = 2.5x + 10$

Gráfica

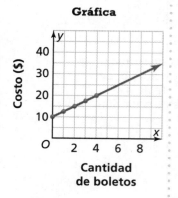

Costo ($) / Cantidad de boletos

> La gráfica de una función no lineal no muestra una línea recta, porque no hay una tasa de cambio constante.

> La gráfica de una función lineal siempre muestra una línea recta, porque hay una tasa de cambio constante.

¿Lo entiendes?

1. **? Pregunta esencial** ¿Cuáles son las diferentes representaciones de una función?

2. **Usar herramientas apropiadas** ¿Cómo usas una gráfica para determinar que una relación **NO** es una función?

3. **Construir argumentos** ¿Deben estar unidos los pares ordenados de una función por una línea recta o una curva en una gráfica? Explícalo.

¿Cómo hacerlo?

4. Cada semana, Darlene lleva la cuenta de la cantidad de sombreros de fiesta que hay disponibles en su compañía. En la tabla se muestra la cantidad de sombreros disponibles de la semana. ¿Es una función lineal la relación? Usa la siguiente gráfica para apoyar tu respuesta.

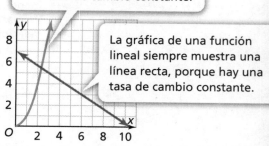

Sombreros de fiesta Darlene — Hoja de seguimiento

Semanas, s	0	1	2	3	4	5
Sombreros de fiesta, f	300	250	200	150	100	50

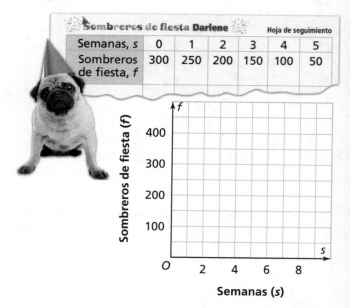

Sombreros de fiesta (f) / Semanas (s)

5. ¿Cómo puede usar Darlene la gráfica de arriba para saber cuándo pedir más sombreros de fiesta?

PRACTICE   TUTORIAL

Práctica y resolución de problemas

Escanear para
contenido digital

Práctica al nivel En **6** y **7**, explica si cada gráfica representa una función.

6.

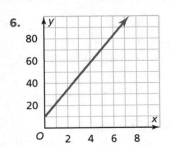

7.

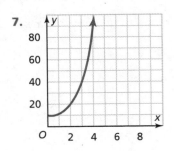

8. Hannah aproxima las áreas de unos círculos usando la ecuación $A = 3r^2$ y anota en una tabla las áreas de los círculos con longitudes de radio diferentes.

Radio (pulgs.)	1	2	3	4	5
Área (pulgs.²)	3	12	27	48	75

a. Grafica los pares ordenados de la tabla.

b. ¿Es una función la relación? Explícalo.

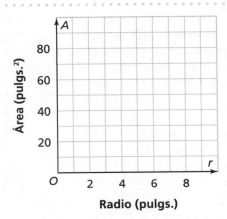

Radio (pulgs.)

9. Representar con modelos matemáticos
La siguiente gráfica muestra la relación entre la cantidad de hexágonos, x, y el perímetro de la figura que forman, y. ¿Es el perímetro de la figura una función de la cantidad de hexágonos? Explícalo.

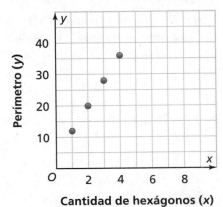

Cantidad de hexágonos (x)

10. Construir argumentos ¿Representan una función los pares ordenados de la siguiente gráfica? Explícalo.

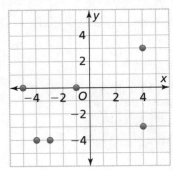

11. Un tren sale de la estación en una cantidad de tiempo $t = 0$. A una velocidad constante, el tren recorre 360 kilómetros en 3 horas.

a. Escribe una función que relacione la distancia recorrida, d, y el tiempo, t.

b. Grafica la función e indica si es una función lineal o una función no lineal.

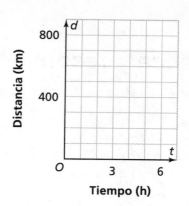

La función es una función [ ].

12. Razonamiento de orden superior Indica si cada gráfica es una función y justifica tu respuesta. ¿Cuál de las dos gráficas no es una buena representación de una situación de la vida diaria? Explícalo.

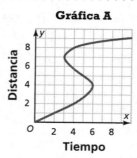

Gráfica A

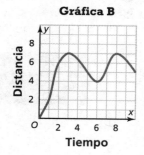

Gráfica B

✓ Práctica para la evaluación

13. Tienes una granja de hormigas con 22 hormigas. La población de hormigas de tu granja se duplica cada 3 meses.

PARTE A

Completa la tabla.

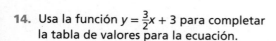

Cantidad de meses	0	3	6	9
Población de hormigas	22			

PARTE B

¿Es una función la relación? Si lo es, ¿es una función l[i] o una función no lineal? Explícalo.

14. Usa la función $y = \frac{3}{2}x + 3$ para completar la tabla de valores para la ecuación.

x				
y	9	6	0	−3

¡Resuélvelo y coméntalo!

Dos servicios de videos sin interrupciones por suscripción ofrecen planes familiares con costos mensuales diferentes, como se muestra en los siguientes folletos. ¿Qué tienen en común los dos planes? ¿En qué se diferencian? ¿Cuándo es más conveniente Pelis al cuadrado que Conexión familiar?

Puedo...
comparar funciones lineales y no lineales.

NUEVO

PELIS AL CUADRADO

$10 el primer dispositivo

$2 cada dispositivo adicional

CONEXIÓN FAMILIAR

Tarifa fija de $12 para hasta 4 dispositivos

Tarifa adicional de $1 por dispositivo para 5 o más dispositivos

Representar con modelos matemáticos ¿Cómo representas la relación entre el costo y la cantidad de dispositivos?

Enfoque en las prácticas matemáticas

Buscar relaciones Describe la relación entre el costo y la cantidad de dispositivos para cada servicio. ¿Qué notas sobre cada relación?

EJEMPLO 1 **Comparar dos funciones lineales**

Escanear para contenido digital

En una fábrica de ensamblaje de automóviles se deben comprar robots soldadores nuevos. El gerente de la fábrica tiene información sobre dos modelos diferentes de robots soldadores. A continuación se muestran las tasas de soldadura de cada modelo. Compara las tasas de soldadura de los dos robots.

Buscar relaciones ¿Qué propiedades de las funciones se pueden usar para comparar las funciones?

PASO 1 Halla la tasa de soldadura, o tasa de cambio constante, de cada robot.

Modelo T1000

Tiempo (minutos)	Cantidad de soldaduras
2	20.8
5	52
7	72.8
12	124.8

$$\frac{52 - 20.8}{5 - 2} = \frac{31.2}{3} = 10.4$$

La tasa de cambio constante es 10.4.

Modelo GNX007

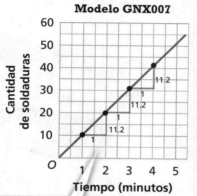

La tasa de cambio constante es 11.2.

PASO 2 Halla el valor inicial para cada robot.

A los 0 minutos, cada robot ha hecho 0 soldaduras; por tanto, el valor inicial es 0.

Los datos del robot modelo GXN007 muestran una mayor tasa de cambio constante o tasa de soldadura; por tanto, ese robot puede hacer más soldaduras por minuto que el robot modelo T1000.

 ¡Inténtalo!

La tasa de soldadura de un tercer robot se representa con la ecuación $t = 10.8s$, donde t representa el tiempo en minutos y s representa la cantidad de soldaduras. Compara este robot con los otros dos.

¡Convénceme! ¿Cómo te ayudan las ecuaciones lineales a comparar las funciones lineales?

Comparar una función lineal y una no lineal

ACTIVITY   ASSESS

A la derecha se muestra un cuadrado con una longitud de lado *l*. La tabla muestra la relación entre la longitud de lado y el perímetro a medida que aumenta la longitud de lado. La gráfica muestra la relación entre la longitud de lado y el área. Compara las dos relaciones.

Longitud de lado, *l* (pulgs.)	Perímetro, *P* (pulgs.)
0	0
1	4
2	8
3	12
4	16

+ 1   + 4

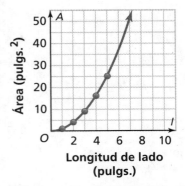

Esta relación es una función. Tiene una tasa de cambio constante. Es una función *lineal*.

Esta relación es una función, pero no tiene una tasa de cambio constante. Es una función *no lineal*.

Las dos relaciones son funciones. El perímetro y el área son funciones de la longitud de lado.

EJEMPLO **3**

Comparar propiedades de las funciones lineales

A continuación se representan dos funciones lineales. Compara las propiedades de las dos funciones.

Función A

La tasa de cambio constante es 2.

$y = 2x - 3$

El valor inicial es −3.

Función B

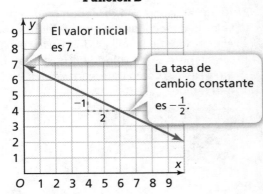

El valor inicial es 7.

La tasa de cambio constante es $-\frac{1}{2}$.

La función A tiene una mayor tasa de cambio constante. La función B tiene un mayor valor inicial.

¡Inténtalo!

Compara las propiedades de estas dos funciones lineales.

Función 1

x	2	5	9	11	14
y	1	5.5	11.5	14.5	19

Función 2

$y = 2x - 4$

Puedes comparar funciones con diferentes representaciones usando las propiedades de las funciones.

Compara la tasa de cambio constante y el valor inicial.

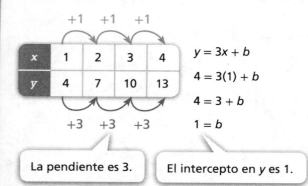

x	1	2	3	4
y	4	7	10	13

$y = 3x + b$

$4 = 3(1) + b$

$4 = 3 + b$

$1 = b$

La pendiente es 3.

El intercepto en y es 1.

La pendiente es $\frac{2}{3}$.

$y = \frac{2}{3}x - 4$

El intercepto en y es -4.

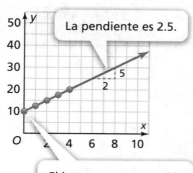

La pendiente es 2.5.

El intercepto en y es 10.

¿Lo entiendes?

1. **Pregunta esencial** ¿Cómo comparas dos funciones?

2. **Razonar** Anne está corriendo en una pista a una velocidad media de 6 millas por hora y comenzó en el marcador de la milla 4. John está corriendo en la misma pista a una velocidad constante, que se muestra en la tabla. ¿Cómo determinas quién está corriendo más rápido?

Tiempo (horas), x	0	0.5	1	1.5
Marcador de millas, y	1	4.5	8	11.5

3. **Razonar** En el Ejercicio 2, ¿cómo se relacionan las posiciones iniciales de Anne y John? Explícalo.

¿Cómo hacerlo?

Felipe y Samantha compraron instrumentos musicales en cuotas. Felipe escribió la ecuación $y = -30x + 290$ para representar la cantidad de dinero que debe, y, después de pagar x cuotas. En la gráfica se muestra cuánto debe Samantha después de pagar cada cuota.

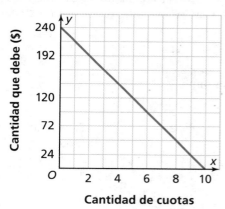

Cantidad de cuotas

4. ¿Qué instrumento musical costó más: el de Felipe o el de Samantha? Explícalo.

5. ¿Quién paga más cada mes? Explícalo.

Práctica y resolución de problemas

6. A continuación se muestran dos funciones lineales. ¿Cuál de las dos funciones tiene la mayor tasa de cambio?

Función A

Función B

x	y
0	0
2	3
4	6
6	9

7. A continuación se muestran dos funciones lineales. ¿Cuál de las dos funciones tiene el mayor valor inicial?

Función A

x	y
−1	6
0	4
1	2
2	0

Función B

$y = 7x + 3$

---

8. Indica si cada función es *lineal* o *no lineal*.

Función A

x	y
0	1
1	2
2	5
3	10

Función B

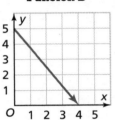

9. Indica si cada función es *lineal* o *no lineal*.

Función A

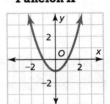

Función B

$y = x$

---

10. Determina si cada función es *lineal* o *no lineal* a partir de su gráfica.

Función I

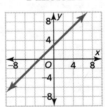

Función II

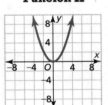

11. Buscar relaciones Justin abrió una cuenta de ahorros con $4. Él ahorra $2 por semana. ¿Representa esta situación una función lineal o una función no lineal? Explícalo.

Cuenta de ahorros de Justin

Semana	0	1	2	3	4	5
Dinero en la cuenta	4	6	8	10	12	14

---

12. Razonar La función $y = 4x + 3$ describe las puntuaciones del jugador A en un juego de preguntas y respuestas, donde *x* es la cantidad de preguntas respondidas correctamente y *y* es la puntuación. La función representada en la tabla muestra las puntuaciones del jugador B. ¿Qué te indican las tasas de cambio sobre cómo gana puntos cada jugador?

Puntuación del Jugador B

Respuestas correctas	Puntuación
1	4
2	5
3	6
4	7

13. Dos atletas están entrenando a lo largo de un período de dos semanas para aumentar la cantidad de flexiones de pecho que pueden hacer consecutivamente. El atleta A puede hacer 16 flexiones de pecho al inicio y aumenta su total a 2 más por día. El progreso del atleta B se muestra en la tabla. Compara los valores iniciales de cada atleta. ¿Qué indica el valor inicial en esta situación?

Progreso del atleta B

Día	Cantidad de flexiones
0	12
1	15
2	18
3	21

14. Razonamiento de orden superior La ecuación $y = 4x - 2$ y la tabla y la gráfica de la derecha describen tres funciones lineales diferentes. ¿Cuál de las funciones tiene la mayor tasa de cambio? ¿Cuál tiene la menor tasa de cambio? Explícalo.

x	y
1	5
2	10
3	15
4	20

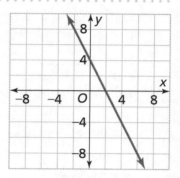

Práctica para la evaluación

15. Los estudiantes del club extracurricular comieron 12 uvas por minuto. Después de 9 minutos, quedaban 32 uvas. En la tabla se muestra la cantidad de zanahorias que quedaban después de diferentes períodos de tiempo. ¿Cuál de los dos alimentos comieron más rápido los estudiantes? Explícalo.

Consumo de zanahorias

Tiempo transcurrido	Zanahorias restantes
6 minutos	136
8 minutos	118
9 minutos	109
11 minutos	91

16. La altura de una vela encendida se puede representar con una función lineal. La vela A tiene una altura inicial de 201 milímetros y su altura disminuye a 177 milímetros después de 4 horas de encendida. La altura, h, en milímetros, de la vela B se puede representar con la función $h = 290 - 5t$, donde t es el tiempo en horas.
¿Cuáles de los siguientes enunciados son verdaderos?

☐ La altura inicial de la vela A es mayor que la altura inicial de la vela B.

☐ La altura de la vela A disminuye más rápido que la altura de la vela B.

☐ La vela B se apagará en 58 horas.

☐ Después de 10 horas, la altura de la vela A será 110 milímetros.

☐ La vela A se consumirá antes que la vela B.

1. Vocabulario ¿Cómo determinas si una relación es una función? *Lección 3-1*

2. ¿Se puede trazar una o varias flechas desde 10.3 para que la relación en el diagrama sea una función? Explica tu respuesta. *Lección 3-1*

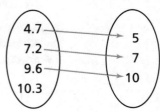

3. A continuación se muestran dos funciones lineales. ¿Qué función tiene la mayor tasa de cambio? Justifica tu respuesta. *Lección 3-3*

Función A

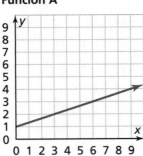

Función B

$y = \frac{1}{2}x - 1$

4. Neil tomó 3 pruebas de matemáticas este año. En la tabla se muestran la cantidad de horas que estudió y las calificaciones que obtuvo. ¿Es una función la relación de horas de estudio con la calificación que obtuvo en la prueba? Explica por qué. Usa la gráfica para justificar tu respuesta. *Lección 3-2*

Horas	4	6	8
Calificaciones	75	75	82

Horas de estudio

5. ¿Es lineal o no lineal la siguiente función? Explica tu respuesta. *Lección 3-3*

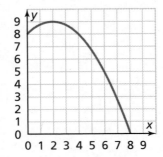

¿Cómo te fue en la prueba de control de mitad del tema?
Rellena las estrellas.

TAREA DE RENDIMIENTO
DE MITAD DEL TEMA

Sarah, Gene y Paul están proponiendo planes para que la clase recaude fondos. Cada uno presenta su propuesta de una manera diferente, con la cantidad de dinero recaudado, *y*, por una cantidad *x* de horas trabajadas.

Propuesta de Sarah

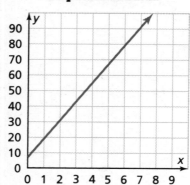

Propuesta de Gene

Horas trabajadas	Dinero recaudado
5	42
10	77
15	112
20	147

Propuesta de Paul

$y = 10x + 7$

PARTE A

¿Están representadas cada una de las propuestas por funciones lineales? Explícalo.

PARTE B

¿Tiene la clase algo de dinero en la cuenta ahora? ¿Cómo lo sabes?

PARTE C

¿Con cuál de las propuestas para recaudar fondos se recauda dinero más rápido? Explícalo.

PARTE D

Si Sarah y sus compañeros de clase esperan recaudar $200, ¿cuál de las propuestas recomiendas que elijan ellos? Explica por qué recomiendas esa propuesta.

Cada gota cuenta

ACTO **1**

1. Después de mirar el video, ¿cuál es la primera pregunta que te viene a la mente?

2. Escribe la Pregunta principal a la que responderás.

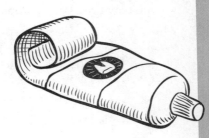

3. Construir argumentos Predice una respuesta a esa Pregunta principal. Explica tu predicción.

4. En la siguiente recta numérica, escribe un número que sea demasiado pequeño para ser la respuesta. Escribe un número que sea demasiado grande.

Demasiado pequeño   Demasiado grande

←———|————————————————————————————|——→

5. Marca tu predicción en esa misma recta numérica.

6. ¿Qué información de esta situación sería útil saber?
¿Cómo usarías esa información?

7. Usar herramientas apropiadas ¿Qué herramientas puedes usar para resolver el problema? Explica cómo las usarías de manera estratégica.

8. Representar con modelos matemáticos Representa la situación usando las matemáticas. Usa tu propia representación para responder a la Pregunta principal.

9. ¿Cuál es tu respuesta a la Pregunta principal?
¿Es mayor o menor que tu predicción? Explica por qué.

10. Escribe la respuesta que viste en el video.

11. Razonar ¿Coincide tu respuesta con la respuesta del video? Si no, ¿qué razones explicarían la diferencia?

12. Entender y perseverar ¿Cambiarías tu modelo ahora que sabes la respuesta? Explícalo.

Reflexionar

13. Representar con modelos matemáticos Explica cómo usaste un modelo matemático para representar la situación. ¿Cómo te ayudó el modelo a responder a la Pregunta principal?

14. Hacerlo con precisión ¿Cómo te ayudan a expresar tu respuesta las unidades que elegiste y el método que usaste?

CONTINUACIÓN

15. Usar la estructura ¿Cuánta agua se ahorrará en un año?

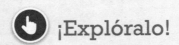

¡Explóralo!

 ACTIVITY

Erick quiere comprar una bicicleta de montaña nueva que cuesta $250. Ya ha ahorrado $120 y planea ahorrar $20 por semana del dinero que gana cortando el césped. Él cree que habrá ahorrado suficiente dinero después de siete semanas.

Lección 3-4
Hacer funciones para representar relaciones lineales

En línea

Puedo...
escribir la ecuación en la forma $y = mx + b$ para describir una función lineal.

A. Completa la tabla. Luego, grafica los datos.

Tiempo (semanas)	0	1	2	3
Dinero ahorrado ($)	120			

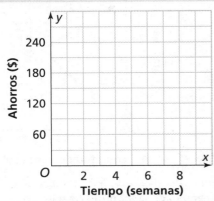

B. ¿Cómo sabes a partir de la tabla que la relación es una función lineal?
¿Cómo lo sabes a partir de la gráfica?

Enfoque en las prácticas matemáticas

Generalizar ¿Cómo te ayudan las diferentes representaciones a determinar las propiedades de las funciones?

VISUAL LEARNING   ASSESS

EJEMPLO 1 **Escribir una función a partir de una gráfica**

Escanear para contenido digital

En un plano de una rampa para patinetas se muestra que la madera prensada de los lados triangulares de la rampa se debe cortar de manera tal que cada 9 pulgadas de altura, el triángulo tenga una base de 33 pulgadas de longitud. ¿Cuál es la altura de la rampa para patinetas de la derecha?

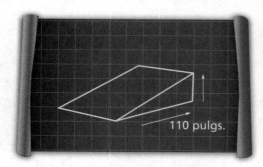

110 pulgs.

PASO 1 Usa una gráfica para representar la situación y determinar la pendiente.

Cada 9 pulgs. de altura, la base tiene 33 pulgs. de longitud.

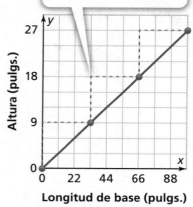

Longitud de base (pulgs.)

La pendiente de la recta es el cambio de la altura (*y*) dividido por el cambio de la longitud de base (*x*), o sea $\frac{9}{33} = \frac{3}{11}$.

PASO 2 Usa la pendiente para escribir una ecuación que represente la función de la gráfica. Luego, usa la ecuación para hallar la altura para una longitud de base de 110 pulgadas.

Altura   Pendiente

La ecuación es $y = \frac{3}{11}x$.   Longitud de base

$$y = \frac{3}{11}(110)$$

$$y = 30$$

La altura de la rampa es 30 pulgadas.

☑ ¡Inténtalo!

¿Cómo cambiará la altura de la rampa si en el plano se muestra que cada 3 pulgadas de altura, el triángulo debe tener una base de 15 pulgadas de longitud?

Grafica la función. La pendiente de la función de la gráfica es ☐ . La ecuación

de la función es $y = $ ☐ x. Si la longitud de base es 110 pulgadas, entonces la

altura de la rampa será ☐ pulgadas.

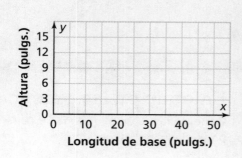

Longitud de base (pulgs.)

¡Convénceme! Explica por qué son equivalentes el valor inicial y el intercepto en *y*.

EJEMPLO **2** **Escribir una función a partir de dos valores**

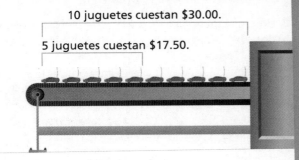

El costo de fabricar 5 juguetes es $17.50; el costo de fabricar 10 juguetes es $30. Expresa una función lineal en la forma $y = mx + b$ que represente la relación entre la cantidad de juguetes producidos y el costo de su producción.

PASO 1 Determina la tasa de cambio constante.

$$\frac{30 - 17.5}{10 - 5} = \frac{12.5}{5} = \frac{2.5}{1}$$

La tasa de cambio constante es 2.5.

PASO 2 Usa la pendiente y un conjunto de valores de x y y para hallar el intercepto en y.

$$30 = 2.5(10) + b \qquad 5 = b$$

El valor inicial, o intercepto en y, es 5.

La función lineal que representa esta relación es $y = 2.5x + 5$.

 ¡Inténtalo!

Jin está llevando la cuenta de cuánta comida da a sus perros por semana. Después de 2 semanas, ha usado $8\frac{1}{2}$ tazas de comida para perros. Después de 5 semanas, ha usado $21\frac{1}{4}$ tazas de comida para perros. Expresa una función en la forma $y = mx + b$ para representar la cantidad de comida para perros usada, y, después de x semanas.

EJEMPLO **3** **Interpretar una función a partir de una gráfica**

La gráfica muestra la relación de la altura de una vela encendida a lo largo del tiempo. ¿Qué función representa esa relación?

La función $y = -1x + 10$ representa esa relación.

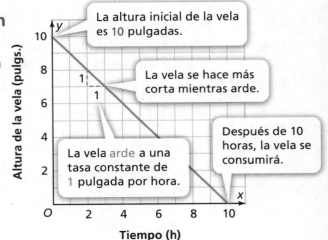

La altura inicial de la vela es 10 pulgadas.

La vela se hace más corta mientras arde.

Después de 10 horas, la vela se consumirá.

La vela arde a una tasa constante de 1 pulgada por hora.

 ¡Inténtalo!

La gráfica muestra la relación entre la cantidad de páginas impresas por una impresora y el tiempo de calentamiento antes de cada impresión. ¿Qué función en la forma $y = mx + b$ representa esa relación?

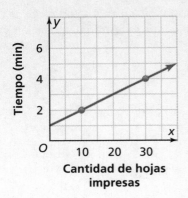

Una función en la forma $y = mx + b$ epresenta una relación lineal entre dos cantidades: x y y.

> Pendiente o tasa de cambio constante

$$y = mx + b$$

> Intercepto en y o valor inicial

¿Lo entiendes?

1. **Pregunta esencial** ¿Cómo usas una función para representar una relación lineal?

2. **Entender y perseverar** Tonya está observando una gráfica que muestra una recta trazada entre dos puntos con una pendiente de −5. Uno de los puntos está borroso y no puede leerlo. Por lo que ve, los puntos son (3, 5) y $(x, 10)$. ¿Cuál es el valor de x? Explícalo.

3. **Razonar** ¿Cuál es el valor inicial de todas las funciones lineales que muestran una relación proporcional?

¿Cómo hacerlo?

4. Escribe una función en la forma $y = mx + b$ para la recta que contiene los puntos (−8.3, −5.2) y (6.4, 9.5).

5. Los datos de la siguiente tabla representan una relación lineal. Completa los espacios en blanco con los datos que faltan.

x	10	20		40
y	10	15	20	

6. ¿Qué ecuación representa la función lineal descrita por los datos del Ejercicio 5?

Práctica y resolución de problemas

7. Una recta pasa por los puntos (4, 19) y (9, 24). Escribe una función lineal en la forma $y = mx + b$ para esa recta.

8. ¿Cuál es una función lineal en la forma $y = mx + b$ para la recta que pasa por (4.5, −4.25) con el intercepto en y 2.5?

9. Un carro que se mueve a una velocidad constante pasa un temporizador a $t = 0$. Después de 8 segundos, el carro ha recorrido 840 pies. ¿Qué función lineal en la forma $y = mx + b$ representa la distancia, d, en pies, que ha recorrido el carro en una cantidad de segundos, t, después de pasar el temporizador?

10. En $t = 0$, empieza a gotear agua de una manguera y cae en una cubeta vacía. Después de 56 minutos, hay 8 pulgadas de agua en la cubeta. ¿Qué función lineal en la forma $y = mx + b$ representa la cantidad de agua, a, en pulgadas, que hay en la cubeta después de t minutos?

11. La gráfica de la recta representa el costo de alquilar un *kayak*. Escribe una función lineal en la forma $y = mx + b$ para representar la relación del costo total, c, de alquilar un *kayak* por t horas.

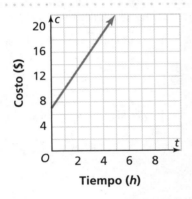

12. En una compañía de ropa en línea se venden sudaderas a medida. La compañía cobra $6.50 por cada sudadera y una tarifa fija de $3.99 por el envío.

   a. Escribe una función lineal en la forma $y = mx + b$ que represente el costo total, y, en dólares, por un solo pedido de x sudaderas.

   b. Describe cómo cambiaría la función lineal si el costo de envío aplicara para cada sudadera.

13. En una tienda se venden paquetes de revistas de historietas con un cartel.

   a. **Representar con modelos matemáticos** Escribe una función lineal en la forma $y = mx + b$ que represente el costo, y, de un paquete con una cantidad de revistas de historietas, x.

   b. **Construir argumentos** Supón que en otra tienda se vende un paquete similar, representado por una función lineal con el valor inicial $7.99. ¿Cuál de las dos tiendas conviene más? Explícalo.

14. Razonamiento de orden superior En el paquete donde venía este pavo se dan recomendaciones para descongelarlo correctamente.

a. ¿Cuál es la tasa de descongelamiento del pavo en horas por libra si se pone en el refrigerador? ¿Y si se pone en agua fría?

b. Escribe una función lineal en la forma $y = mx + b$ para representar el tiempo, t, en horas, que tarda en descongelarse un pavo en el refrigerador, en función del peso, p, en libras, del pavo.

descongelamiento en refrigerador:
1 día cada 4 libras

descongelamiento en agua fría:
30 minutos por libra

---

15. Razonar La gráfica muestra la relación entre la cantidad de yardas cúbicas de mantillo pedido y el costo total del mantillo enviado.

a. ¿Cuál es la tasa de cambio constante? ¿Qué representa?

b. ¿Cuál es el valor inicial? ¿Qué representa?

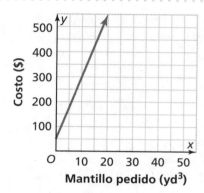

Mantillo pedido (yd³)

Práctica para la evaluación

16. En un festival de comida internacional se cobra por la entrada y por cada degustación de comida. La entrada y 3 degustaciones cuestan $5.75. La entrada y 6 degustaciones cuestan $8.75.

¿Qué función lineal representa el costo, y, de una cantidad de degustaciones, x?

Ⓐ $y = x + 2.75$

Ⓒ $y = 3x + 2.75$

Ⓑ $y = x + 3$

Ⓓ $y = 3x + 3$

17. Algunos estudiantes de octavo grado están haciendo pastelitos para recaudar fondos. Ya han hecho 200 pastelitos y calculan que pueden hacer 40 pastelitos en una hora.

PARTE A

Escribe una función lineal en la forma $y = mx + b$ para representar la cantidad total de pastelitos que harán los estudiantes, y, y la cantidad de horas adicionales para hacer los pastelitos, x.

PARTE B

¿Cuántas horas adicionales tardarían los estudiantes en hacer 640 pastelitos?

¡Resuélvelo y coméntalo! ACTIVITY

Martín irá en bicicleta desde su casa hasta la casa de su tía. Tiene dos rutas diferentes para elegir. Una ruta va en subida y bajada por una colina. La otra ruta bordea la colina. ¿En qué crees que se diferencian las dos rutas? ¿Qué opinas sobre la relación entre la velocidad y el tiempo?

Puedo...
describir el comportamiento de una función y escribir una descripción de su gráfica.

Enfoque en las prácticas matemáticas

Razonar ¿Cómo influyen las características de cada ruta en el tiempo y la velocidad del recorrido de Martín?

VISUAL LEARNING ASSESS

EJEMPLO **1** Interpretar una gráfica cualitativa

Escanear para contenido digital

Un tren expreso alcanza su velocidad de recorrido de 150 millas por hora poco tiempo después de salir de la estación, y viaja a esta velocidad por un período extendido de tiempo. ¿A qué se parece una gráfica cualitativa de la distancia recorrida por el tren a lo largo del tiempo, una vez que alcanza su velocidad de recorrido?

Entender y perseverar ¿Cuál es la relación entre el tiempo y la distancia?

PASO 1 Dibuja una gráfica cualitativa. Una **gráfica cualitativa** representa la relación entre cantidades sin números. Identifica la variable de entrada, la variable de salida y los intervalos.

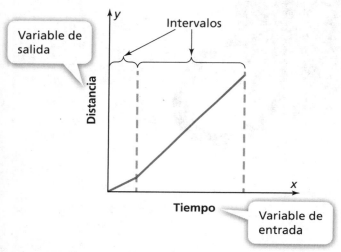

Variable de salida

Intervalos

Distancia

Tiempo

Variable de entrada

Un **intervalo** es un período de tiempo entre dos eventos o puntos en el tiempo. El segundo intervalo empieza cuando el tren alcanza su velocidad de recorrido.

PASO 2 Determina la relación entre las dos variables durante el segundo intervalo.

A medida que aumenta el tiempo, aumenta la distancia que el tren ha recorrido.

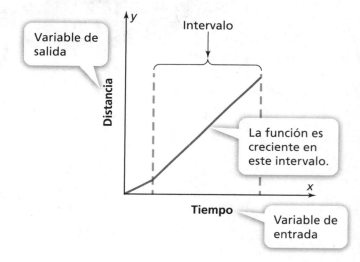

Variable de salida

Intervalo

Distancia

Tiempo

Variable de entrada

La función es creciente en este intervalo.

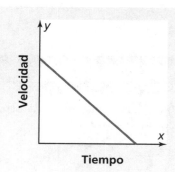

Velocidad

Tiempo

¡Inténtalo!

En la gráfica de la derecha se muestra otro intervalo en el recorrido del tren. ¿Cómo se describe el comportamiento del tren en este intervalo?

A medida que [   ] el tiempo, [   ] la velocidad del tren.

La función es [   ].

¡Convénceme! ¿Cómo cambiaría la gráfica de la función si la velocidad del tren fuera creciente?

EJEMPLO 2 — Interpretar la gráfica de una función no lineal

En la gráfica se muestra el comportamiento de una pelota que un jugador de fútbol patea a un compañero. Describe cómo se relacionan la altura de la pelota y el tiempo en cada intervalo.

Determina si la función es creciente, decreciente o constante en cada intervalo.

La función es **creciente** en el intervalo 1, porque, a medida que aumenta el tiempo, aumenta la altura de la pelota.

La función es **decreciente** en el intervalo 2, porque, a medida que aumenta el tiempo, disminuye la altura de la pelota.

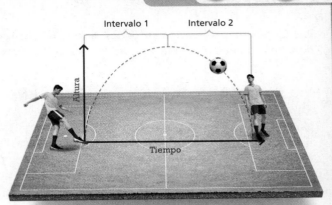

¡Inténtalo!

En la gráfica se muestra el comportamiento del patinaje de Skylla en una pista para patinetas. ¿En qué intervalos es la función creciente, decreciente y constante?

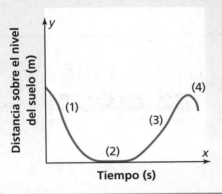

EJEMPLO 3 — Describir la relación de cantidades

¿En qué intervalos es la función creciente, decreciente o constante?

La función es creciente en los intervalos 1 y 3.

La función es constante en los intervalos 2 y 4.

La función es decreciente en el intervalo 5.

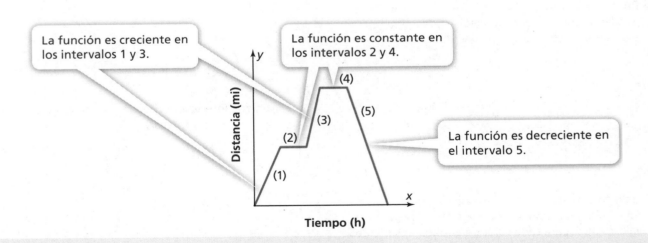

¡Inténtalo!

Escribe un contexto que podría representar la gráfica de arriba.

Puedes describir la relación entre dos cantidades analizando en una gráfica el comportamiento de la función que relaciona las cantidades en diferentes intervalos.

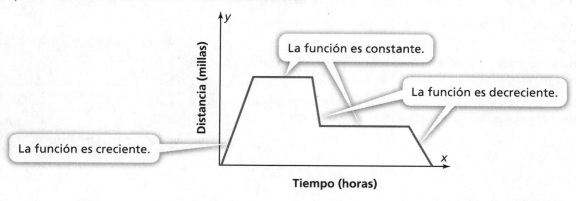

La función es constante.

La función es decreciente.

La función es creciente.

Distancia (millas)

Tiempo (horas)

¿Lo entiendes?

1. **? Pregunta esencial** ¿Cómo se describe la relación entre cantidades con una gráfica cualitativa?

2. **Buscar relaciones** ¿De qué manera conocer la pendiente de una función lineal ayuda a determinar si una función es creciente o decreciente?

3. **Usar la estructura** ¿En qué tipo de gráfica de una función se muestran los mismos valores de salida, o valores de *y*, para cada valor de entrada, o valor de *x*?

¿Cómo hacerlo?

4. ¿Qué representa la gráfica de la función en cada intervalo?

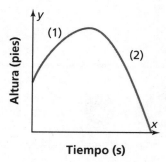

Altura (pies)

(1)

(2)

Tiempo (s)

5. ¿En qué intervalos es la función creciente, decreciente o constante?

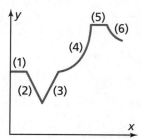

(1) (2) (3) (4) (5) (6)

Práctica y resolución de problemas

Escanear para
contenido digital

6. Usa la gráfica para completar los enunciados.

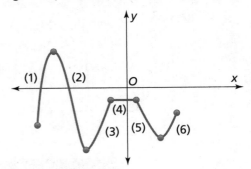

La función es [   ] en los intervalos 1, 3 y 6.

La función es [   ] en los intervalos 2 y 5.

La función es constante en el intervalo [   ].

7. En la siguiente gráfica se muestra la temperatura en la casa de Paula a lo largo del tiempo después de que su madre prendió el aire acondicionado. Describe la relación entre las dos cantidades.

Temperatura en la casa de Paula

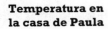

8. Supón que tienes un dispositivo que controla el voltaje de una lámpara a lo largo del tiempo. En la gráfica se muestran los resultados del control. Describe el comportamiento de la función en cada intervalo.

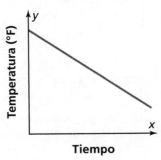

En el intervalo (a), la función es [   ].

En el intervalo (b), la función es [   ].

En el intervalo (c), la función es [   ].

En el intervalo (d), la función es [   ].

9. En la siguiente gráfica se muestra la altura de una montaña rusa a lo largo del tiempo durante una sola vuelta. Encierra en un círculo los intervalos donde la función es creciente. ¿En qué intervalo es mayor el aumento?

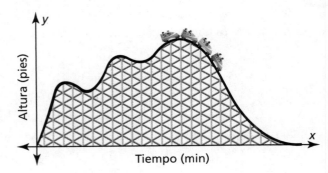

10. Razonar En la siguiente gráfica se muestra la velocidad de un carro a lo largo del tiempo. ¿Qué podrían representar los intervalos constantes en la función?

Velocidad de un carro

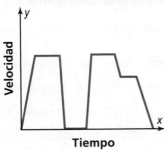

11. Razonamiento de orden superior En un experimento de laboratorio, se está usando un dispositivo para generar señales a lo largo del tiempo. En la gráfica se muestra la frecuencia de la señal generada.

a. ¿En cuántos intervalos es decreciente la función?

b. ¿En qué se parecen los intervalos decrecientes?

c. ¿En qué se diferencian los intervalos decrecientes?

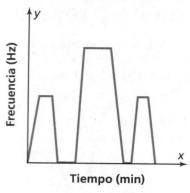

Frecuencia de una señal generada

12. Evaluar el razonamiento En la gráfica se muestra la velocidad de una persona que está montando en una bicicleta fija a lo largo del tiempo.

a. Un estudiante dice que la función es constante en dos intervalos. ¿Estás de acuerdo? Explícalo.

b. ¿Qué error es probable que haya cometido ese estudiante?

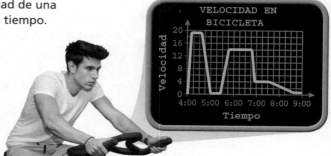

13. Buscar relaciones En la gráfica se muestra la velocidad de una montaña rusa a lo largo del tiempo. Describe la relación de la velocidad en función del tiempo.

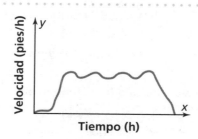

✓ Práctica para la evaluación

14. ¿Cuáles de los enunciados sobre la gráfica son verdaderos? Selecciona todos los que apliquen.

☐ La gráfica disminuye en los intervalos (1) y (4).

☐ La gráfica muestra una función constante en el intervalo (2).

☐ La gráfica aumenta en los intervalos (2) y (4).

☐ La gráfica tiene una tasa de cambio constante.

☐ La gráfica muestra una función constante en el intervalo (3).

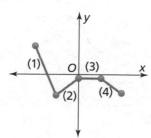

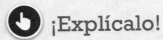
¡Explícalo!

El club de conciencia ambiental está aprendiendo sobre el consumo de petróleo y la conservación de la energía en todo el mundo. Jack dice que el consumo de petróleo en los Estados Unidos ha disminuido mucho. Ashley dice que el consumo de petróleo en China es el mayor problema ambiental en el mundo.

Puedo...
dibujar la gráfica de una función que se describió verbalmente.

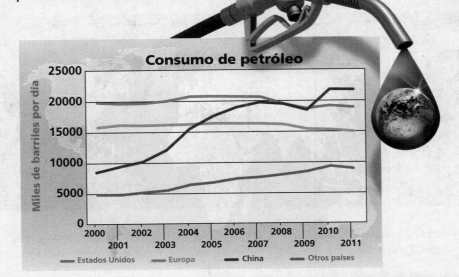

Consumo de petróleo

Miles de barriles por día

Estados Unidos — Europa — China — Otros países

A. ¿Estás de acuerdo con el enunciado de Jack? Construye un argumento según la gráfica para apoyar tu posición.

B. ¿Estás de acuerdo con el enunciado de Ashley? Construye un argumento según la gráfica para apoyar tu posición.

Enfoque en las prácticas matemáticas

Buscar relaciones ¿Qué tendencia ves en el consumo de petróleo en los Estados Unidos y en Europa?

 VISUAL LEARNING ASSESS

EJEMPLO 1 👁 **Dibujar la gráfica de una función lineal**

Escanear para contenido digital

Una mujer buzo empieza a bucear con un tanque de oxígeno lleno. Mientras bucea, respira a un ritmo constante. Revisa el medidor después de 22 minutos. ¿A qué se parece una gráfica de la función?

Buscar relaciones ¿Qué sucede con el nivel de oxígeno del tanque a lo largo del tiempo?

PASO 1 Identifica las dos variables.

Variable de entrada: *t* (tiempo)

Variable de salida: *n* (nivel de oxígeno del tanque)

PASO 2 Analiza la relación entre las dos variables.

El nivel de oxígeno del tanque disminuye a un ritmo constante a lo largo del tiempo.

PASO 3 Dibuja y rotula una gráfica que represente el comportamiento de la función.

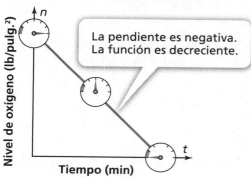

La pendiente es negativa. La función es decreciente.

✓ ¡Inténtalo!

El peso del agua ejerce presión sobre un buzo. A una profundidad de 10 pies, la presión del agua es 19.1 libras por pulgada cuadrada (lb/pulg.²), y a una profundidad de 14 pies, la presión del agua es 20.9 lb/pulg.². Completa los enunciados y luego dibuja la gráfica cualitativa de esta función.

La entrada, o variable *x*, es [   ].

La salida, o variable *y*, es [   ].

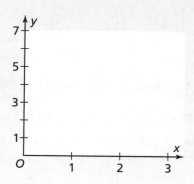

¡Convénceme!
Generalizar ¿En qué se parecen los dibujos de las dos funciones? ¿En qué se diferencian?

EJEMPLO 2 Analizar el dibujo de una función no lineal

Danika dibujó la relación entre la altitud y el tiempo de uno de sus vuelos de *parasailing*. Describe el comportamiento de la función en cada intervalo según su dibujo.

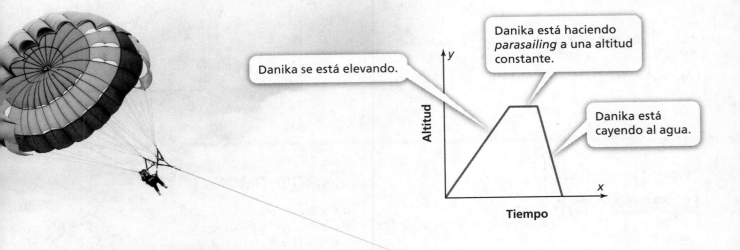

Danika se está elevando.

Danika está haciendo *parasailing* a una altitud constante.

Danika está cayendo al agua.

EJEMPLO 3 Dibujar la gráfica de una función no lineal

José está practicando lanzamiento de jabalina. ¿Cuál es la relación entre la altura de la jabalina y el tiempo? ¿Cómo se vería la gráfica de esta función?

PASO 1 Identifica las dos variables de la relación.

Variable de entrada: tiempo (*t*)

Variable de salida: altura (*h*) de la jabalina

PASO 2 Analiza la relación entre las dos variables.

Cuando José lanza la jabalina, esta aumenta la altura, alcanza una altura máxima y luego disminuye la altura hasta que toca el suelo.

PASO 3 Dibuja la gráfica.

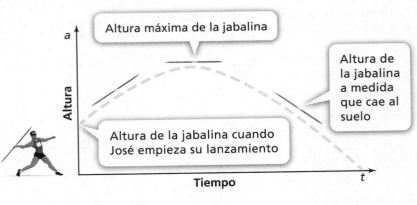

Altura máxima de la jabalina

Altura de la jabalina a medida que cae al suelo

Altura de la jabalina cuando José empieza su lanzamiento

 ¡Inténtalo!

Haru montó en bicicleta desde su casa durante 30 minutos a un ritmo rápido. Paró 20 minutos para descansar y luego siguió en la misma dirección a un ritmo más lento durante otros 30 minutos. Dibuja una gráfica de la relación de la distancia de Haru desde su casa a lo largo del tiempo.

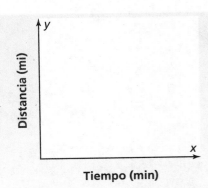

Puedes dibujar una gráfica de una función para describir el comportamiento de esa función. Al dibujar una función, sigue estos pasos:

1. Identifica las dos variables (entrada, salida) que están relacionadas.

2. Analiza la situación. Busca palabras clave que indiquen que la función es creciente, decreciente o constante.

3. Dibuja la gráfica.

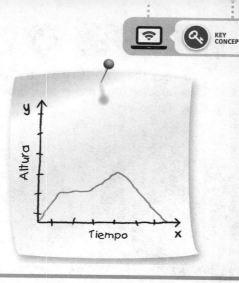

¿Lo entiendes?

1. **? Pregunta esencial** ¿Cómo ayuda el dibujo de una gráfica de una función a describir el comportamiento de esa función?

2. **Entender y perseverar** ¿Cómo sabes qué variable corresponde a qué eje cuando graficas?

3. **Razonar** ¿Cómo determinas la forma de una gráfica?

¿Cómo hacerlo?

4. Los estudiantes de una clase plantan un árbol. Dibuja la gráfica de la altura del árbol a lo largo del tiempo.

a. Identifica las dos variables.

b. ¿Cómo describes la relación entre las dos variables?

c. Dibuja la gráfica.

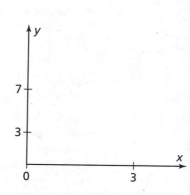

5. Un avión tarda 15 minutos en alcanzar su altitud de crucero. El avión vuela a esa altitud durante 90 minutos y luego desciende durante 20 minutos hasta aterrizar. Dibuja la gráfica de la altitud del avión a lo largo del tiempo.

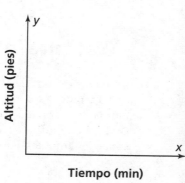

Práctica y resolución de problemas

6. ¿Qué relación muestra la siguiente gráfica entre el dinero (en dólares) y el tiempo (en meses)? Escribe una descripción de la gráfica dada.

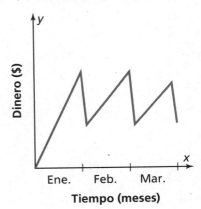

7. Cuando empezó a venderse una nueva computadora portátil en una tienda, la cantidad vendida la primera semana fue alta. Las ventas disminuyeron a lo largo de las dos semanas siguientes y luego se mantuvieron constantes a lo largo de las dos semanas siguientes a esas. Una semana después, la cantidad total de ventas aumentó un poco. Dibuja la gráfica que representa esta función a lo largo de las seis semanas.

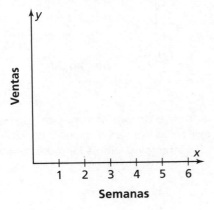

8. La madre de Aaron va hasta la gasolinera en carro y llena su tanque. Luego sigue en carro hasta el mercado. Dibuja la gráfica que representa la relación entre la cantidad de combustible en el tanque de su carro y el tiempo.

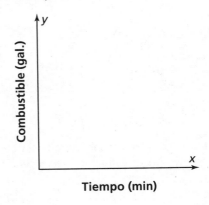

9. Melody sale de su casa en bicicleta y monta durante 10 minutos hasta la casa de una amiga. Se queda en la casa de su amiga durante 60 minutos. Dibuja una gráfica que represente esta descripción.

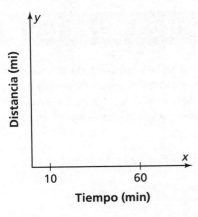

10. ¿Cuál de las siguientes descripciones representa mejor la gráfica de la derecha?

Ⓐ Hay personas esperando un tren. Llega un tren y suben algunas de las personas. El resto de las personas esperan el tren que sigue. A medida que pasa el tiempo, las personas dejan gradualmente la estación.

Ⓑ Llega un tren y algunas personas bajan y esperan en la estación.

Ⓒ Hay personas esperando un tren. Todas se suben en el primer tren que llega.

Ⓓ Hay personas esperando un tren. Llega un tren y suben algunas de las personas. El resto de las personas esperan el tren que sigue. Llega otro tren y suben todas las personas que quedaban.

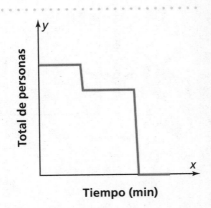

11. Una panadera ya ha hecho 10 pasteles. Puede hacer la misma cantidad de pasteles por hora, para lo que cocina durante 5 horas. Dibuja la gráfica de la relación entre la cantidad de pasteles que hace y el tiempo.

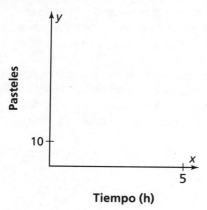

Pasteles

10

Tiempo (h)

12. **Representar con modelos matemáticos**

Un lanzador neumático lanza una camiseta al aire en dirección a unos aficionados de básquetbol. La camiseta alcanza una altura máxima y luego desciende durante un par de segundos hasta que la atrapa un aficionado. Dibuja la gráfica que representa esta situación.

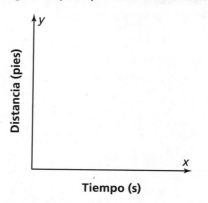

Distancia (pies)

Tiempo (s)

13. **Razonamiento de orden superior** Escribe una descripción verbal de cómo se relacionan las dos variables de la derecha. La descripción debe sugerir al menos dos intervalos. Dibuja la gráfica que representa la descripción verbal.

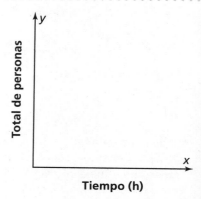

Total de personas

Tiempo (h)

✓ Práctica para la evaluación

14. Un equipo de béisbol anotó la misma cantidad de carreras en cada una de las primeras 4 entradas. Después de eso, el equipo no anotó ninguna carrera durante el resto del partido, que dura 9 entradas. Sea x la letra que representa las entradas del partido y y la letra que representa la cantidad total de carreras.

PARTE A

Dibuja la gráfica de esta situación.

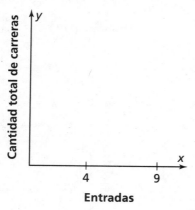

Cantidad total de carreras

4   9

Entradas

PARTE B

¿Cómo cambiaría la gráfica si cambiara la cantidad de entradas en las que el equipo anota carreras?

? Pregunta esencial del tema

¿Cómo usas las funciones para representar una relación lineal?

Repaso del vocabulario

Une cada término de vocabulario con su definición.

Definición
1. Una función cuya gráfica no muestra una línea recta
2. La pendiente de una línea
3. Una relación donde cada entrada, o valor de x, tiene exactamente una salida, o valor de y
4. El valor de la salida cuando la entrada es 0, o el intercepto en y de la gráfica de una línea
5. Un período de tiempo entre dos puntos en el tiempo, o eventos

Término de vocabulario
valor inicial
función no lineal
tasa de cambio constante
intervalo
función

Usar el vocabulario al escribir

Explica cómo escribir una función lineal en la forma $y = mx + b$ usando los dos puntos dados a continuación. Usa palabras de vocabulario en tu explicación.
$(0, -2)$, $(2, 6)$

Repaso de conceptos y destrezas

Entender relaciones y funciones

Repaso rápido

Una **relación** es un conjunto de pares ordenados. Una relación es una **función** si cada entrada, o valor de *x*, tiene exactamente una única salida, o valor de *y*.

Ejemplo

La siguiente relación es una función. Cada entrada, o valor de *x*, tiene una sola salida, o valor de *y*. (3, 2), (2, 4), (5, 6), (1, 3), (7, 4)

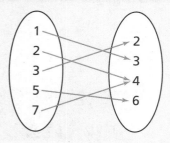

Práctica

1. ¿Es una función la relación de la tabla? Explícalo.

Entrada	2	4	6	8	10
Salida	1	2	3	4	3

2. ¿Representa una función la relación {(−5, −3), (7, 2), (3, 8), (3, −8), (5, 10)}? Usa el diagrama de flechas. Luego, explica tu respuesta.

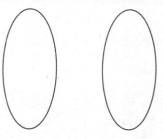

Relacionar representaciones de funciones

Repaso rápido

Puedes representar una función con una tabla, con una gráfica o como una ecuación. La gráfica de una función lineal muestra una línea recta.

Ejemplo

Ecuación

$y = 10x + 8$

Tabla

x	1	2	3	4
y	18	28	38	48

Gráfica

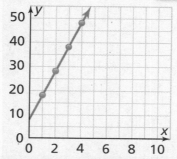

Práctica

Mark tiene una tarjeta de regalo de $100 para comprar aplicaciones para su teléfono inteligente Cada semana, él compra una nueva aplicación por $4.99.

1. Escribe una ecuación que relacione la cantidad de dinero que queda en la tarjeta, *y*, a lo largo del tiempo, *x*.

2. Haz una gráfica de la función.

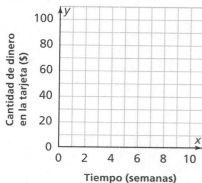

Repaso rápido

Puedes comparar funciones con diferentes representaciones usando las propiedades de las funciones: la **tasa de cambio constante** y el **valor inicial**.

Ejemplo

Compara las propiedades de estas funciones.

Función A

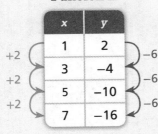

Función B

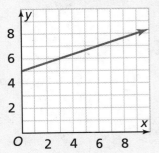

Tasa de cambio constante:

Función A: $\frac{-6}{2}$ o -3 Función B: $\frac{1}{3}$

Valor inicial:

Función A: $+5$ Función B: $+5$

Práctica

Se muestran dos funciones lineales.

Función A

$y = -3x + 2$

Función B

x	1	2	3	4
y	-1	1	3	5

1. ¿Qué función tiene el mayor valor inicial? Explícalo.

2. ¿Qué función tiene la mayor tasa de cambio?

Repaso rápido

Una función en la forma $y = mx + b$ representa una relación lineal entre dos cantidades, x y y, donde m representa la tasa de cambio constante y b representa el valor inicial.

Ejemplo

$+2\,\big($ El reparto de 3 pizzas cuesta \$25.75.
El reparto de 5 pizzas cuesta \$40.25. $\big)+14.5$

PASO 1: Halla la tasa de cambio constante.

$$\frac{40.25 - 25.75}{5 - 3} = \frac{14.5}{2} = \frac{7.25}{1}$$

PASO 2: Halla el valor inicial.

$$40.25 = 7.25(5) + b \qquad 4 = b$$

La función lineal que representa la relación es $y = 7.25x + 4$.

Práctica

1. ¿Cuál es la ecuación de una recta que pasa por $(0.5, 4.25)$ y $(2, 18.5)$ y tiene un intercepto en y de -0.5?

2. La gráfica muestra la relación de la cantidad de galones que se extraen de un acuario a lo largo del tiempo. ¿Qué función representa la relación?

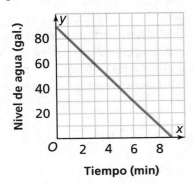

Repaso rápido

Puedes describir la relación entre dos cantidades observando el comportamiento de la recta en diferentes intervalos de una gráfica cualitativa. La función es creciente si los valores de *x* y *y* aumentan. La función es decreciente si los valores de *y* disminuyen a medida que los valores de *x* aumentan.

Ejemplo

En el intervalo 1, la función es decreciente.
En el intervalo 2, la función es creciente.

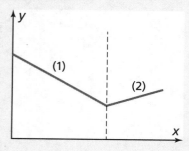

Práctica

En la siguiente tabla se muestra la altitud de un avión a lo largo del tiempo.

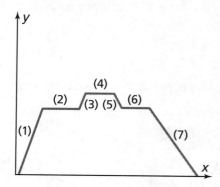

1. ¿En qué intervalos es constante la gráfica de la función? Explícalo.

2. ¿En qué intervalos es decreciente la gráfica de la función? Explícalo.

Repaso rápido

Puedes dibujar una gráfica de una función para describir el comportamiento de esa función.
Al dibujar una función, identifica las dos variables (entrada, salida) que están relacionadas, analiza la situación y luego, dibuja la gráfica.

Ejemplo

Raina está corriendo varias vueltas en la pista de la escuela mientras su hermano menor la mira desde las gradas. Dibuja una gráfica que muestre la distancia de Raina en relación con su hermano a medida que ella recorre cada vuelta.

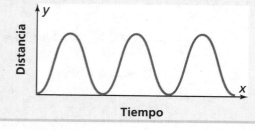

Práctica

1. La madre de Jack le trae un tazón con zanahorias. Al principio, él no come; luego come una a la vez hasta que queda la mitad de las zanahorias. Después de eso, él deja de comer. Dibuja una gráfica que muestre la cantidad de zanahorias en el tazón a lo largo del tiempo.

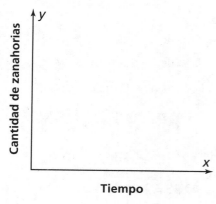

Mensaje encubierto

En cada fila, resuelve las ecuaciones. Luego, determina qué ecuación tiene la mayor solución y escribe las letras de esas ecuaciones en los círculos a continuación de manera que en el primer círculo esté la letra que corresponda de la primera fila, en el segundo círculo la letra que corresponda de la segunda fila, y así sucesivamente.

Puedo...
resolver ecuaciones lineales con una variable.

$3x + 8 = 12$ $5x - 4 = 5$

$15 + 2n = 57$ $3d - 7 = 53$

$8x - 12 = 14$ $12 + 6p = 36$

$54 = 14 + 8c$ $8m - 14 = 50$

$12x + 16 = 100$ $6z - 24 = 12$

$59 + 81w = 68$ $40r + 67 = 71$

$31g - 15 = 47$ $99 = 22 + 35y$

$14r - 7 = 14$ $13 = 12t - 8$

¿Qué le dijo el cero al ocho?

¡ ◯ ◯ ◯ ◯ ◯ ◯ ◯ ◯ !

INVESTIGAR DATOS BIVARIANTES

? Pregunta esencial del tema

¿Cómo representas la relación entre pares de números y usas la representación para hacer predicciones?

Vistazo al tema

4-1 Trazar e interpretar diagramas de dispersión

4-2 Analizar asociaciones lineales

4-3 Usar modelos lineales para hacer predicciones

4-4 Interpretar tablas de frecuencias con dos variables

4-5 Interpretar tablas de frecuencias relativas con dos variables

Representación matemática en 3 actos: Llega alto

Vocabulario del tema

- asociación negativa
- asociación positiva
- datos de medición
- datos por categorías
- diagrama de dispersión
- espacio vacío
- grupo
- línea de tendencia
- tabla de frecuencias relativas
- valor extremo

Recursos digitales de la lección

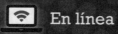
En línea

INTERACTIVE STUDENT EDITION
Accede con o sin conexión.

VISUAL LEARNING ANIMATION
Interactúa con el aprendizaje visual animado.

ACTIVITY Úsala con las actividades *¡Resuélvelo y coméntalo!*, *¡Explóralo!* y *¡Explícalo!*, y para explorar los Ejemplos.

VIDEOS Mira videos como apoyo para las lecciones de *Representación matemática en 3 actos* y los *Proyectos* STEM.

Llega alto

▶ **Llega alto**

¡Trata de tocar el cielo! ¿Quién llega más alto en tu clase? Esa altura depende de la estatura de la persona y la longitud de sus brazos.

Extiende tus brazos hacia los lados. A veces, a esa distancia horizontal se le llama *envergadura*. El albatros viajero puede tener una envergadura de hasta 12 pies. ¿En qué se diferencia de tu envergadura? Piensa en esto durante la lección de Representación matemática en 3 actos.

 PRACTICE Practica lo que has aprendido.

 **TUTORIALS** Usa los videos de *Virtual Nerd* cuando los necesites.

MATH TOOLS Explora las matemáticas con herramientas digitales.

 GAMES Usa los Juegos de Matemáticas como apoyo para aprender.

 KEY CONCEPT Repasa el contenido importante de la lección.

 GLOSARIO Lee y escucha las definiciones en inglés y español.

 ASSESSMENT Muestra lo que has aprendido.

Proyecto de enVision® STEM

¿Sabías que…?

Un biólogo pesquero reúne datos sobre los peces, como el tamaño y la salud de la población de peces en una determinada masa de agua.

La perca de boca grande y la perca de boca pequeña son los peces para pesca deportiva más populares de América del Norte.

Los biólogos suelen etiquetar peces para estimar una población, así como para estimar la tasa de pesca.

El promedio de vida de una perca es aproximadamente 16 años, pero algunas han vivido más de 20 años.

Según las investigaciones, las percas pueden ver el color rojo mejor que cualquier otro color del espectro.

Tu tarea: ¿Cuántos peces?

Supón que un biólogo pesquero saca 500 percas de un lago, las etiqueta y luego las devuelve al agua. Varios días después, el biólogo recoge una muestra de 200 percas, de las cuales 30 están etiquetadas. ¿Cuántas percas hay en el lago? Tus compañeros y tú explorarán cómo el biólogo usa el muestreo para describir patrones y para hacer generalizaciones sobre la población entera.

¡Repasa lo que sabes!

Vocabulario

Escoge el mejor término del recuadro para completar cada definición.

> eje de las *x*
>
> eje de las *y*
>
> pendiente
>
> razón

1. Un/Una _____ es el cambio del eje de las *y* dividido por el cambio del

   eje de las *x*.

2. Una relación donde para cada *x* unidades de una cantidad hay *y* unidades de

   otra cantidad es un/una _____ .

3. El/La _____ es la línea horizontal en un plano de coordenadas.

4. El/La _____ es la línea vertical en un plano de coordenadas.

Graficar puntos

Grafica y rotula cada punto del plano de coordenadas.

5. (−2, 4)

6. (0, 3)

7. (3, −1)

8. (−4, −3)

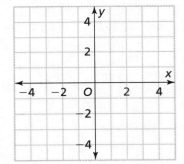

Hallar la pendiente

Halla la pendiente entre cada par de puntos.

9. (4, 6) y (−2, 8)

10. (−1, 3) y (5, 9)

11. (5, −1) y (−3, −7)

Escribir fracciones como porcentajes

12. Explica cómo escribir $\frac{36}{60}$ como porcentaje.

Desarrollo del lenguaje

Completa el organizador gráfico. Escribe las definiciones de los términos con tus propias palabras.
Muestra un ejemplo con palabras o con un dibujo.

Palabras	Definición	Ejemplo
datos de medición		
datos por categorías		
diagrama de dispersión		
espacio vacío		
grupo		
línea de tendencia		
tabla de frecuencias relativas		
valor extremo		

PROYECTO 4A

¿En qué juegos de feria tienes una alta probabilidad de ganar? ¿Por qué?

PROYECTO: DISEÑA UN JUEGO DE FERIA

PROYECTO 4B

Si pudieras tener un superpoder, ¿cuál sería?

PROYECTO: RESUME DATOS DE SUPERHÉROES

PROYECTO 4C

¿Qué hace que la letra de una canción sea pegadiza?

PROYECTO: ESCRIBE UNA CANCIÓN

PROYECTO 4D

¿Cómo se usan las matemáticas en tu trabajo soñado?

PROYECTO: INVESTIGA UNA PROFESIÓN

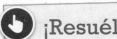 **¡Resuélvelo y coméntalo!**  **ACTIVITY**

Luciana lanzará una campaña de dos semanas en los medios sociales para atraer a nuevos suscriptores a *BlastOn*, un sitio web de música para adolescentes. Ella tiene los siguientes datos de su última campaña como ayuda para planear su estrategia.

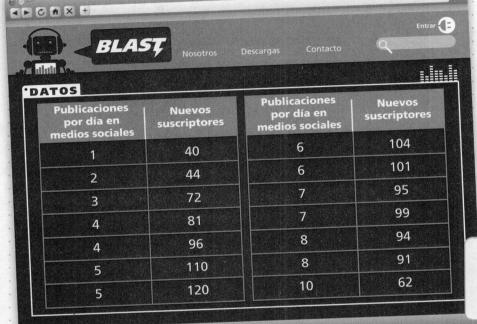

BLAST

Nosotros   Descargas   Contacto   Entrar

·DATOS

Publicaciones por día en medios sociales	Nuevos suscriptores	Publicaciones por día en medios sociales	Nuevos suscriptores
1	40	6	104
2	44	6	101
3	72	7	95
4	81	7	99
4	96	8	94
5	110	8	91
5	120	10	62

Puedo...
trazar un diagrama de dispersión y usarlo para entender la relación entre pares de datos.

Buscar relaciones
¿Cómo se relacionan la cantidad de publicaciones en los medios y la cantidad de suscriptores?

Según estos datos, ¿cuál debe ser la estrategia de Luciana para la nueva campaña?

Enfoque en las prácticas matemáticas

Usar la estructura ¿Qué patrones ves en los datos de la última campaña de Luciana en los medios sociales?

EJEMPLO **1** 👁 **Trazar un diagrama de dispersión**

Escanear para
contenido digital 🅱

Luciana está analizando los datos reunidos para determinar cuánto tiempo pasa después de una entrada nueva de *blog* hasta que recibe la cantidad máxima de vistas nuevas. A la derecha se muestra una tabla con los datos.

¿Cómo determina Luciana si hay una relación entre el tiempo que pasa después de una publicación y la cantidad de vistas nuevas?

Buscar relaciones
¿Ves un patrón entre el tiempo que pasa después de una publicación y la cantidad de vistas nuevas?

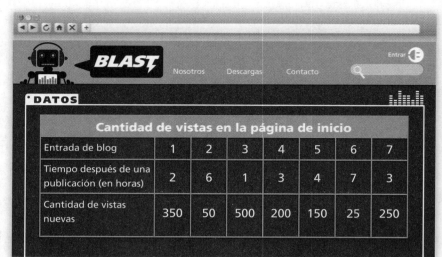

Cantidad de vistas en la página de inicio							
Entrada de blog	1	2	3	4	5	6	7
Tiempo después de una publicación (en horas)	2	6	1	3	4	7	3
Cantidad de vistas nuevas	350	50	500	200	150	25	250

PASO 1 Dibuja un diagrama de dispersión. Un **diagrama de dispersión** es una gráfica en el plano de coordenadas que muestra la relación entre dos conjuntos de datos.

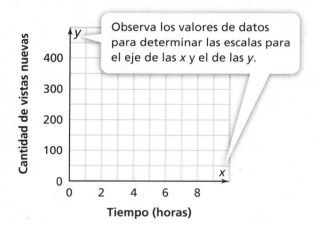

Observa los valores de datos para determinar las escalas para el eje de las *x* y el de las *y*.

PASO 2 Marca los pares ordenados (*tiempo después de una publicación, cantidad de vistas nuevas*) en la gráfica.

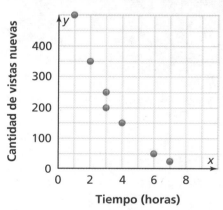

Luciana puede usar un diagrama de dispersión para determinar si hay una relación entre los dos conjuntos de datos.

☑ **¡Inténtalo!**

Luciana está reuniendo datos sobre la cantidad de entradas y las edades de los suscriptores que participaron en el concurso por entradas para un concierto.

Entradas del concurso

Edad (años)	10	11	12	13	14	15
Cantidad de entradas	8	8	9	9	10	10

El punto que representa los datos de la cuarta columna tiene

las coordenadas (☐ , ☐).

¡Convénceme! Explica cómo elegiría Luciana las escalas para el eje de las *x* y el eje de las *y*.

EJEMPLO 2 Interpretar un diagrama de dispersión

Rochelle preguntó a 10 amigos cuántas horas duermen la noche anterior a un examen de matemáticas y luego relacionó esos datos con sus puntuaciones en el examen. Rochelle marcó los datos en la siguiente gráfica. ¿Obtuvieron puntuaciones más altas los estudiantes que durmieron más?

Observa cómo están agrupados los puntos. Si los valores de *y* tienden a aumentar cuando los valores de *x* aumentan, hay una **asociación positiva** entre los conjuntos de datos. Si los valores de *y* tienden a disminuir cuando los valores de *x* aumentan, hay una **asociación negativa**.

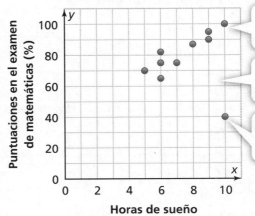

Rendimiento en el examen

Un **grupo** es un conjunto de puntos que están cerca unos de otros.

Un **espacio vacío** es un área de la gráfica que no contiene datos.

Este punto está alejado de los otros puntos. Es un **valor extremo**.

El diagrama de dispersión muestra una asociación positiva entre las horas de sueño y las puntuaciones en el examen de matemáticas.

EJEMPLO 3 Trazar e interpretar un diagrama de dispersión

Avery es la encargada de estadísticas de básquetbol en su escuela intermedia. Ella lleva la cuenta de la cantidad de minutos que juega un jugador y la cantidad de faltas que hace el jugador. Esos datos se muestran en el siguiente diagrama de dispersión. ¿Hay una asociación entre la cantidad de minutos jugados y la cantidad de faltas hechas?

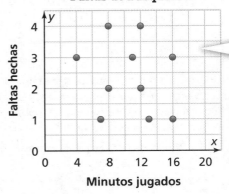

Faltas de básquetbol

Los valores de *y* no disminuyen ni aumentan cuando los valores de *x* aumentan.

El diagrama de dispersión no muestra ninguna asociación entre la cantidad de minutos jugados y la cantidad de faltas hechas.

☑ ¡Inténtalo!

Avery también lleva la cuenta de la cantidad de minutos que un jugador juega y la cantidad de puntos anotados por el jugador. Describe la asociación entre los dos conjuntos de datos. Indica lo que sugiere la asociación.

Puntaje de básquetbol

Un diagrama de dispersión muestra la relación, o asociación, entre dos conjuntos de datos.

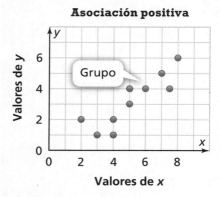

Asociación positiva

Los valores de *y* aumentan cuando los valores de *x* aumentan.

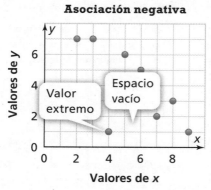

Asociación negativa

Los valores de *y* disminuyen cuando los valores de *x* aumentan.

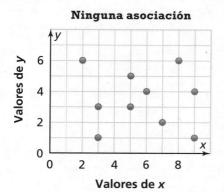

Ninguna asociación

No hay un patrón consistente entre los valores de *y* y los valores de *x*.

¿Lo entiendes?

1. **? Pregunta esencial** ¿Cómo muestra un diagrama de dispersión la relación entre pares de datos?

2. **Representar con modelos matemáticos** Marcy siempre duerme menos de 9 horas cada noche y nunca ha anotado más de 27 puntos en un partido de básquetbol. Según un diagrama de dispersión, cuanto más duerme, más puntos anota. ¿Qué escalas podrán ser mejores para los ejes del diagrama de dispersión?

3. **Construir argumentos** Kyle dice que todos los diagramas de dispersión tienen un grupo, un espacio vacío y un valor extremo. ¿Tiene razón? Explícalo.

¿Cómo hacerlo?

4. Phoebe traza un diagrama de dispersión para mostrar los datos. ¿Qué escalas podría usar para el eje de las *x* y el eje de las *y*?

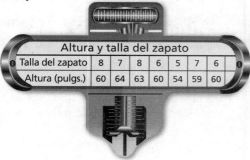

Altura y talla del zapato							
Talla del zapato	8	7	8	6	5	7	6
Altura (pulgs.)	60	64	63	60	54	59	60

5. Germaine traza un diagrama de dispersión para mostrar cuántas personas visitan diferentes parques temáticos en un mes. ¿Por qué podrá haber grupos y valores extremos en el diagrama?

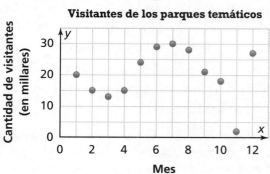

Visitantes de los parques temáticos

Práctica y resolución de problemas

6. Práctica al nivel En la tabla se muestran en minutos los tiempos obtenidos en los primeros dos largos de una carrera. Completa el diagrama de dispersión.

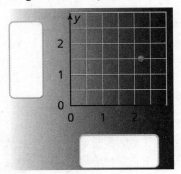

Tiempos en la carrera (min)

LARGO 1	2.4	1.4	1.6	2.4	2.5	1.8	2.2
LARGO 2	2.3	1.6	1.3	2.7	2.6	1.6	1.5

7. El diagrama de dispersión de la derecha representa los precios y la cantidad de libros vendidos en una librería.

a. Identifica el grupo en el diagrama de dispersión y explica qué representa.

b. Generalizar ¿Cómo muestra el diagrama de dispersión la relación entre puntos? Explícalo.

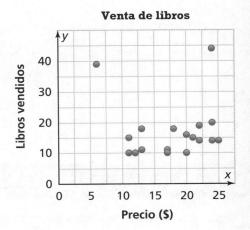

Venta de libros

8. En la siguiente tabla se muestra en millares las visitas mensuales a los museos de un país a lo largo de 12 meses.

Visitas a museos

Mes	5	5	6	6	6	7	10	10	11	11	12	12	12
Cantidad de personas (en millares)	6	9	6	12	36	3	21	27	18	24	24	18	3

a. Completa el diagrama de dispersión para representar los datos.

b. Identifica cualquier valor extremo del diagrama de dispersión.

c. ¿Qué situación pudo haber causado un valor extremo?

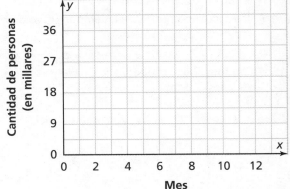

Visitas a museos

9. **Razonamiento de orden superior** En la siguiente tabla se muestra la cantidad de pintores y escultores inscritos en siete escuelas de arte. Jashar traza un diagrama de dispersión incorrecto para representar los datos.

Inscripciones

Cantidad de pintores	30	43	47	30	11	48	20
Cantidad de escultores	25	33	50	27	6	58	45

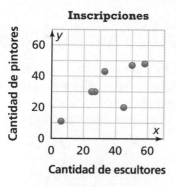

Inscripciones

a. ¿Qué error cometió Jashar?

b. Explica la relación entre la cantidad de pintores y la de escultores inscritos en las escuelas de arte.

c. **Razonar** En el diagrama de dispersión de Jashar se muestran dos valores extremos posibles. Identifícalos y explica por qué son valores extremos.

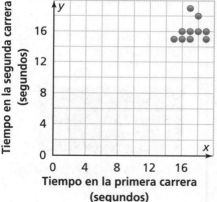

Práctica para la evaluación

Usa el diagrama de dispersión para 10 y 11.

10. Diez atletas del Club de Corredores de la Florida corrieron dos carreras de la misma longitud. En el diagrama de dispersión se muestran los tiempos que hicieron. Selecciona todos los enunciados que sean verdaderos.

☐ Nueve de los tiempos en la primera carrera fueron de al menos 16 segundos.

☐ Ocho de los tiempos en la segunda carrera fueron menores que 17 segundos.

☐ Hubo siete atletas que fueron más rápidos en la segunda carrera que en la primera.

☐ Hubo tres atletas que obtuvieron el mismo tiempo en las dos carreras.

☐ Hubo tres atletas cuyos tiempos en las dos carreras tuvieron una diferencia de 1 segundo.

Tiempos en las carreras

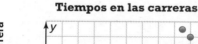

11. ¿Cuál fue la mayor diferencia que haya tenido un corredor entre sus tiempos en las dos carreras?

Ⓐ 3 segundos Ⓑ 4 segundos Ⓒ 5 segundos Ⓓ 7 segundos

¡Resuélvelo y coméntalo!  ACTIVITY

Angus está por rendir un examen muy importante. ¿Debe quedarse despierto para estudiar o ir a dormir temprano la noche antes del examen? Defiende tu sugerencia.

> Examen 1: Fue a dormir a las 9:15; obtuvo 80%
>
> Examen 2: Estudió hasta las 10:30; obtuvo 75%
>
> Examen 3: Estudió hasta las 11:00; obtuvo 92%
>
> Examen 4: Fue a dormir a las 8:30; obtuvo 89%
>
> Examen 5: Estudió hasta las 10:45; obtuvo 86%
>
> Examen 6: Fue a dormir a las 9:00; obtuvo 93%

Puedo...
representar la relación entre pares de datos con una línea.

Generalizar ¿Puedes hacer un enunciado general sobre la opción que genera un resultado mejor?

Enfoque en las prácticas matemáticas

Construir argumentos ¿Qué otros factores debe tener en cuenta Angus al tomar una decisión? Defiende tu respuesta.

? Pregunta esencial ¿Cómo describes la asociación de los conjuntos de datos?

  VISUAL LEARNING   ASSESS

EJEMPLO 1 **Asociaciones lineales**

Escanear para contenido digital

Georgia y cada uno de sus compañeros de clase están midiendo su estatura y su envergadura. Ellos anotan los datos en una tabla.

Entender y perseverar ¿Qué relación podrá haber entre las dos medidas?

Estudiante	1	2	3	4	5	6	7	8	9	10	11
Estatura (pulgs.)	66	67	62	64	59	62	65	64	62	61	58
Envergadura (pulgs.)	64	65	64	62	61	59	67	66	62	62	62

¿Cómo determinan los compañeros de clase qué relación hay entre los dos conjuntos de medidas, si la hay?

PASO 1 Marca los puntos en un diagrama de dispersión.

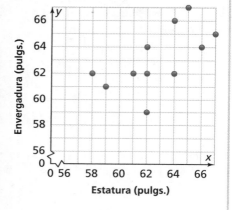

PASO 2 Usa un lápiz para hallar una línea que pasa por el medio de los puntos marcados. Esta línea se llama **línea de tendencia**.

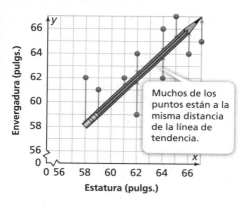

Muchos de los puntos están a la misma distancia de la línea de tendencia.

PASO 3 Observa la pendiente de la línea. La pendiente es positiva.

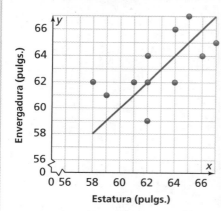

Georgia puede trazar una línea de tendencia en un diagrama de dispersión para determinar que hay una relación positiva entre la estatura y la envergadura.

✓ ¡Inténtalo!

Georgia y sus compañeros de clase también midieron la longitud de sus pies. Usa un lápiz para hallar la línea de tendencia. Traza la línea de tendencia para el diagrama de dispersión de la derecha.

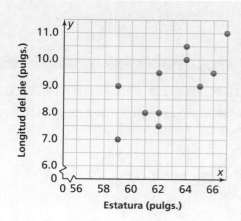

Los Johanssen tienen una heladería cerca de la playa. En los diagramas de dispersión se muestran sus ventas según la temperatura máxima diaria. Los Johanssen comparan sus ventas según la temperatura máxima diaria con la cantidad de personas que van a la playa según la temperatura máxima diaria. Describe las asociaciones que se muestran.

A medida que aumenta la temperatura, aumentan las ventas de helado. La asociación es positiva.

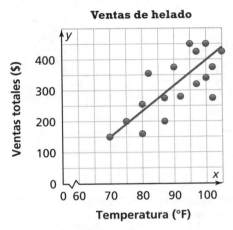

A medida que aumenta la temperatura, también aumenta la cantidad de personas que van a la playa. La asociación es positiva.

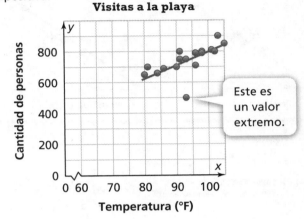

Algunos de los puntos están lejos de la línea de tendencia. Eso muestra una **asociación débil**.

Casi todos los puntos están cerca de la línea de tendencia. Eso muestra una **asociación fuerte**.

EJEMPLO **3** Reconocer asociaciones no lineales

En el diagrama de dispersión, ¿se muestra una asociación lineal o no lineal?

Los puntos del diagrama de dispersión forman una curva; por tanto, en el diagrama de dispersión se muestra una asociación no lineal entre los datos.

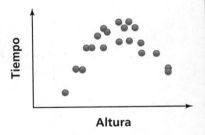

 ¡Inténtalo!

Para cada diagrama de dispersión, identifica la asociación entre los datos. Si no hay ninguna asociación, indícalo.

a.
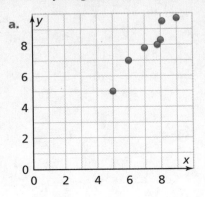

b.
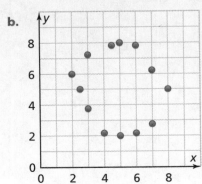

c.
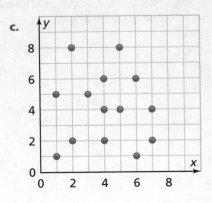

Los diagramas de dispersión pueden mostrar una asociación lineal, una asociación no lineal o ninguna asociación. Para los diagramas de dispersión donde parece haber una asociación lineal, puedes trazar una línea de tendencia para mostrar esa asociación. Puedes evaluar la fuerza de la asociación observando la distancia entre los puntos marcados y la línea de tendencia.

Asociaciones lineales

Asociación no lineal

Positiva fuerte

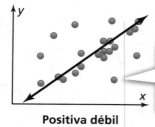

Positiva débil

Estos puntos están más lejos de la línea de tendencia. La asociación es débil.

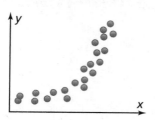

¿Lo entiendes?

1. **? Pregunta esencial** ¿Cómo describes la asociación entre los dos conjuntos de datos?

2. **Buscar relaciones** ¿Cómo se describe la fuerza de la asociación según una línea de tendencia?

3. **Construir argumentos** ¿En qué se diferencia un diagrama de dispersión con asociación no lineal de uno con asociación lineal?

¿Cómo hacerlo?

4. Describe la asociación entre los dos conjuntos de datos del diagrama de dispersión.

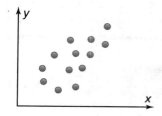

5. Describe la asociación entre los dos conjuntos de datos del diagrama de dispersión.

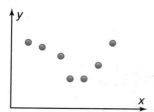

Práctica y resolución de problemas

Escanear para
contenido digital

6. En el diagrama de dispersión se muestran las estaturas medias de niños entre los 2 y los 12 años en un país determinado. ¿Cuál de las siguientes líneas es el mejor modelo de los datos?

Estaturas medias en el País X

7. En el diagrama de dispersión, ¿se muestra una asociación positiva, una asociación negativa o ninguna asociación?

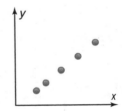

8. Determina si el diagrama de dispersión con los datos de la siguiente situación tendría una asociación lineal positiva o negativa.

tiempo de trabajo y cantidad de dinero ganado

9. Describe la relación entre los datos del diagrama de dispersión.

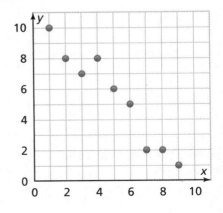

10. Describe la relación entre los datos del diagrama de dispersión.

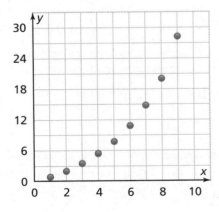

11. Razonamiento de orden superior Describe una situación real que correspondería a la relación descrita.

    a. Una asociación positiva fuerte

    b. Una asociación negativa fuerte

12. Un sociólogo está estudiando la manera en que la cantidad de descanso influye en la cantidad de dinero que gasta una persona. En el diagrama de dispersión de la derecha se muestran los resultados del estudio. ¿Qué tipo de asociación hay entre la cantidad de descanso y el dinero gastado?

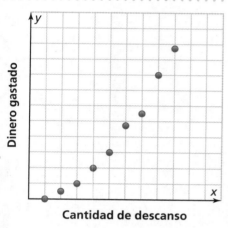

Cantidad de descanso

✓ Práctica para la evaluación

13. ¿Cuáles de los siguientes pares de datos probablemente muestren una asociación positiva? Selecciona todos los que apliquen.

☐ La población y la cantidad de escuelas

☐ La longitud del cabello y la talla del zapato

☐ La cantidad de personas que comparten el carro para ir al trabajo y el dinero gastado en gasolina

☐ Las horas trabajadas y la cantidad de dinero ganado

☐ El tiempo usado en conducir y la cantidad de gasolina en el carro.

14. ¿Cuáles de los siguientes pares de datos probablemente muestren una asociación negativa? Selecciona todos los que apliquen.

☐ La población y la cantidad de escuelas

☐ La longitud del cabello y la talla de zapato

☐ La cantidad de personas que comparten el carro para ir al trabajo y el dinero gastado en gasolina

☐ Las horas trabajadas y la cantidad de dinero ganado

☐ El tiempo usado en conducir y la cantidad de gasolina en el carro

Lección 4-3
Usar modelos
lineales
para hacer
predicciones

 En línea

 ¡Resuélvelo y coméntalo!  ACTIVITY

Bao tiene un nuevo dispositivo de control que usa cuando hace
ejercicio. El dispositivo envía datos a su computadora. ¿Cómo
determina Bao cuánto tiempo debe hacer ejercicio cada día para
quemar 5,000 calorías por semana?

Puedo...
hacer una predicción usando la
ecuación de una línea que se acerca
bastante a un conjunto de datos.

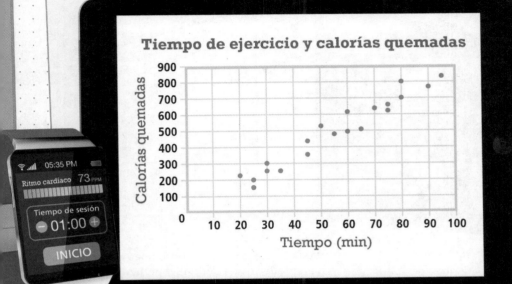

Tiempo de ejercicio y calorías quemadas

Enfoque en las prácticas matemáticas

Razonar Supón que se marca otro conjunto de datos con una línea de tendencia
que pasa por (25, 100) y (80, 550). ¿Indica eso que se quemaron más o menos calorías
por minuto? Explícalo.

VISUAL LEARNING | ASSESS

EJEMPLO **1** Usar la pendiente para hacer una predicción

Escanear para contenido digital

Michaela es una patinadora de velocidad y espera competir en los próximos Juegos Olímpicos. Ella averiguó los tiempos ganadores de los últimos 50 años. Si la tendencia de las mejores velocidades continúa a ese ritmo, ¿cómo puede usar la información Michaela para predecir cuál podrá ser el tiempo a superar en el año 2026?

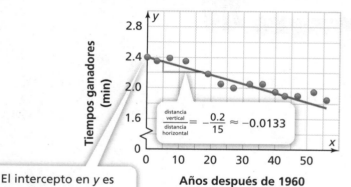

Entender y perseverar
¿Qué relación podría haber entre las dos medidas?

Tiempos ganadores (min)
Años después de 1960

PASO 1 Escribe una ecuación para la línea de tendencia.

Tiempos ganadores (min)
Años después de 1960

$$\frac{\text{distancia vertical}}{\text{distancia horizontal}} = -\frac{0.2}{15} \approx -0.0133$$

El intercepto en y es aproximadamente 2.4.

La ecuación de la línea de tendencia es $y = -0.0133x + 2.4$.

PASO 2 Usa la ecuación de la línea de tendencia para predecir cuál podría ser el tiempo ganador en 2026.

$$y = -0.0133x + 2.4$$
$$= -0.0133(66) + 2.4$$
$$= -0.8778 + 2.4$$
$$= 1.5222$$

Si la tendencia de las mejores velocidades continúa a ese ritmo, Michaela debe fijarse como objetivo llegar a los 1.5222 minutos, o 1 minuto y 30 segundos.

✓ **¡Inténtalo!**

Supón que la tendencia de la gráfica de la derecha continúa. Usa la ecuación de la línea de tendencia para predecir el promedio del consumo de combustible en millas por galón en el año 2025.

La ecuación de la línea de tendencia es $y = \boxed{} x + \boxed{}$. Se predice que en 2025

el promedio del consumo de combustible será aproximadamente $\boxed{}$ mi/g.

¡Convénceme! ¿Por qué usas un modelo lineal para predecir el valor de y para un valor de x dado?

Uso del combustible en los vehículos

Millas por galón
Años después de 1980

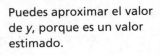

Usar un diagrama de dispersión para hacer una predicción

El diagrama de dispersión de la derecha muestra la relación entre la cantidad de personas en un parque acuático y la temperatura. ¿Aproximadamente cuántas personas esperarán los dueños del parque acuático cuando la temperatura sea 90 °F?

Halla el valor de *y* para un valor de *x* de 90.

Los dueños esperarán que haya 800 personas en el parque acuático cuando la temperatura sea 90 °F.

> Puedes aproximar el valor de *y*, porque es un valor estimado.

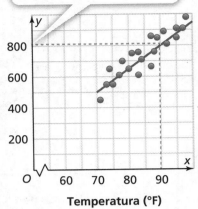

Cantidad de personas

Temperatura (°F)

 EJEMPLO 3   👆   **Interpretar la pendiente y el intercepto en y**

En el diagrama de dispersión de la derecha parece haber una relación lineal entre la temperatura y la cantidad de batidos de fruta, en millares.

A. **¿Qué representa la tasa de cambio, o pendiente, en esta situación?**
La tasa de cambio, o pendiente, describe la cantidad de batidos de fruta comprados por cada grado que aumenta la temperatura.

B. **¿Qué representa el intercepto en y de la línea en esta situación?**
El intercepto en *y* representa la cantidad de batidos de fruta vendidos cuando la temperatura es 0 °F.

C. **¿Qué ecuación relaciona la temperatura, x, y la cantidad de personas que compran un batido de fruta, y?**
Se halla la pendiente. Dos puntos de la línea de tendencia en la gráfica son (40, 32) y (80, 56).

$$y = \frac{3}{5}x + 8$$

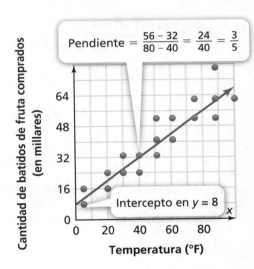

Pendiente $= \frac{56 - 32}{80 - 40} = \frac{24}{40} = \frac{3}{5}$

Intercepto en $y = 8$

Cantidad de batidos de fruta comprados (en millares)

Temperatura (°F)

✓ **¡Inténtalo!**

En una tienda donde se venden batidos de fruta hay ingredientes necesarios para hacer 50,000 batidos en un día cuando la temperatura esperada llega a 90 °F. ¿Tendrán los empleados de la tienda ingredientes suficientes para la cantidad de ventas de ese día? Explícalo.

Se pueden usar los diagramas de dispersión para hacer predicciones sobre tendencias actuales o futuras.

Halla el valor de *y* correspondiente para un valor de *x* dado.

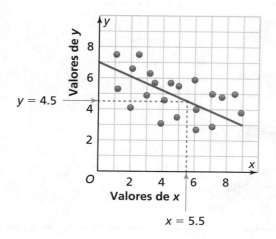

$y = 4.5$

Valores de x

$x = 5.5$

Halla la ecuación de la línea de tendencia y el valor de *y* para un valor de *x* dado.

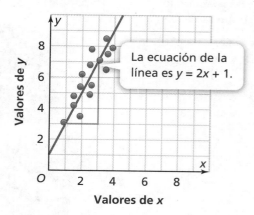

La ecuación de la línea es $y = 2x + 1$.

¿Lo entiendes?

1. **? Pregunta esencial** ¿Cómo te ayudan los modelos lineales a hacer una predicción?

2. Representar con modelos matemáticos ¿Cómo hallas la ecuación de un modelo lineal cuando se da la gráfica pero no la ecuación?

3. Razonar ¿Se puede usar siempre el modelo lineal de un conjunto de datos de un diagrama de dispersión para hacer una predicción sobre cualquier valor de *x*? Explícalo.

¿Cómo hacerlo?

4. En la gráfica se muestran los gastos en alimentos para una familia según la cantidad de niños que hay en la familia.

**Gastos en alimentos
para una familia por semana**

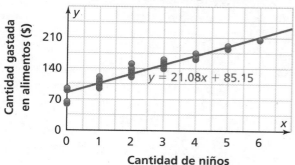

$y = 21.08x + 85.15$

Cantidad de niños

a. Usa la pendiente para predecir la diferencia entre la cantidad gastada en alimentos por una familia con cinco niños y la de una familia con dos niños.

b. ¿Cuántos niños predices que tiene una familia si la cantidad gastada en alimentos por semana es $169.47?

Nombre: _____

Práctica y resolución de problemas

Escanear para
contenido digital

5. Práctica al nivel En el diagrama de dispersión se muestra la cantidad de personas en una feria según la temperatura. ¿Cuántas personas menos que en un día de 75 °F se espera que haya en la feria en un día de 100 °F?

La pendiente es [ ] .

Por cada grado que aumenta la temperatura, la cantidad de personas que van a la feria disminuye en [ ] mil personas.

La diferencia entre 75 °F y 100 °F es [ ] °F.

−0.16 • [ ] = [ ]

Se predice que habrá aproximadamente [ ] mil personas menos en la feria en un día de 100 °F que en un día de 75 °F.

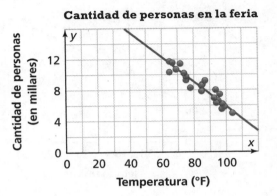

Cantidad de personas en la feria

6. Entender y perseverar Si x representa la cantidad de años desde 2000 y y representa el precio de la gasolina, predice la diferencia entre el precio de la gasolina en 2013 y el de 2001. Redondea a la centésima más cercana.

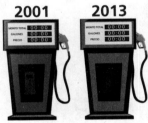

2001   2013

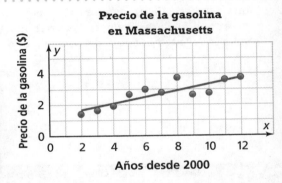

Precio de la gasolina en Massachusetts

7. Entender y perseverar Si x representa la cantidad de meses desde principios de 2016 y y representa la precipitación total hasta la fecha, predice la cantidad de precipitación entre fines de marzo y fines de junio.

Precipitación anual en la ciudad en 2016

8. En el diagrama de dispersión se muestra la altitud sobre el nivel del mar en la que está un excursionista a lo largo del tiempo. La ecuación de la línea de tendencia de la gráfica es $y = 8.77x + 686$. Predice a qué altitud estará el excursionista después de 145 minutos. Redondea al número entero no negativo más cercano.

Altitud del excursionista

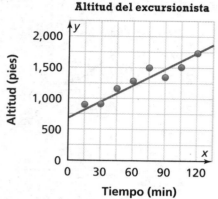

9. Entender y perseverar En la gráfica se muestra la cantidad de galones de agua que hay en un acuario grande mientras se llena. Usa la línea de tendencia para predecir cuánto tardará en llenarse el acuario con 375 galones de agua.

Volumen de agua del acuario

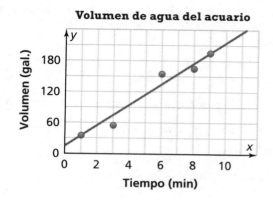

10. Razonamiento de orden superior En la gráfica se muestra la temperatura, y, de un congelador x minutos después de que se prendió. Cinco minutos después de que se prendió el congelador, la temperatura tenía una diferencia de tres grados con respecto a lo que muestra la línea de tendencia. ¿Cuáles pudieron ser los valores de la temperatura del congelador después de estar prendido durante cinco minutos?

Temperatura del congelador

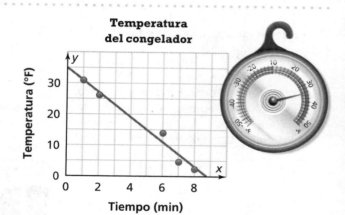

Práctica para la evaluación

11. En la gráfica se muestra la altitud sobre el nivel del mar de un globo meteorológico a lo largo del tiempo. La línea de tendencia pasa por los puntos $(0, 453)$ y $(10, 359)$. ¿Qué enunciados acerca de la gráfica son verdaderos?

☐ Los datos muestran una correlación positiva.

☐ La línea de tendencia es $-9.4x - 453$.

☐ En general, el globo pierde altitud.

☐ El globo meteorológico empezó su vuelo a aproximadamente 455 pies sobre el nivel del mar.

☐ Después de 4 minutos, el globo meteorológico tenía una altitud de aproximadamente 415 pies sobre el nivel del mar.

☐ Después de 395 minutos, el globo meteorológico tenía una altitud de aproximadamente 8 pies sobre el nivel del mar.

Altitud del globo

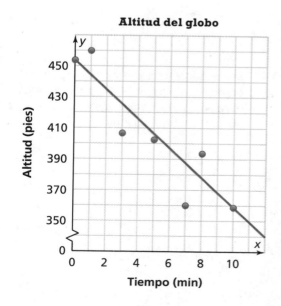

1. **Vocabulario** ¿Cómo usas una línea de tendencia para determinar el tipo de asociación lineal de un diagrama de dispersión? *Lección 4-2*

En el diagrama de dispersión se muestra la cantidad de tiempo que estudió Adam y las puntuaciones en sus exámenes. Usa el diagrama de dispersión de la derecha para 2 a 4.

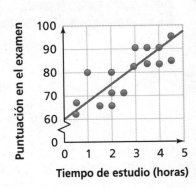

2. ¿Qué relación ves entre la cantidad de horas de estudio y las puntuaciones en los exámenes? ¿Es lineal la relación? *Lección 4-1*

   Ⓐ En general, Adam obtiene una puntuación más alta cuando estudia más horas. No hay una relación lineal.

   Ⓑ En general, Adam obtiene una puntuación más alta cuando estudia más horas. Hay una relación lineal positiva.

   Ⓒ En general, Adam obtiene una puntuación más baja cuando estudia más horas. Hay una relación lineal negativa.

   Ⓓ En general, Adam obtiene una puntuación más baja cuando estudia más horas. No hay una relación lineal.

3. Usa el intercepto en y y el punto (4, 90) de la línea del diagrama de dispersión. ¿Cuál es la ecuación del modelo lineal? *Lección 4-3*

4. Predice la puntuación en el examen de Adam cuando estudia durante 6 horas. *Lección 4-3*

5. Describe la relación entre los datos del diagrama de dispersión. *Lección 4-2*

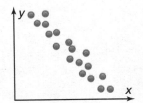

6. En el diagrama de dispersión se muestra la temperatura anual media a diferentes altitudes. Selecciona todas las observaciones sobre el diagrama de dispersión que sean verdaderas. *Lección 4-1*

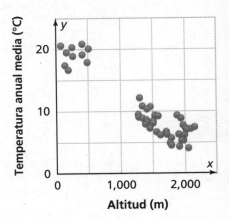

   ☐ La mayoría de las altitudes está en un grupo entre los 1,250 metros y los 2,250 metros.

   ☐ Hay un espacio vacío entre los 500 metros y los 1,250 metros.

   ☐ Hay un valor extremo aproximadamente en (50, 21).

   ☐ En general, la temperatura anual media disminuye cuando aumenta la altitud.

   ☐ Como no hay una brecha entre los valores, no hay asociación entre la temperatura y la altitud.

**¿Cómo te fue en la prueba de control de mitad del tema?
Rellena las estrellas.**

TAREA DE RENDIMIENTO DE MITAD DEL TEMA

El promedio de carreras limpias (PCL) de un lanzador es la cantidad media de carreras que un lanzador concede por cada 9 entradas lanzadas. En la tabla se muestran el PCL y la cantidad de juegos ganados para los lanzadores abridores en una liga de béisbol.

PCL	1	1.5	2	2.5	3	3.5	4	5
Cantidad de juegos ganados	14	12	10	10	9	7	6	4

PARTE A

Traza un diagrama de dispersión para los datos de la tabla.

PARTE B

Identifica la asociación entre los datos. Explica la relación entre el PCL y la cantidad de juegos ganados que se muestran en el diagrama de dispersión.

PARTE C

Traza una línea de tendencia. Escribe una ecuación del modelo lineal. Predice la cantidad de juegos ganados de un lanzador con un PCL de 6.

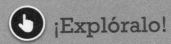

¡Explóralo!

Los dueños de un centro de esquí quieren saber qué es más popular: el esquí o el *snowboarding*. Ellos hacen una encuesta en la que preguntan la edad de los visitantes y qué actividad prefieren. Se muestran los resultados en la siguiente tabla.

Edad	Esquí	Snowboarding	Total
35 o menos	12	31	43
Más de 35	33	24	57
Total	45	55	100

Puedo...
representar e interpretar las relaciones entre pares de datos por categorías.

A. Usa la tabla para describir a los visitantes encuestados.

B. ¿Qué información obtienen los dueños del centro de esquí a partir de los datos de la tabla?

C. Haz un enunciado apoyado por los datos.

Enfoque en las prácticas matemáticas

Representar con modelos matemáticos ¿De qué otra manera podrías representar los datos para mostrar las relaciones entre las edades de las personas y la actividad que prefieren?

? Pregunta esencial ¿Cómo muestra una tabla de frecuencias con dos variables la relación entre conjuntos de pares de datos?

  VISUAL LEARNING ASSESS

EJEMPLO 1 Hacer una tabla de frecuencias con dos variables

Escanear para contenido digital

Jensen preguntó a 100 personas de su escuela si prefieren los libros de texto digitales o impresos. Haz una tabla de frecuencias con dos variables que muestre la relación entre la posición de cada persona y su preferencia.

> **Representar con modelos matemáticos** Una tabla de frecuencias con dos variables es una manera de mostrar e interpretar las relaciones entre pares de datos por categorías.

¿Qué tipo de libro de texto prefieres?

	Digitales	Impresos
Estudiantes	42	28
Maestros	6	24

> Esos datos son **datos por categorías**. Los datos por categorías son datos que se clasifican en categorías. No tienen un orden inherente como los datos numéricos.

UNA MANERA Haz una tabla de frecuencias con dos variables.

> La categoría de las columnas es "Personas de la escuela: estudiantes o maestros".

	Personas de la escuela		
	Maestros	Estudiantes	Total
Digitales	6	42	48
Impresos	24	28	52
Total	30	70	100

(Libros de texto)

> La categoría de las filas es "Libros de texto: digitales o impresos".

OTRA MANERA Haz una tabla de frecuencias con dos variables diferente.

> Las filas y columnas se pueden intercambiar.

	Libros de texto		
	Digitales	Impresos	Total
Estudiantes	42	28	70
Maestros	6	24	30
Total	48	52	100

(Personas de la escuela)

> El orden de las categorías no importa aquí, porque estos datos no son numéricos.

✓ ¡Inténtalo!

Un meteorólogo pregunta a 75 personas de dos ciudades diferentes si tienen botas impermeables. Completa la tabla de frecuencias con dos variables para mostrar los resultados de la encuesta.

¡Convénceme! ¿Qué patrón ves en la tabla de frecuencias con dos variables?

	Botas impermeables		
	Sí	No	Total
A		19	32
B	28		
Total		34	

(Ciudad)

EJEMPLO 2 Interpretar una tabla de frecuencias con dos variables

En la tabla de frecuencias con dos variables de la derecha se muestran los resultados de una encuesta en los medios. Las personas respondieron a la pregunta "¿Pasas más tiempo viendo en la televisión las Olimpíadas de invierno o las de verano?". Decide si el siguiente enunciado es verdadero o falso. Explícalo.

El porcentaje de hombres que miran más las Olimpíadas de invierno es mayor que el porcentaje de mujeres.

$\frac{45}{79} \approx 0.57$

$\frac{27}{71} \approx 0.38$

El enunciado es verdadero, porque 45 de cada 79 hombres miraron las Olimpíadas de invierno, que es una razón mayor que la de 27 de cada 71 mujeres.

| Género | Olimpíadas | | |
	Invierno	Verano	Total
Hombres	45	34	79
Mujeres	27	44	71
Total	72	78	150

Observa las columnas Invierno y Total para comparar los datos.

EJEMPLO 3 Hacer e interpretar una tabla de frecuencias con dos variables

Doscientas personas respondieron a una encuesta. De las personas que tenían ojos verdes, 7 tenían cabello rubio, 9 tenían cabello castaño y 2 eran pelirrojas. De las personas que tenían ojos café, 76 tenían cabello rubio, 89 tenían cabello castaño y 17 eran pelirrojas. Haz una tabla con dos variables para representar esos datos. Luego, identifica la combinación menos común de color de ojos y cabello. Explícalo.

| | | Color de cabello | | | |
		Rubio	Castaño	Pelirrojo	Total
Color de ojos	Verdes	7	9	2	18
	Café	76	89	17	182
	Total	83	98	19	200

Fíjate que la suma de los totales de las filas y las columnas sea 200.

Como el 2 está en la fila Verdes y la columna Pelirrojo, las personas pelirrojas con ojos verdes tienen la combinación menos común.

☑ **¡Inténtalo!**

Se les preguntó a cien estudiantes cómo viajaron a la escuela. De las niñas, 19 viajaron en carro, 7 viajaron en autobús y 27 tomaron el tren. De los niños, 12 tomaron el tren, 25 viajaron en carro y 10 viajaron en autobús. Haz una tabla de frecuencias con dos variables. Luego, indica qué medio de transporte es el más usado. Explícalo.

| | | Transporte | | | |
		Carro	Autobús	Tren	Total
Género	Niños				
	Niñas				
	Total				

Una tabla de frecuencias con dos variables representa la relación entre pares de datos por categorías. Puedes interpretar los datos de la tabla para sacar conclusiones.

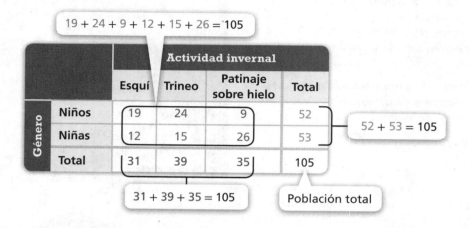

$19 + 24 + 9 + 12 + 15 + 26 = 105$

		Actividad invernal			
		Esquí	Trineo	Patinaje sobre hielo	Total
Género	Niños	19	24	9	52
	Niñas	12	15	26	53
	Total	31	39	35	105

$52 + 53 = 105$

$31 + 39 + 35 = 105$

Población total

¿Lo entiendes?

1. **Pregunta esencial** ¿Cómo muestra una tabla de frecuencias con dos variables la relación entre conjuntos de pes de datos?

2. **Representar con modelos matemáticos** ¿Cómo decides por dónde empezar a completar una tabla de frecuencias con dos variables cuando ya hay algunos datos?

3. **Usar la estructura** ¿Cómo usas la estructura de una tabla de frecuencias con dos variables para completarla?

¿Cómo hacerlo?

4. Una entrenadora de básquetbol observa con atención los tiros de 60 jugadores durante las pruebas de básquetbol. Completa la tabla de frecuencias con dos variables para mostrar sus observaciones.

		Tiros de básquetbol		
		Tiros libres	Tiros de 3 puntos	Total
Grado	Estudiantes novatos	18		28
	Estudiantes del último año		19	
	Total	31		

5. ¿Apoyan el siguiente enunciado los datos de la tabla de frecuencias con dos variables? Explícalo.

Hay más estudiantes de la escuela intermedia con lentes que estudiantes de la escuela secundaria con lentes de contacto.

		Vista		
		Lentes	Lentes de contacto	Total
Grado	Escuela intermedia	13	6	19
	Escuela secundaria	11	20	31
	Total	24	26	50

Práctica y resolución de problemas

Escanear para contenido digital

Práctica al nivel En **6** a **8**, completa las tablas de frecuencias con dos variables.

6. Preguntas a 70 compañeros de tu escuela si tienen hermanos. Completa la tabla de frecuencias con dos variables para mostrar los resultados de la encuesta.

¿Tienes hermanos?	Género		
	Niños	**Niñas**	**Total**
Sí		25	45
No	15		
Total		35	70

7. Una compañía preguntó a 200 personas qué modelo de carro prefieren. Completa la tabla de frecuencias con dos variables para mostrar los resultados de la encuesta.

Modelo de carro	Género		
	Masculino	**Femenino**	**Total**
De 2 puertas	81		
De 4 puertas		36	75
Total	120		200

8. Entender y perseverar
Preguntas a 203 compañeros de tu escuela cómo se sienten en cuanto a que se alargó el año escolar. Completa la tabla de frecuencias con dos variables para mostrar los resultados de la encuesta.

¿Cómo te sientes con un año escolar más largo?

Grado	🙁	🙁	😐	🙂	😀	Total
6		25	14		4	72
7	1	2			8	
8		24	21	3		73
Total	44		47	42		203

9. A los estudiantes de una escuela local les preguntaron "¿Aproximadamente cuántas horas pasas haciendo la tarea cada semana?". En la tabla de frecuencias con dos variables de la derecha se muestran los resultados de la encuesta. Clasifica el siguiente enunciado como verdadero o falso. Explícalo.

Hay más estudiantes que pasan 5 a 6 horas haciendo la tarea que estudiantes que pasan 1 a 2 horas.

Grado	Cantidad de horas de tarea					
	<1	**1 a 2**	**3 a 4**	**5 a 6**	**>6**	**Total**
6	18	53	45	20	6	142
7	21	48	42	27	12	150
8	17	46	65	57	15	200
Total	56	147	152	104	33	492

10. Razonamiento de orden superior Demi y Margaret anotan los datos del tiempo en sus respectivas ciudades los días viernes, sábado y domingo a lo largo de todo el verano.

a. Haz una sola tabla de frecuencias con dos variables para mostrar los resultados.

		Tiempo		
		Lluvia	Sin lluvia	Total
Día	**Viernes**			
	Sábado			
	Domingo			
	Total			

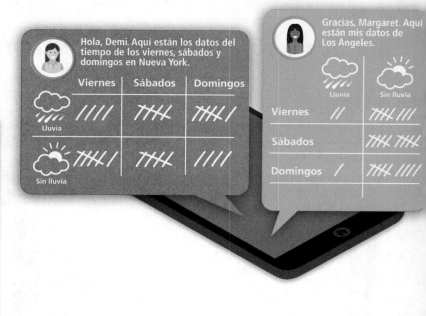

Hola, Demi. Aquí están los datos del tiempo de los viernes, sábados y domingos en Nueva York.

	Viernes	Sábados	Domingos
Lluvia	////	TIII	TIII /
Sin lluvia	TIII /	TIII	////

Gracias, Margaret. Aquí están mis datos de Los Ángeles.

	Lluvia	Sin lluvia
Viernes	//	TIII ///
Sábados		TIII TIII
Domingos	/	TIII ////

b. ¿Qué día hubo menos lluvia? Explícalo.

Práctica para la evaluación

11. En un momento del año pasado, el albergue para animales local solo tenía gatos y perros. Había 74 animales en total. De los gatos, 25 eran machos y 14 eran hembras. De los perros, 23 eran machos y 12 eran hembras.

PARTE A

Haz una tabla de frecuencias con dos variables con los datos.

		Tipo de animal		
		Gato	Perro	Total
Género	**Macho**			
	Hembra			
	Total			

PARTE B

¿Para qué género, macho o hembra, hay una mayor necesidad de adopción? Explícalo.

Ⓐ Hay casi el doble de hembras, de modo que hay una mayor necesidad de adoptar hembras de perros y gatos.

Ⓑ Hay casi el doble de machos, de modo que hay una mayor necesidad de adoptar machos de perros y gatos.

Ⓒ Hay casi el doble de hembras, de modo que hay una mayor necesidad de adoptar machos de perros y gatos.

Ⓓ Hay casi el doble de machos, de modo que hay una mayor necesidad de adoptar hembras de perros y gatos.

¡Resuélvelo y coméntalo!

 ACTIVITY

La clase de matemáticas del Sr. Day preguntó a 200 dueños de teléfonos celulares qué tamaño de teléfono prefieren. Los estudiantes de la clase presentaron los resultados en una tabla de frecuencias con dos variables. ¿Cómo usas los datos para comparar el porcentaje de estudiantes que eligieron los de pantalla pequeña y el porcentaje de adultos que eligieron los de pantalla pequeña?

Preferencia de tamaño de pantalla

Personas encuestadas	Pequeña	Grande	Total
Estudiantes	48	52	100
Adultos	18	82	100
Total	66	134	200

Puedo...
hallar las frecuencias relativas de las tablas con dos variables e interpretar su significado.

Entender y perseverar Las tablas de frecuencias con dos variables te permiten interpretar las relaciones entre datos por categorías mediante sus filas y columnas.

Enfoque en las prácticas matemáticas

Entender y perseverar ¿Cómo cambia la manera de interpretar los resultados el conocer un porcentaje?

? Pregunta esencial ¿Cuál es la ventaja de una tabla de frecuencias relativas con dos variables para mostrar relaciones entre conjuntos de pares de datos?

EJEMPLO 1 · Hacer una tabla de frecuencias relativas con dos variables

Escanear para contenido digital

Caiden preguntó a 150 padres y estudiantes cuál era su medio de comunicación preferido. ¿Qué porcentaje de las personas encuestadas eran estudiantes que preferían el correo electrónico?

Buscar relaciones ¿En qué se parece una tabla de frecuencias relativas con dos variables a una tabla de frecuencias con dos variables?

Paso 1 Haz una tabla de frecuencias con dos variables.

		Medio de comunicación		
		Correo electrónico	Texto	Total
Personas encuestadas	Padre	18	12	30
	Estudiante	18	102	120
	Total	36	114	150

Paso 2 Haz una *tabla de frecuencias relativas* con dos variables.

Una **tabla de frecuencias relativas** muestra la razón entre la cantidad de datos de cada categoría y la cantidad total de datos. La razón se puede expresar como fracción, número decimal o porcentaje.

$\frac{18}{150} \cdot 100 = 12\%$

		Medio de comunicación		
		Correo electrónico	Texto	Total
Personas encuestadas	Padre	12%	8%	20%
	Estudiante	12%	68%	80%
	Total	24%	76%	100%

Doce por ciento de las personas encuestadas eran estudiantes que preferían el correo electrónico.

✓ ¡Inténtalo!

Asha preguntó a 82 compañeros de su escuela si juegan algún deporte los fines de semana. Se muestran los resultados en la siguiente tabla de frecuencias con dos variables.

Tabla de frecuencias con dos variables

		¿Haces deporte los fines de semana?		
		Sí	No	Total
Personas encuestadas	Niños	21	18	39
	Niñas	26	17	43
	Total	47	35	82

Usa la tabla de frecuencias con dos variables de Asha para completar la siguiente tabla de frecuencias relativas con dos variables.

Tabla de frecuencias relativas con dos variables

		¿Haces deporte los fines de semana?		
		Sí	No	Total
Personas encuestadas	Niños	___ %	___ %	___ %
	Niñas	___ %	___ %	___ %
	Total	___ %	___ %	100%

¡Convénceme! ¿En qué se diferencia una tabla de frecuencias relativas con dos variables de una tabla de frecuencias con dos variables?

EJEMPLO 2

Comparar la frecuencia relativa por filas

Usa los datos dados para hacer una tabla de frecuencias relativas con dos variables por fila.

Según la tabla de frecuencias con dos variables por fila, ¿qué porcentaje de los estudiantes encuestados asistieron al último partido local en comparación con el porcentaje de académicos que asistieron?

Asistencia al último **partido local**

	Sí	No	Total
Estudiante			
Académico			
Total			

Personas encuestadas

		Asistencia al último partido local		
		Sí	No	Total
Personas encuestadas	**Estudiante**	$\frac{42}{68} \cdot 100 \approx 61.8\%$	38.2%	100%
	Académico	$\frac{15}{27} \cdot 100 \approx 55.6\%$	44.4%	100%
	Total	60%	40%	100%

Los datos que debes comparar están en dos filas diferentes. Divide cada frecuencia por el total de la fila, no por el total de la tabla.

61.8% de los estudiantes encuestados asistieron al último partido local, que es más que el 55.6% que corresponde a los académicos que asistieron.

EJEMPLO 3

Comparar la frecuencia relativa por columnas

Usa los datos dados para hacer una tabla de frecuencias relativas con dos variables por columna.

Según la tabla de frecuencias relativas por columna, ¿consultan un mayor porcentaje de *e-books* los estudiantes de octavo grado que los de séptimo grado? Explícalo.

		Grado		
		7	8	Total
Tipo de libro	*E-books*	85	125	210
	Audiolibro	122	72	194
	Total	207	197	404

		Grado		
		7	8	Total
Tipo de libro	*E-books*	$\frac{85}{207} \cdot 100 \approx 41.1\%$	$\frac{125}{197} \cdot 100 \approx 63.5\%$	52%
	Audiolibro	58.9%	36.5%	48%
	Total	100%	100%	100%

Los datos que debes comparar están en dos columnas diferentes. Divide cada frecuencia por el total de la columna, no por el total de la tabla.

Sí; de los estudiantes de octavo grado, 63.5% han consultado un *e-book*, en comparación con el 41.1% que corresponde a los estudiantes de séptimo grado.

¡Inténtalo!

Usa los datos de la tabla anterior.

a. ¿Cómo se comparan el porcentaje de estudiantes que eligen *e-books* y el porcentaje de estudiantes que eligen audiolibros?

b. ¿Hay datos que indiquen que los estudiantes de séptimo grado tienen una mayor tendencia a elegir audiolibros? Explícalo.

La **frecuencia relativa** es la razón entre un valor y el total de una fila, una columna o todo el conjunto de datos. La razón se expresa como un porcentaje. Una tabla de frecuencias relativas con dos variables por totales expresa el porcentaje de la población que hay en cada grupo.

En una tabla de frecuencias relativas con dos variables por fila, los porcentajes de todas las filas suman 100%.

En una tabla de frecuencias relativas con dos variables por columna, los porcentajes de todas las columnas suman 100%.

Tabla de frecuencias relativas con dos variables por totales

		Estacionamiento		
		Sí	No	Total
Tipo de vivienda	Casa	42%	33%	75%
	Apartamento	18%	7%	25%
	Total	60%	40%	100%

Total 100%

¿Lo entiendes?

1. **? Pregunta esencial** ¿Cuál es la ventaja de una tabla de frecuencias relativas con dos variables para mostrar relaciones entre conjuntos de pares de datos?

2. **Razonar** Al comparar la frecuencia relativa solo por filas o columnas, ¿por qué los porcentajes no suman 100%? Explícalo.

3. **Evaluar el razonamiento** Maryann dice que si se encuesta a 100 personas, la tabla de frecuencias tendrá la misma información que una tabla de frecuencias relativas totales. ¿Estás de acuerdo? Explica por qué.

¿Cómo hacerlo?

En 4 a 6, usa la tabla. Redondea al porcentaje más cercano.

		Habilidad artística		
		Sí	No	Total
Mano hábil	Zurda	86	45	131
	Diestra	15	77	92
	Total	101	122	223

4. ¿Qué porcentaje de las personas encuestadas tienen una habilidad artística?

5. ¿Qué porcentaje de las personas zurdas encuestadas tienen una habilidad artística?

6. ¿Qué porcentaje de las personas que tienen una habilidad artística son zurdas?

Práctica y resolución de problemas

Práctica al nivel En 7 y 8, completa las tablas de frecuencias relativas con dos variables.

7. En un grupo de 120 personas, cada persona tiene un perro, un gato o un pájaro. En la tabla de frecuencias con dos variables se muestra cuántas personas tienen cada tipo de mascota. Completa la tabla de frecuencias relativas con dos variables para mostrar la distribución de los datos con respecto al total de 120 personas. Redondea a la décima de porcentaje más cercana.

Tabla de frecuencias con dos variables

Mascotas		Género		
		Hombres	Mujeres	Total
	Perro	25	33	58
	Gato	20	15	35
	Pájaro	12	15	27
	Total	57	63	120

Tabla de frecuencias relativas con dos variables por totales

Mascotas		Género		
		Hombres	Mujeres	Total
	Perro	___ %	___ %	___ %
	Gato	___ %	___ %	___ %
	Pájaro	___ %	___ %	___ %
	Total	___ %	___ %	100%

8. En un estacionamiento hay 55 vehículos. En la tabla de frecuencias con dos variables se muestran los datos sobre los tipos y colores de los vehículos. Completa la tabla de frecuencias relativas con dos variables para mostrar la distribución de los datos con respecto al color. Redondea a la décima de porcentaje más cercana.

Tabla de frecuencias con dos variables

Color		Tipo de vehículo		
		Carro	Camión	Total
	Azul	15	10	25
	Rojo	13	17	30
	Total	28	27	55

Tabla de frecuencias relativas con dos variables por fila

Color		Tipo de vehículo		
		Carro	Camión	Total
	Azul	___ %	___ %	100%
	Rojo	___ %	___ %	100%
	Total	___ %	___ %	100%

9. Se les preguntó a varios hombres y mujeres qué tipo de carro tenían. En la tabla de la derecha se muestran las frecuencias relativas con respecto a la población total encuestada. ¿Qué tipo de carro es más popular?

Tabla de frecuencias relativas con dos variables por totales

Género		Tipo de carro		
		De 2 puertas	De 4 puertas	Total
	Hombres	32%	18%	50%
	Mujeres	15%	35%	50%
	Total	47%	53%	100%

10. **Entender y perseverar** Se les preguntó a varios estudiantes si les gustaban las frambuesas. En la tabla de frecuencias relativas con dos variables se muestran las frecuencias relativas con respecto a la respuesta.

a. ¿Qué porcentaje de los estudiantes a los que no les gustan las frambuesas son mujeres?

b. ¿Hay datos que indiquen una asociación entre la respuesta y el género? Explícalo.

Tabla de frecuencias relativas con dos variables por totales

		¿Te gustan las frambuesas?		
		Sí	No	Total
Género	Niños	49%	52%	50.5%
	Niñas	51%	48%	49.5%
	Total	100%	100%	100%

11. **Razonamiento de orden superior** Se les hizo una encuesta a todos los empleados de una compañía. En la tabla de frecuencias con dos variables se muestran las respuestas de los empleados del turno de la mañana y del turno de la noche.

a. Haz una tabla de frecuencias relativas con dos variables para mostrar las frecuencias relativas con respecto al turno.

Tabla de frecuencias con dos variables

		Respuesta		
		Sí	No	Total
Turno	Mañana	68	32	100
	Noche	22	78	100
	Total	90	110	200

		Respuesta		
		Sí	No	Total
Turno	Mañana	___ %	___ %	___ %
	Noche	___ %	___ %	___ %
	Total	___ %	___ %	___ %

b. ¿Hay datos que indiquen una asociación entre la respuesta y el turno? Explícalo.

☑ Práctica para la evaluación

12. A unos pacientes de un estudio a ciegas se les dio el remedio A o el remedio B. En la tabla se muestran las frecuencias relativas con respecto a la mejoría.

¿Hay datos que indiquen que la mejoría estuvo relacionada con el tipo de remedio? Explícalo.

Tabla de frecuencias relativas con dos variables por columna

		¿Hubo mejoría?		
		Sí	No	Total
Tipo	Remedio A	26%	64%	50%
	Remedio B	74%	36%	50%
	Total	100%	100%	100%

Ⓐ La misma cantidad de personas tomaron cada remedio, pero el porcentaje de personas que informaron una mejoría después de tomar el remedio B fue significativamente mayor que el porcentaje para el remedio A.

Ⓑ La misma cantidad de personas tomaron cada remedio, pero el porcentaje de personas que informaron una mejoría después de tomar el remedio A fue significativamente mayor que el porcentaje para el remedio B.

Ⓒ Distintas cantidades de personas tomaron cada remedio, pero el porcentaje de personas que informaron una mejoría después de tomar el remedio B fue significativamente mayor que el porcentaje para el remedio A.

Ⓓ Distintas cantidades de personas tomaron cada remedio, pero el porcentaje de personas que informaron una mejoría después de tomar el remedio A fue significativamente mayor que el porcentaje para el remedio B.

ACTO 1

1. Después de mirar el video, ¿cuál es la primera pregunta que te viene a la mente?

2. Escribe la Pregunta principal a la que responderás.

3. Construir argumentos Predice una respuesta a esa Pregunta principal. Explica tu predicción.

4. En la siguiente recta numérica, escribe un número que sea demasiado pequeño para ser la respuesta y escribe un número que sea demasiado grande.

Demasiado pequeño   Demasiado grande

◀───▶

5. Marca tu predicción en esa misma recta numérica.

6. ¿Qué información de esta situación sería útil saber? ¿Cómo usarías esa información?

7. Usar herramientas apropiadas ¿Qué herramientas puedes usar para resolver el problema? Explica cómo las usarías de manera estratégica.

8. Representar con modelos matemáticos Representa la situación usando las matemáticas. Usa tu propia representación para responder a la Pregunta principal.

9. ¿Cuál es tu respuesta a la Pregunta principal? ¿Es mayor o menor que tu predicción? Explica por qué.

10. Escribe la respuesta que viste en el video.

11. Razonar ¿Coincide tu respuesta con la respuesta del video? Si no, ¿qué razones explicarían la diferencia?

12. Entender y perseverar ¿Cambiarías tu modelo ahora que sabes la respuesta? Explícalo.

Reflexionar

13. Representar con modelos matemáticos Explica cómo usaste modelos matemáticos para representar la situación. ¿Cómo te ayudó el modelo a responder a la Pregunta principal?

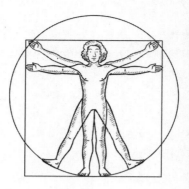

14. Evaluar el razonamiento Elige el modelo de un compañero de clase. ¿Cómo modificarías ese modelo?

CONTINUACIÓN

15. Representar con modelos matemáticos Mide la envergadura de un compañero de clase. Usa tu modelo para predecir la estatura de tu compañero. ¿Qué tan buena fue la predicción de tu modelo sobre la estatura real de tu compañero?

? Pregunta esencial del tema

¿Cómo representas la relación entre pares de números y usas la representación para hacer predicciones?

Repaso del vocabulario

Empareja cada ejemplo de la izquierda con la palabra correcta y luego da otro ejemplo.

Vocabulario
datos de medición   datos por categorías
frecuencia relativa   grupo(s)
línea de tendencia   valor(es) extremo(s)

Ejemplo	Ejemplo adicional
1. Cantidad de visitas, edad, meses y tiempo son ejemplos de _____.	
2. Colores, género y nacionalidad son ejemplos de _____.	
3. Si 7 de cada 20 personas prefieren leer un libro en vez de mirar una película, entonces decir que 35% de las personas encuestadas prefieren leer un libro es usar el/la _____.	

Usar el vocabulario al escribir

Describe el diagrama de dispersión de la derecha. Usa palabras de vocabulario en tu descripción.

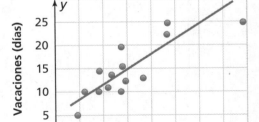

Empleados de la Corp. ABC

Repaso de conceptos y destrezas

Trazar e interpretar diagramas de dispersión

Repaso rápido

Un **diagrama de dispersión** muestra la relación entre pares de **datos de medición**. Los diagramas de dispersión se pueden usar para interpretar datos buscando los **grupos**, **espacios vacíos** y **valores extremos**.

Ejemplo

En la siguiente tabla se muestran la temperatura y la cantidad de boletos vendidos en un cine. Traza un diagrama de dispersión con los datos. ¿Hay una relación entre la temperatura y la cantidad de boletos vendidos?

Temperatura (°F)	Boletos vendidos
40	120
45	100
50	125
55	105
60	90
65	105
80	60
85	55
90	60
95	50

Determina las escalas y marca los puntos.

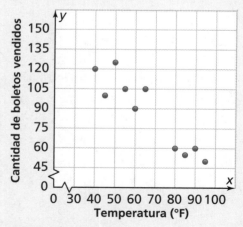

Hay grupos entre 40 °F y 65 °F y entre 80 °F y 95 °F. El diagrama de dispersión muestra que cuando la temperatura es 80 °F o más, se venden menos boletos.

Práctica

En la siguiente tabla se muestra la distancia en millas y el precio de un pasaje de avión en dólares.

Distancia (mi)	Precio del pasaje ($)
200	250
250	300
300	275
350	150
400	400
450	425
500	350
550	250
600	475
700	325
750	200

1. Traza un diagrama de dispersión.

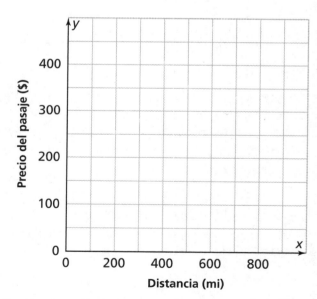

2. ¿Hay una relación entre la distancia y el precio del pasaje? Explícalo.

Repaso rápido

La asociación entre los datos de un diagrama de dispersión puede ser lineal o no lineal. Una **línea de tendencia** es una línea de un diagrama de dispersión, trazada cerca de los puntos, que aproxima la asociación entre pares de datos. Si los datos son lineales, la asociación puede ser positiva o negativa, y fuerte o débil.

Ejemplo

Identifica la asociación entre los datos.

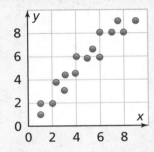

Los puntos están cerca de la línea de tendencia; por tanto, la asociación es lineal y fuerte. Los valores de *y* aumentan cuando los valores de *x* aumentan; por tanto, la asociación es positiva.

Práctica

Identifica la asociación entre los datos de cada diagrama de dispersión.

1.
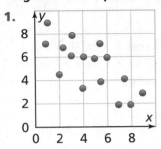

2.
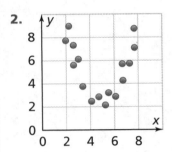

Repaso rápido

Para hacer predicciones, inserta valores conocidos en la ecuación de un modelo lineal para hallar valores desconocidos.

Ejemplo

Predice el volumen de agua de un acuario después de 24 minutos.

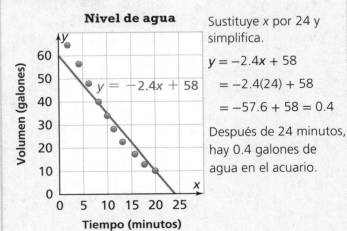

Sustituye *x* por 24 y simplifica.

$y = -2.4x + 58$

$= -2.4(24) + 58$

$= -57.6 + 58 = 0.4$

Después de 24 minutos, hay 0.4 galones de agua en el acuario.

Práctica

En el siguiente diagrama de dispersión se muestran los salarios de los empleados.

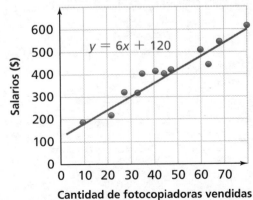

Salarios de los empleados

1. Si un empleado gana $570, ¿cuál es la cantidad esperada de fotocopiadoras vendidas?

2. Si un empleado vende 100 fotocopiadoras, ¿cuál es el salario esperado?

Interpretar tablas de frecuencias con dos variables

Repaso rápido

Una tabla de frecuencias con dos variables muestra la relación entre pares de datos por categorías.

Ejemplo

En la siguiente tabla de frecuencias con dos variables se muestran los resultados de una encuesta aleatoria sobre la bebida favorita de niños y niñas. El Sr. Marcum dijo que es más probable que los niños prefieran la leche que que las niñas lo hagan. ¿Es verdadero o falso ese enunciado? Explícalo.

	Leche	Agua	Jugo	Total
Niños	10	8	12	30
Niñas	7	3	10	20
Total	17	11	22	50

El enunciado no es verdadero, porque 10 de cada 30 niños prefieren la leche, que es menos que 7 de cada 20 niñas.

Práctica

1. En la siguiente tabla de frecuencias con dos variables se muestran los resultados de una encuesta aleatoria sobre las películas vistas por 100 estudiantes. La Sra. Leary dijo que, según los datos, es más probable que las niñas vean la película A que que los niños lo hagan. ¿Es verdadero o falso ese enunciado? Explícalo.

	A	B	C	Total
Niños	14	12	19	45
Niñas	16	22	17	55
Total	30	34	36	100

Interpretar tablas de frecuencias relativas con dos variables

Repaso rápido

La frecuencia relativa es la razón entre un valor y el total de una fila, columna o todo el conjunto de datos. La razón se expresa como un porcentaje.

Ejemplo

Haz una tabla de frecuencias relativas con dos variables para mostrar la distribución de los datos con respecto a los 150 estudiantes encuestados. ¿Qué porcentaje de los estudiantes estudian español?

	Español	Francés	Alemán	Total
Niños	21	36	15	72
Niñas	33	15	30	78
Total	54	51	45	150

	Español	Francés	Alemán	Total
Niños	14%	24%	10%	48%
Niñas	22%	10%	20%	52%
Total	36%	34%	30%	100%

$$\frac{54}{150} \cdot 100 = 36\%$$

Treinta y seis por ciento de los estudiantes estudian español.

Práctica

En la siguiente tabla con dos variables se muestra el color de ojos de 200 gatos que participan en un concurso de gatos.

	Verdes	Azules	Amarillos	Total
Macho	40	24	16	80
Hembra	30	60	30	120
Total	70	84	46	200

1. Haz una tabla de frecuencias relativas con dos variables para mostrar la distribución de los datos con respecto al género. Redondea a la décima de porcentaje más cercana, si es necesario.

2. ¿Qué porcentaje de los gatos que son hembras tienen ojos azules?

Pista escondida

En cada par ordenado, resuelve la ecuación para hallar la coordenada desconocida. Luego, localiza y rotula el punto correspondiente en la gráfica. Dibuja segmentos de recta para conectar los puntos por orden alfabético. Usa el dibujo completo como ayuda para responder al acertijo de la derecha.

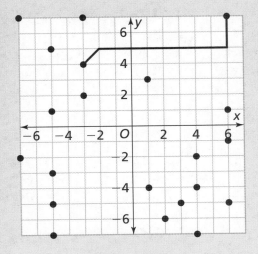

Puedo...
resolver ecuaciones de varios pasos que involucran reunir términos semejantes.

¿Cómo transformas una rosca en una roca?

A $(6, -0.5y + 20 - 0.5y = 13)$ 　 6, ____

B $(4 - 3x - 7x = -8, 7)$ 　 ____, 7

C $(2x + 4 - 6x = 24, 5)$ 　 ____, 5

D $(5x + 6 - 10x = 31, 1)$ 　 ____, 1

E $(7x - 3 - 3x = 13, -2)$ 　 ____, −2

F $(4, -12y + 8y - 21 = -5)$ 　 4, ____

G $(44 = 6x - 1 + 9x, -5)$ 　 ____, −5

H $(-5, 4y + 14 - 2y = 4)$ 　 −5, ____

I $(-5, 15 + y + 6 + 2y = 0)$ 　 −5, ____

J $(4, 3y + 32 - y = 18)$ 　 4, ____

K $(6, 5y + 20 + 3y = -20)$ 　 6, ____

L $(9x - 14 - 8x = -8, -1)$ 　 ____, −1

M $(-3, -5y + 10 - y = -2)$ 　 −3, ____

N $(-13 + x - 5 - 4x = -9, 4)$ 　 ____, 4

GLOSARIO

ESPAÑOL INGLÉS

A

ángulo de rotación El ángulo de rotación es la cantidad de grados que se rota una figura.

angle of rotation The angle of rotation is the number of degrees a figure is rotated.

Ejemplo El ángulo de rotación es 180°.

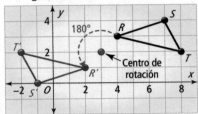

ángulo externo de un triángulo Un ángulo externo de un triángulo es un ángulo formado por un lado y una extensión de un lado adyacente.

exterior angle of a triangle An exterior angle of a triangle is an angle formed by a side and an extension of an adjacent side.

Ejemplo ∠1 es un ángulo externo de △ABC.

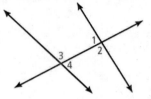

ángulos alternos internos Los ángulos alternos internos están ubicados dentro de un par de rectas y a lados opuestos de una secante.

alternate interior angles Alternate interior angles lie within a pair of lines and on opposite sides of a transversal.

Ejemplo ∠1 y ∠4 son ángulos alternos internos. ∠2 y ∠3 también son ángulos alternos internos.

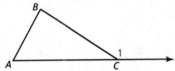

ángulos correspondientes Los ángulos correspondientes se ubican al mismo lado de una secante y en posiciones correspondientes.

corresponding angles Corresponding angles lie on the same side of a transversal and in corresponding positions.

Ejemplo ∠1 y ∠3 son ángulos correspondientes. ∠2 y ∠4 también son ángulos correspondientes.

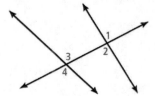

ESPAÑOL

INGLÉS

ángulos internos del mismo lado Los ángulos internos del mismo lado se ubican dentro de dos rectas que están del mismo lado de una secante.

same-side interior angles Same-side interior angles are in the interior of two lines on the same side of a transversal.

ángulos internos no adyacentes Los ángulos internos no adyacentes son los dos ángulos internos de un triángulo que se corresponden con el ángulo externo que está más alejado de ellos.

remote interior angles Remote interior angles are the two nonadjacent interior angles corresponding to each exterior angle of a triangle.

Ejemplo ∠1 y ∠2 son ángulos internos no adyacentes de ∠3.

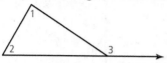

asociación negativa Existe una asociación negativa entre dos conjuntos de datos si los valores de y tienden a disminuir a medida que los valores de x aumentan.

negative association There is a negative association between two data sets if the y-values tend to decrease as the x-values increase.

Ejemplo

Asociación negativa

asociación positiva Existe una asociación positiva entre dos conjuntos de datos si los valores de y tienden a aumentar a medida que los valores de x aumentan.

positive association There is a positive association between two data sets if the y-values tend to increase as the x-values increase.

Ejemplo

Asociación positiva

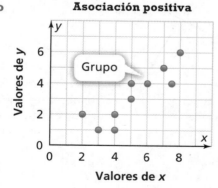

aumento Un aumento es una dilatación con un factor de escala mayor que 1. Después de un aumento, la imagen es más grande que la figura original.

enlargement An enlargement is a dilation with a scale factor greater than 1. After an enlargement, the image is bigger than the original figure.

Ejemplo La dilatación es un aumento con factor de escala 2.

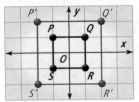

C

cateto de un triángulo rectángulo En un triángulo rectángulo, los dos lados más cortos son los catetos.

leg of a right triangle In a right triangle, the two shortest sides are legs.

Ejemplo

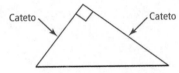

Cateto   Cateto

centro de rotación El centro de rotación es el punto fijo alrededor del cual se rota una figura.

center of rotation The center of rotation is a fixed point about which a figure is rotated.

Ejemplo *O* es el centro de rotación.

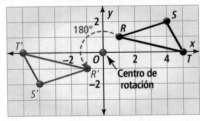

cilindro Un cilindro es una figura tridimensional con dos bases circulares paralelas que tienen el mismo tamaño.

cylinder A cylinder is a three-dimensional figure with two parallel circular bases that are the same size.

Ejemplo

comprobación Una comprobación es un argumento lógico y deductivo en el que cada enunciado de un hecho está apoyado por una razón.

proof A proof is a logical, deductive argument in which every statement of fact is supported by a reason.

ESPAÑOL	INGLÉS

cono Un cono es una figura tridimensional con una base circular y un vértice.

cone A cone is a three-dimensional figure with one circular base and one vertex.

Ejemplo

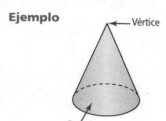

Vértice

Base

---

cuadrado perfecto Un cuadrado perfecto es el cuadrado de un entero.

perfect square A perfect square is the square of an integer.

Ejemplo Como $25 = 5^2$, 25 es un cuadrado perfecto.

---

cubo perfecto Un cubo perfecto es el cubo de un entero.

perfect cube A perfect cube is the cube of an integer.

Ejemplo Como $64 = 4^3$, 64 es un cubo perfecto.

---

datos de mediciones Los datos de mediciones son datos que son medidas.

measurement data Measurement data consist of data that are measures.

Ejemplo Los datos sobre alturas son un ejemplo de datos de mediciones, porque los datos son mediciones, como 62 pulgadas o 5 pies y 2 pulgadas.

---

datos por categorías Los datos por categorías son datos que se pueden clasificar en categorías.

categorical data Categorical data consist of data that fall into categories.

Ejemplo Los datos sobre género son un ejemplo de datos por categorías, porque los datos tienen valores que entran en las categorías "masculino" y "femenino".

ESPAÑOL

INGLÉS

diagrama de dispersión Un diagrama de dispersión es una gráfica que usa puntos para mostrar la relación entre dos conjuntos de datos diferentes. Cada punto se puede representar con un par ordenado.

scatter plot A scatter plot is a graph that uses points to display the relationship between two different sets of data. Each point can be represented by an ordered pair.

Ejemplo

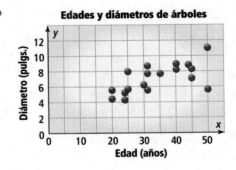

Edades y diámetros de árboles

dilatación Una dilatación es una transformación que mueve cada punto a lo largo de la semirrecta a través del punto, a partir de un centro fijo, y multiplica las distancias desde el centro por un factor de escala común. Si un vértice de una figura es el centro de dilatación, entonces el vértice y su imagen después de la dilatación son el mismo punto.

dilation A dilation is a transformation that moves each point along the ray through the point, starting from a fixed center, and multiplies distances from the center by a common scale factor. If a vertex of a figure is the center of dilation, then the vertex and its image after the dilation are the same point.

Ejemplo △A'B'C' es la imagen de △ABC después de una dilatación con centro A y factor de escala 2.

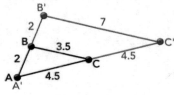

E

eje de reflexión Un eje de reflexión es una recta a través de la cual se refleja una figura.

line of reflection A line of reflection is a line across which a figure is reflected.

Ejemplo

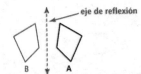

La figura B es una reflexión de la figura A.

esfera Una esfera es el conjunto de todos los puntos en el espacio que están a la misma distancia de un punto central.

sphere A sphere is the set of all points in space that are the same distance from a center point.

Ejemplo

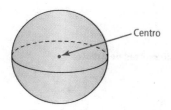

Centro

---

espacio vacío o brecha Un espacio vacío o brecha es un área de una gráfica que no contiene ningún valor.

gap A gap is an area of a graph that contains no data points.

Ejemplo Esta gráfica muestra un espacio vacío o brecha.

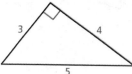

---

expresión recíproca del teorema de Pitágoras Si la suma de los cuadrados de las longitudes de dos lados de un triángulo es igual al cuadrado de la longitud del tercer lado, entonces el triángulo es un triángulo rectángulo. Si $a^2 + b^2 = c^2$, entonces el triángulo es un triángulo rectángulo.

converse of the Pythagorean Theorem If the sum of the squares of the lengths of two sides of a triangle equals the square of the length of the third side, then the triangle is a right triangle. If $a^2 + b^2 = c^2$, then the triangle is a right triangle.

Ejemplo Como $3^2 + 4^2 = 25$, o 5^2, el triángulo es un triángulo rectángulo.

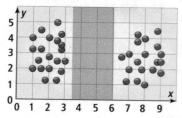

F

---

factor de escala El factor de escala es la razón de una longitud de la imagen a la longitud correspondiente de la figura original.

scale factor The scale factor is the ratio of a length in the image to the corresponding length in the original figure.

Ejemplo $\triangle A'B'C'$ es una dilatación de $\triangle ABC$ con centro A. El factor de escala es 4.

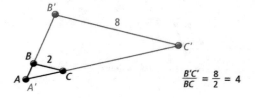

$$\frac{B'C'}{BC} = \frac{8}{2} = 4$$

ESPAÑOL

INGLÉS

figura compuesta Una figura compuesta es la combinación de dos o más figuras en un objeto.

composite figure A composite figure is the combination of two or more figures into one object.

figuras congruentes Dos figuras bidimensionales son congruentes ≅ si la segunda puede obtenerse a partir de la primera mediante una secuencia de rotaciones, reflexiones y traslaciones.

congruent figures Two two-dimensional figures are congruent (≅) if the second can be obtained from the first by a sequence of rotations, reflections, and translations.

Ejemplo △SRQ ≅ △ABC

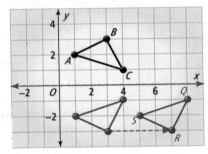

figuras semejantes Una figura bidimensional es semejante (~) a otra figura bidimensional si puedes transformar una figura en la otra mediante una secuencia de rotaciones, reflexiones, traslaciones y dilataciones.

similar figures A two-dimensional figure is similar (~) to another two-dimensional figure if you can map one figure to the other by a sequence of rotations, reflections, translations, and dilations.

Ejemplo Rectángulo ABCD ~ Rectángulo EFGH

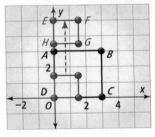

forma pendiente-intercepto Una ecuación escrita en la forma $y = mx + b$ está en forma pendiente-intercepto. La gráfica es una línea recta con una pendiente m y un intercepto en y b.

slope-intercept form An equation written in the form $y = mx + b$ is in slope-intercept form. The graph is a line with slope m and y-intercept b.

Ejemplo La ecuación $y = 2x + 1$ está escrita en forma pendiente-intercepto con una pendiente de 2 y un intercepto en y de 1.

función Una función es una regla en la cual se toma cada valor de entrada y se produce exactamente un valor de salida.

function A function is a rule for taking each input value and producing exactly one output value.

función lineal Una función lineal es una función cuya gráfica es una línea recta. La tasa de cambio en una función lineal es constante.

linear function A linear function is a function whose graph is a straight line. The rate of change for a linear function is constant.

Ejemplo

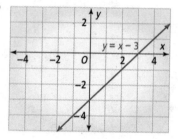

$y = x - 3$

función no lineal Una función no lineal es una función que no tiene una tasa de cambio constante.

nonlinear function A nonlinear function is a function that does not have a constant rate of change.

Ejemplo

Entrada Tiempo (seg.)	Salida Altura (pies)
0	3
1	5
2	6
3	5
4	3

1 ⟨ ⟩ 2
1 ⟨ ⟩ 1
1 ⟨ ⟩ −1
1 ⟨ ⟩ −2

G

gráfica cualitativa Gráfica que representa cualidades o atributos importantes de una situación sin usar cantidades o números.

qualitative graph A qualitative graph is a graph that represents important qualities or features of situations without using quantities, or numbers.

grupo Un grupo es un conjunto de puntos que están agrupados en un diagrama de dispersión.

cluster A cluster is a group of points that lie close together on a scatter plot.

Ejemplo Esta gráfica muestra dos grupos.

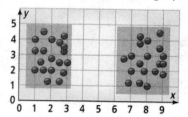

H

hipotenusa En un triángulo rectángulo, el lado más largo, que es opuesto al ángulo recto, es la hipotenusa.

hypotenuse In a right triangle, the longest side, which is opposite the right angle, is the hypotenuse.

Ejemplo

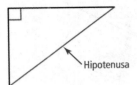

I

imagen Una imagen es el resultado de una transformación de un punto, una recta o una figura.

image An image is the result of a transformation of a point, line, or figure.

Ejemplo

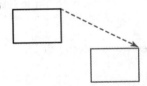

La figura azul es la imagen de la figura negra.

intercepto en *y* El intercepto en *y* de una recta es la coordenada *y* del punto por donde la recta cruza el eje de las *y*.

y-intercept The *y*-intercept of a line is the *y*-coordinate of the point where the line crosses the *y*-axis.

Ejemplo El intercepto en *y* de la recta es 4.

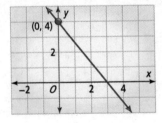

intervalo Un intervalo es un período de tiempo entre dos puntos en el tiempo o entre dos sucesos.

interval An interval is a period of time between two points of time or events.

Ejemplo Entre las 2 *p. m.* y las 5 *p. m.* hay un intervalo de 3 horas.

ESPAÑOL	INGLÉS

L

línea de tendencia Una línea de tendencia es una línea en un diagrama de dispersión, trazada cerca de los puntos, que se aproxima a la relación entre los conjuntos de datos.

trend line A trend line is a line on a scatter plot, drawn near the points, that approximates the association between the data sets.

Ejemplo

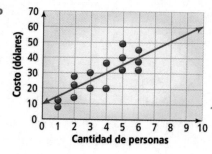

N

notación científica Un número en notación científica se escribe como el producto de dos factores: uno mayor que o igual a 1 y menor que 10 y el otro una potencia de 10.

scientific notation A number in scientific notation is written as the product of two factors, one greater than or equal to 1 and less than 10, and the other a power of 10.

Ejemplo 37,000,000 es $3.7 \cdot 10^7$ en notación científica.

números irracionales Un número irracional es un número que no se puede escribir en la forma $\frac{a}{b}$ donde a y b son enteros y $b \neq 0$. Los números irracionales en forma decimal no son finitos y no son periódicos.

irrational numbers An irrational number is a number that cannot be written in the form $\frac{a}{b}$, where a and b are integers and $b \neq 0$. In decimal form, an irrational number cannot be written as a terminating or repeating decimal.

Ejemplo Los números π y $\sqrt{2}$ son números irracionales.

P

pendiente de una recta

$$\text{pendiente} = \frac{\text{cambio en las coordenadas } y}{\text{cambio en las coordenadas } x}$$
$$= \frac{\text{distancia vertical}}{\text{distancia horizontal}}$$

slope of a line

$$\text{slope} = \frac{\text{change in } y\text{-coordinates}}{\text{change in } x\text{-coordinates}} = \frac{\text{rise}}{\text{run}}$$

Ejemplo La pendiente de la recta es $\frac{2}{4} = \frac{1}{2}$.

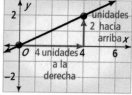

ESPAÑOL

INGLÉS

propiedad de la potencia de productos
Para multiplicar dos potencias que tienen el mismo exponente y bases diferentes, se multiplican las bases y se deja el mismo exponente.

power of products property To multiply two powers with the same exponent and different bases, multiply the bases and keep the exponent.

propiedad de la potencia de una potencia
Para hallar la potencia de una potencia, se deja la misma base y se multiplican los exponentes.

power of powers property To find the power of a power, keep the base and multiply the exponents.

propiedad del cociente de potencias Para dividir dos potencias con la misma base, se deja la misma base y se restan los exponentes.

quotient of powers property To divide two powers with the same base, keep the common base and subtract the exponents.

propiedad del exponente cero Para cualquier número distinto de cero a, $a^0 = 1$.

zero exponent property For any nonzero number a, $a^0 = 1$.

Ejemplo
$$4^0 = 1$$
$$(-3)^0 = 1$$
$$x^0 = 1$$

propiedad del exponente negativo Para todo número distinto de cero a y todo entero n, $a^{-n} = \frac{1}{a^n}$.

negative exponent property For every nonzero number a and integer n, $a^{-n} = \frac{1}{a^n}$.

Ejemplo $8^{-5} = \frac{1}{8^5}$

propiedad del producto de potencias Para multiplicar dos potencias con la misma base, se deja la misma base y se suman los exponentes.

product of powers property To multiply two powers with the same base, keep the common base and add the exponents.

R

raíz cuadrada La raíz cuadrada de un número es un número que, cuando se multiplica por sí mismo, es igual al número original.

square root A square root of a number is a number that, when multiplied by itself, equals the original number.

Ejemplo $\sqrt{9} = 3$, porque $3^2 = 9$.

ESPAÑOL

INGLÉS

raíz cúbica La raíz cúbica de un número *n* es un número que elevado al cubo es igual a *n*.

cube root The cube root of a number, *n*, is a number whose cube equals *n*.

Ejemplo La raíz cúbica de 27 es 3, porque $3 \cdot 3 \cdot 3 = 27$. La raíz cúbica de −27 es −3, porque $(-3) \cdot (-3) \cdot (-3) = -27$.

---

reducción Una reducción es una dilatación con un factor de escala menor que 1. Después de una reducción, la imagen es más pequeña que la figura original.

reduction A reduction is a dilation with a scale factor less than 1. After a reduction, the image is smaller than the original figure.

Ejemplo La dilatación es una reducción con factor de escala $\frac{1}{2}$.

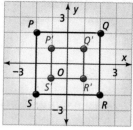

---

reflexión Una reflexión, o inversión, es una transformación que invierte una figura a través de un eje de reflexión.

reflection A reflection, or flip, is a transformation that flips a figure across a line of reflection.

Ejemplo

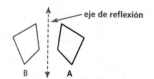

La figura B es una reflexión de la figura A.

---

relación Todo conjunto de pares ordenados se llama relación.

relation Any set of ordered pairs is called a relation.

Ejemplo {(0, 0), (1, 8), (2, 16), (3, 24), (4, 32)}

---

rotación Una rotación es un movimiento rígido que hace girar una figura alrededor de un punto fijo, llamado centro de rotación.

rotation A rotation is a rigid motion that turns a figure around a fixed point, called the center of rotation.

Ejemplo Una rotación sobre el origen hace que el triángulo *RST* se transforme en el triángulo *R'S'T'*.

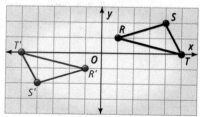

ESPAÑOL	INGLÉS

sistema de ecuaciones lineales Un sistema de ecuaciones lineales está formado por dos o más ecuaciones lineales que usan las mismas variables.

system of linear equations A system of linear equations is formed by two or more linear equations that use the same variables.

Ejemplo $y = 3x + 1$ y $y = 2x - 3$ forman un sistema de ecuaciones lineales.

solución de un sistema de ecuaciones lineales Una solución de un sistema de ecuaciones lineales es cualquier par ordenado que hace que todas las ecuaciones de ese sistema sean verdaderas.

solution of a system of linear equations A solution of a system of linear equations is any ordered pair that makes all the equations of that system true.

Ejemplo $(-4, -11)$ es la solución de $y = 3x + 1$ y $y = 2x - 3$, porque hace que las dos ecuaciones sean verdaderas.

tabla de frecuencias relativas Una tabla de frecuencias relativas muestra la proporción de la cantidad de datos en cada categoría a la cantidad total de artículos de datos. La proporción puede ser expresada como una fracción, un número decimal o un porcentaje.

relative frequency table A relative frequency table shows the ratio of the number of data in each category to the total number of data items. The ratio can be expressed as a fraction, decimal, or percent.

Ejemplo

Carros en el estacionamiento

Color	Frecuencia relativa
Rojos	45%
Azules	25%
Plateados	30%
Total	100%

tasa de cambio La tasa de cambio de una función lineal es la razón $\frac{\text{cambio vertical}}{\text{cambio horizontal}}$ que existe entre dos puntos cualesquiera de la gráfica de la función.

rate of change The rate of change of a linear function is the ratio $\frac{\text{vertical change}}{\text{horizontal change}}$ between any two points on the graph of the function.

Ejemplo La tasa de cambio de la función $y = \frac{2}{3}x + 5$ es $\frac{2}{3}$.

ESPAÑOL

INGLÉS

teorema Un teorema es una conjetura que se ha comprobado.

Ejemplo El teorema de Pitágoras establece que en cualquier triángulo rectángulo la suma de los cuadrados de las longitudes de los catetos es igual al cuadrado de la longitud de la hipotenusa.

theorem A theorem is a conjecture that is proven.

---

teorema de Pitágoras En cualquier triángulo rectángulo, la suma de los cuadrados de las longitudes de los catetos es igual al cuadrado de la longitud de la hipotenusa. Si un triángulo es un triángulo rectángulo, entonces $a^2 + b^2 = c^2$, donde a y b representan las longitudes de los catetos y c representa la longitud de la hipotenusa.

Pythagorean Theorem In any right triangle, the sum of the squares of the lengths of the legs equals the square of the length of the hypotenuse. If a triangle is a right triangle, then $a^2 + b^2 = c^2$, where a and b represent the lengths of the legs, and c represents the length of the hypotenuse.

Ejemplo $6^2 + 8^2 = 10^2$

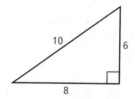

---

transformación Una transformación es un cambio en la posición, la forma o el tamaño de una figura. Tres tipos de transformaciones que cambian solo la posición son las traslaciones, las reflexiones y las rotaciones.

transformation A transformation is a change in position, shape, or size of a figure. Three types of transformations that change position only are translations, reflections, and rotations.

Ejemplo

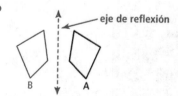
eje de reflexión

B   A

La figura B es una reflexión de la figura A.

---

transversal o secante Una transversal o secante es una recta que se interseca con dos o más rectas en distintos puntos.

transversal A transversal is a line that intersects two or more lines at different points.

Ejemplo

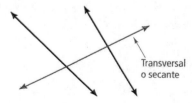
Transversal
o secante

traslación Una traslación, o deslizamiento, es un movimiento rígido que mueve cada punto de una figura la misma distancia y en la misma dirección.

translation A translation, or slide, is a rigid motion that moves every point of a figure the same distance and in the same direction.

Ejemplo Una traslación 5 unidades hacia abajo y 3 unidades a la derecha hace que el cuadrado *ABCD* se transforme en el cuadrado *A'B'C'D'*.

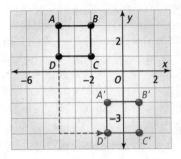

V

valor extremo Un valor extremo es un valor que parece no ajustarse al resto de los datos de un conjunto.

outlier An outlier is a piece of data that doesn't seem to fit with the rest of a data set.

Ejemplo Este conjunto de datos tiene dos valores extremos.

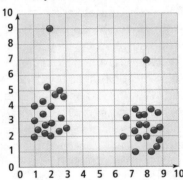

valor inicial El valor inicial de una función lineal es el valor de salida cuando el valor de entrada es 0.

initial value The initial value of a linear function is the value of the output when the input is 0.

Ejemplo El valor inicial de la función $y = 2x + 4$ es 4, porque cuando $x = 0$, $y = 2(0) + 4 = 4$.

AGRADECIMIENTOS

Fotografías

CVR: Phonlamai Photo/Shutterstock, ESOlex/Shutterstock, Picsfive/Shutterstock, Laborant/Shutterstock, Onchira Wongsiri/Shutterstock, Christianto/Shutterstock, Peangdao/Shutterstock, Tortoon/Shutterstock, D and D Photo Sudbury/Shutterstock, Grasycho/Shutterstock, Christian Bertrand/Shutterstock/Shutterstock; **3** Hywards/Fotolia; **4** (bulb) Robertovich/Fotolia, (faucet) LYA AKINSHIN/Fotolia, (girl) Maridav/Fotolia, (globe) Somchai Som/Shutterstock, (mineral) marcel/Fotolia, (oil) ptasha/Fotolia, (pump) phive215/Fotolia, (solar panel) lily/Fotolia, (tablet) yossarian6/Fotolia, (tree rings) oscar0/Fotolia, (tree) Givaga/Fotolia, (water) 31moonlight31/Fotolia, (wood) Kletr/Fotolia; **7** (T) Syda Productions/Shutterstock, (B) Ppa/Shutterstock; **8** (T) Denis Belitsky/Shutterstock, (B) Realstock/Shutterstock; **9** (C) Yuri Bizgaimer/Fotolia, (CL) yurakp/Fotolia, (L) Photka/Fotolia, (TC) Jane Kelly/Fotolia; **12:** Castleski/Shutterstock; **13:** Injenerker/Fotolia; **15** (C) Pongmoji/Fotolia, (CR) Sunnysky69/Fotolia, (TC) Alex Stokes/Fotolia, (TL) Xalanx/Fotolia; **20:** Doko/Shutterstock; **21** (TC) Aelita2/123RF, (TL) Richard Laschon/123RF, (TR) Pavel Losevsky/Fotolia; **24:** Sakdam/Fotolia; **25** (BCR): Trentemoller/Shutterstock; **27** (C) hrerickson/Fotolia, (CL) Leah Anne Thompson/Fotolia, (TC) andreusK/Fotolia; **31:** Perytskyy/Fotolia; **34** (CL) Monkey Business Images/Shutterstock, (TL) Warut Prathaksithorn/123RF; **35** (TCR) Wildarun/Fotolia, (TR) Dirk Ercken/Shutterstock; **41** (C) michaeljung/Fotolia, (CL) Jeka84/Fotolia, (L) Edyta Pawlowska/Fotolia, (TCL) larygin Andrii/Fotolia; **42:** evelyng23/Shutterstock; **47** (TL) Voyagerix/Fotolia, (TR) mimagephotos/Fotolia; **57:** Lev/Fotolia; **60:** Tarik GOK/Fotolia; **62:** Frender/Fotolia; **63** (C) Jeanne McRight/Fotolia, (TC) Stillfx/Fotolia; **65:** Royaltystockphoto/Fotolia; **68:** PRinMD68/Fotolia; **69** (C) neirfy/Fotolia, (CL) Brocreative/Fotolia, (CR) Kletr/Fotolia; **72:** GRIN/NASA; **81:** RapidEye/iStock/Getty Images Plus/Getty Images; **84** (BCR) Photobank/Fotolia, (BR) yossarian6/Fotolia, (C) Sergiy Serdyuk/Fotolia, (CL) eranda/Fotolia, (CR) eranda/Fotolia, (TC) Gelpi/Fotolia, (TCR) iagodina/Fotolia, (TR) Yongtick/Fotolia; **87** (T) Wicked Digital/Shutterstock, (B) Veera/Shutterstock; **88** (T) Monkey Business Images/Shutterstock, (B) Galyna Andrushko/Shutterstock; **89** (C) Pack/Fotolia, (CL) annex2/Fotolia, (TC) opka/Fotolia; **91:** vladimirs/Fotolia, Taylon/Shutterstock; **95** (C) Chones/Fotolia, (CL) Claireliz/Fotolia, (T) Kurhan/Fotolia; **106:** Freeskyline/Fotolia; **107:** TAlex/Fotolia; **117:** Mihai Simonia/Shutterstock; **121** (CR): S_Photo/Shutterstock, (CL) S_Photo/Shutterstock, (T) S_Photo/Shutterstock; **127:** WavebreakMediaMicro/Fotolia; **133:** Minicel73/Fotolia; **136:** Ljupco Smokovski/Fotolia; **139** (CL) Razoomanetu/Fotolia, (CR) Zuzule/Fotolia, (TC) vladvm50/Fotolia; **143:** kraska/Fotolia; **145:** RobertoC/Fotolia; **159:** Gemenacom/Shutterstock; **163** (T) Monkey Business Images/Shutterstock, (B) SpeedKingz/Shutterstock; **164** (T) Andrey_Popov/Shutterstock, (B) Chaosamran_Studio/Shutterstock; **165** (C) Maxximmm/Fotolia, (CL) WavebreakmediaMicro/Fotolia; **169** (BCR) Anatolii/Fotolia, (BR) Photology1971/Fotolia, (C) Begiz/Fotolia, (CR) SkyLine/Fotolia; **171:** Alce/Fotolia; **174:** Hugo Félix/Fotolia; **176:** Alekss/Fotolia; **178** (C) Markobe/Fotolia, (CL) Dmitry Vereshchagin/Fotolia; **194** (TCR) Paleka/Fotolia, (TR) Giuseppe Porzani/Fotolia; **195** (BCR) lilu13/Fotolia, (C) Aleksei Kurguzov/123RF, (CR) Francesco Italia/Fotolia; **196:** Cherezoff/Shutterstock; **197** (TC) Ryanking999/Fotolia, (TCR) Alekss/Fotolia, (TR) Efks/Fotolia; **200:** Stefano Cavoretto/Shutterstock; **201** (C) Airdone/Fotolia, (TC) Cherezoff/Shutterstock; **202** (Bkgrd) Lonely/Fotolia, (L) Photosvac/Fotolia, (R) Photosvac/Fotolia; **204** (CR): Mohammad Ikhtiar Sobhan/Shutterstock, (CL) irabel8/Shutterstock, DK Arts/Shutetrstock; **213:** StepanPopov/Shutterstock; **214** (B) pkproject/Fotolia, (BCL) Jürgen Fälchle/Fotolia, (BCR) leonardogonzalez/Fotolia, (Bkgrd) adimas/Fotolia, (BL) StepStock/Fotolia, (BR) yossarian6/Fotolia, (C) Daniel Thornberg/Fotolia, (C) Deepspacedave/Fotolia, (CL) Daniel Thornberg/Fotolia, (CR) jfunk/Fotolia, (CR) Lucky Dragon/Fotolia, (T) sergiy1975/Fotolia, (TC) GVS/Fotolia, (TC) vlorzor/Fotolia, (TCR) brm1949/Fotolia, (TR) Luis Louro/Fotolia; **217** (T) Stephen Coburn/Shutterstock, (B) Mikhail Grachikov/Shutterstock; **218** (T) MaxShutter/Shutterstock, (B) YP_Studio/Shutterstock; **223:** Uwimages/Fotolia; **229** (C): Dan Kosmayer/Shutterstock, (R) Valua Vitaly/Shutterstock, (CR) iko/Shutterstock; **230:** Maxim Safronov/Shutterstock; **231:** Lucadp/Fotolia; **232:** Shock/Fotolia; **233** (C) Comstock Images/Stockbyte/Getty Images, (TC) Denyshutter/Fotolia; **241** (BL) Samott/Fotolia, (BR) Frinz/Fotolia, (C) Fantasticrabbit/Fotolia, (T) Jayzynism/Fotolia, (TC) Jovannig/Fotolia, (TL) Kadmy/Fotolia, (TR) Echo/Cultura/Getty Images; **243:** DigiClack/Fotolia; **245:** WavebreakMediaMicro/Fotolia; **246** (TC) dallasprice_120/Fotolia, (TCR) vadymvdrobot/Fotolia, (TR) vadymvdrobot/Fotolia; **249:** Ermolaev Alexandr/Fotolia; **259:** Ryan Burke/DigitalVision Vectors/Getty Images.